"十二五"职业教育国家规划教材
经全国职业教育教材审定委员会审定

Gongcheng Jixie Guanli
工程机械管理

（第二版）

张爱山　**主　编**
李文耀　代绍军　高舒芳　**副主编**
张春阳　**主　审**

人民交通出版社股份有限公司
China Communications Press Co.,Ltd.

内 容 提 要

本书是"十二五"职业教育国家规划教材,内容包括工程机械设备管理技术,工程机械管理机构、职能和人员素质,工程机械决策管理,工程机械设备控制管理,工程机械经营与租赁管理,工程机械使用与备件油料管理,工程机械维护管理,工程机械修理管理,工程机械资产和经济管理,工程机械安全管理,共 10 个项目。

本书为高职高专院校工程机械运用与维护专业教学用书,可供公路机械化施工等相关专业教学使用,或作为继续教育及职业培训教材,也可供从事工程机械运用与修理工作的人员学习参考。

本书有配套课件,教师可通过加入职教路桥教学研讨群(QQ561416324)获取。

本教材第 3 版正在修订,敬请关注。

图书在版编目(CIP)数据

工程机械管理 / 张爱山主编. —2 版. —北京:
人民交通出版社股份有限公司, 2015.1
"十二五"职业教育国家规划教材
ISBN 978-7-114-11827-2

Ⅰ. ①工… Ⅱ. ①张… Ⅲ. ①道路工程—工程机械—高等职业教育—教材 Ⅳ. ①U415.5

中国版本图书馆 CIP 数据核字(2014)第 253868 号

"十二五"职业教育国家规划教材

书　　名:	工程机械管理(第二版)
著 作 者:	张爱山
责任编辑:	周　凯　闫吉维
出版发行:	人民交通出版社股份有限公司
地　　址:	(100011)北京市朝阳区安定门外外馆斜街 3 号
网　　址:	http://www.ccpcl.com.cn
销售电话:	(010)59757973
总 经 销:	人民交通出版社股份有限公司发行部
经　　销:	各地新华书店
印　　刷:	北京武英文博科技有限公司
开　　本:	787×1092　1/16
印　　张:	13.5
字　　数:	309 千
版　　次:	2008 年 6 月　第 1 版 2015 年 1 月　第 2 版
印　　次:	2023 年 12 月　第 2 版　第 9 次印刷　总第 14 次印刷
书　　号:	ISBN 978-7-114-11827-2
定　　价:	39.00 元

(有印刷、装订质量问题的图书由本公司负责调换)

第二版前言

随着我国经济的崛起,以及公路、铁路、机场、港口、水电、城市建设等基础设施建设项目的迅速扩大,各工程建设单位的工程机械设备数量和装备水平都有了很大提高。工程机械是现代工程建设的基本物质条件,是工程建设单位生产能力高低的重要标志之一,各工程施工单位对工程机械的需求和依赖程度越来越高。仅有新型的机械设备而没有先进的管理技术,难以发挥工程机械的效能,更不可能高效率、高质量、低成本地完成各种工程建设任务。因此,如何管好、用好工程机械设备就成为广大工程建设单位的管理者、机械工程师面临的重要课题。

现代职业教育倡导"校企合作,工学结合",大力推行项目化教学。《工程机械管理》(第一版)于2008年由人民交通出版社出版发行。2014年,本教材第二版入选教育部"十二五"职业教育国家规划教材。本书按照高等职业教育的特点,根据使用本教材的同行、教师的意见以及出版社的要求进行了全面的修订,将工程机械管理知识、技术、方法与工程机械管理使用中的实际工作项目、工作任务相结合,强调工程机械管理知识的实用性、可操作性,增加了道路桥梁机械化施工公司、高速公路管理公司等有关机械设备管理使用的案例,使本书更符合国内工程机械管理的实际现状。

本教材内容包括:工程机械设备管理技术,工程机械管理机构、职能和人员素质,工程机械决策管理,工程机械设备控制管理,工程机械经营与租赁管理,工程机械使用与备件油料管理,工程机械维护管理,工程机械修理管理,工程机械资产和经济管理,工程机械安全管理10个项目。为便于学生掌握工程机械管理知识、技术,本教材在每一个项目展开描述前,均明确提出了知识目标、能力目标,以引导学生把握重点、要点、难点;通过学习,使学生在掌握机械设备管理知识、技术的同时,初步具备工程机械使用管理能力。本书内容全面,切合实际,实用性强,文字简练,通俗易懂;既可以作为高职高专工程机械相关专业的教材,又可作为工程建设单位、高速公路管理公司的管理人员和机械工程师的工作指导用书和培训教材。

本教材由云南交通职业技术学院张爱山教授主编,南京交通职业技术学院的张春阳副教授主审,山西交通职业技术学院李文耀副教授、高舒芳讲师及云南交通职业技术学院代绍军副教授任副主编。其中项目一、二、八、十由张爱山编写,项目三、四由李文耀编写,项目五由高舒芳编写,项目七、九由代绍军编写,项目六由山西交通职业技术学院姜婷编写。

在本书的修订、编著过程中,得到了云南省公路局、云南第一路桥工程集团、云南阳光道桥股份有限公司、山西高速公路管理局、山西路桥建设集团路桥一公司、山西晋中路桥建设集团有限责任公司、太原市政工程公司等单位的专家、同行的大力支持,在此表示诚挚的感谢!鉴于编者水平所限,书中难免有不足之处,敬请各位同行及广大读者不吝赐教。

编　者

2014 年 11 月

第一版前言

交通职业教育教学指导委员会交通工程机械专业指导委员会自1992年成立以来,对本专业指导委员会两个专业(港口机械、筑路机械)的教材编写工作一直十分重视,把教材建设工作作为专业指导委员会工作的重中之重,在"八五"、"九五"和"十五"期间,先后组织人员编写了20多本专业急需教材,供港口机械和筑路机械两个专业使用,解决了各学校专业教材短缺的困难。

随着港口和公路事业的不断发展,港口机械和公路施工机械的更新换代速度加快,各种新工艺、新技术、新设备不断出现,对本专业的人才培养提出了更高的需求。另外,根据目前职业教育的发展形势,多数重点中专学校已改制为高等职业技术学院,中专学校一般同时招收中专和高职学生,本专业教材使用对象的主体已经发生了变化。为适应这一形势,交通工程机械专业指导委员会于2006年8月在烟台召开了四届二次会议,制定了"十一五"教材编写出版规划,并确定了教材的编写原则。

1. 拓宽教材的使用范围。本套教材主要面向高职,兼顾中专,也可用于相关专业的职业资格培训和各类在职培训,亦可供有关技术人员参考。

2. 坚持教材内容以培养学生职业能力和岗位需求为主的编写理念。教材内容难易适度,理论知识以"够用"为度,注重理论联系实际,着重培养学生的实际操作能力。

3. 在教材内容的取舍和主次的选择方面,照顾广度,控制深度,力求针对专业,服务行业,对与本专业密切相关的内容予以足够的重视。

4. 教材编写立足于国内港口机械和筑路机械使用的实际情况,结合典型机型,系统介绍工程机械设备的基本结构和工作原理,同时,有选择地介绍一些国外的新技术、新设备,以便拓宽学生的视野,为学生进一步深造打下基础。

《工程机械管理》是高职高专院校工程机械运用与维护专业规划教材之一,内容包括:绪论,工程机械管理机构、任务和对专业人员的要求,工程机械决策管理,工程机械控制管理与机械设备监理,工程机械经营管理,工程机械使用与配件油料管理,工程机械维护和修理管理,工程机械资产和经济管理,工程机械安全管理。

参加本书编写工作的有:云南交通职业技术学院张爱山(编写第一、二、七、八、九章),山西交通职业技术学院李文耀(编写第三、四章,第五章的第一节)、靳炜(编写第五章的第二、三、四节,第六章)。全书由张爱山担任主编,李文耀担任副主编,南京交通职业技术学院张春阳担任主审。

本套教材在编写过程中,得到交通系统各校领导和教师的大力支持,在此表示感谢!

编写高职教材,我们尚缺少经验,书中不妥和疏漏之处,敬请读者指正。

交通职业教育教学指导委员会
交通工程机械专业指导委员会
2007 年 12 月

目 录

项目一　工程机械设备管理技术 ··· 1
　　任务一　掌握企业管理与工程机械设备管理知识 ···························· 1
　　任务二　学习现代管理技术 ··· 4
　　任务三　明确工程机械管理在企业管理中的地位和作用 ···················· 24
　　任务四　学习国外工程机械设备管理技术 ··································· 27
　　任务五　学习中国工程机械设备综合管理技术 ······························ 31
项目二　工程机械管理机构、职能和人员素质 ······································ 34
　　任务一　学习国内工程机械管理体制与组织机构设置形式 ·················· 34
　　任务二　明确工程机械管理相关人员应具备的基本素质和能力 ············· 38
　　任务三　能够开展工程机械管理相关人员业务技术培训 ····················· 40
项目三　工程机械决策管理 ··· 46
　　任务一　了解企业经营管理决策方案 ·· 46
　　任务二　明确经营管理目标与管理活动 ···································· 51
　　任务三　了解企业市场调查和预测的概念 ···································· 53
　　任务四　制订工程机械经营决策方案 ·· 55
　　任务五　选择工程机械管理决策方法 ·· 58
　　任务六　国内公路养护机械管理存在的主要问题与解决办法 ··············· 61
项目四　工程机械设备控制管理 ··· 64
　　任务一　学习机械控制管理原理与程序 ······································ 64
　　任务二　熟知机械设备常用指标 ··· 65
　　任务三　掌握工程机械 ABC 分类管理办法 ··································· 69
　　任务四　完成工程机械信息管理与统计分析 ································· 71
　　任务五　运用机械设备检查与评价方法 ······································ 89
　　任务六　市政、高速公路养护机械设备的管理 ······························· 95
项目五　工程机械经营与租赁管理 ··· 99
　　任务一　学习工程机械设备经营管理方法 ··································· 99
　　任务二　区分工程机械整机、零备件经营管理 ······························· 101
　　任务三　选择工程机械租赁经营方式 ·· 104
　　任务四　学习业务承揽及外部沟通 ·· 109
项目六　工程机械使用与备件油料管理 ··· 112
　　任务一　明确工程机械使用制度与操作规程 ································· 112
　　任务二　判定工程机械合理使用的标志 ···································· 115
　　任务三　能够编制工程机械需要量计划 ···································· 117

任务四　完成工程机械备件仓库管理工作 ·················· 119
　　任务五　正确选用工程机械常用油料 ···················· 127
项目七　工程机械维护管理 ······························ 133
　　任务一　明确工程机械维护的目的、内容及分类 ············· 133
　　任务二　掌握工程机械维护的基本要求 ·················· 135
　　任务三　制订工程机械维护计划 ······················ 140
　　任务四　实施工程机械维护 ·························· 142
项目八　工程机械修理管理 ······························ 146
　　任务一　明确工程机械修理的作用与修理方法 ············· 146
　　任务二　识别工程机械修理分类及标志 ·················· 150
　　任务三　组织实施工程机械大修 ······················ 153
　　任务四　学习了解绿色维修及再制造技术 ················ 157
项目九　工程机械资产和经济管理 ························ 162
　　任务一　明确工程机械资产和经济管理的相关概念 ·········· 162
　　任务二　了解工程机械资产管理方法 ··················· 170
　　任务三　了解工程机械经济管理方法 ··················· 182
项目十　工程机械安全管理 ······························ 188
　　任务一　掌握工程机械安全生产的重要性与管理内容 ········ 188
　　任务二　掌握工程机械技术责任制 ···················· 191
　　任务三　安全转移、运输工程机械并正确选择停放设备场地 ···· 194
　　任务四　预防工程机械事故 ·························· 196
　　任务五　处理工程机械事故 ·························· 198
附件1　工程机械(装载机、挖掘机)租赁合同 ················· 201
附件2　承揽合同书 ··································· 203
参考文献 ··· 205

项目一 工程机械设备管理技术

知识目标

1. 学习应用于机械设备管理中的系统工程、价值工程、线性规划、库存管理、目标管理、人机工程、技术经济学等管理知识的内涵。

2. 掌握企业管理的内容,系统工程、价值工程、线性规划、库存管理、目标管理的特点与作用。

3. 学习了解工程机械设备管理以及英国的设备综合工程学、美国的后勤工程学、日本的全员生产维修等先进工程机械管理技术的特点。

能力目标

认识工程机械管理在企业管理中的重要性,明确机械设备管理的主要目标和任务,能自觉将各种工程机械设备管理技术、管理方法应用于工作中。

生产活动是人类社会最基本、最主要的部分。在早期的生产中,作为生产资料的生产工具比较简陋,对整个生产过程的影响不大,因此,对生产工具的管理,未引起人们的重视。随着社会及科学技术的发展,生产规模越来越大,生活节奏越来越快,生产中使用的机械设备日趋复杂化、自动化、智能化和联动化,机械设备在生产中的地位日益重要。加强对机械设备管理的科学研究,已成为非常重要的课题。

任务一 掌握企业管理与工程机械设备管理知识

一、管理的内涵与企业管理基本知识

1. 管理学及其发展

管理就是同他人在一起,通过他人使某种活动更有效开展的过程。埃及的金字塔、中国的长城,其建造过程是早期成功管理的最典型案例;美国阿波罗登月计划的实现,则是近代成功管理的典范之一。管理的职能可以概括为计划、组织、领导和控制;管理的目标是使资源成本最小化与活动实现的最佳化。诺贝尔经济学奖获得者西蒙(Herbert Simon)博士称"管理就是决策"。概括起来,管理者从事的活动包括:

(1)传统管理:决策、计划和控制。

(2)沟通:交流例行信息和处理文书工作。

(3)人力资源管理:激励、惩戒、调解冲突、人员配备和培训。

(4)网络联系:社交活动、政治活动和与外界交往。

管理学的发展是一个不断检验、修正、再检验的过程。现代管理诞生的标志是1911年,弗雷德里克·温斯路·泰勒(Frederick Winslow Taylor)的《科学管理原理》一书的出版。他通过寻求从事每项工作的"最佳方法",追求更高的生产效率。随后,在20世纪中期,出现了集中于人的人力资源管理方法,采用数字和统计技术,定量化改变资源配置决策管理以及寻求应用于整体组织原则的一般行政管理。

2.企业管理的基本内容

企业管理的基本内容概括起来主要有全面综合管理和专业管理两方面内容。

1)全面综合管理

(1)全面计划管理,是以人、物为对象,从而保证实现企业经营战略;搞好综合平衡,协调企业各项生产经营活动。

(2)全面技术与质量管理,主要以商品及其使用价值为对象,运用科学方法,生产用户最满意的产品。

(3)全面劳动与人事管理,主要以人为对象,以激励人、提高职工队伍素质为目标,把对职工的培训、使用、考核、晋升、奖惩密切结合起来。

(4)全面经济核算,是以商品及其价值为对象,以增收节资、加速资金周转为目标。

(5)全过程机械设备综合管理,是以机械设备取得良好的投资效益为目标,对机械设备从规划、设计、制造、销售、购置、安调、使用、维修更新直至报废全过程实施综合管理。

2)专业管理

专业管理包括生产管理、销售管理、物资管理、成本管理、财务管理、信息管理、计划管理、质量管理、设备管理、劳动管理等。

3.工程建设施工管理的内容

工程建设施工管理的原则是,以最经济的方法,在规定的工期内,完成规定的设计及其规定的质量。因此,施工管理是在对施工计划充分研究的基础上,以质量管理、进度管理、成本管理、安全管理、工程机械管理为五大支柱,辅以合同管理、人力资源管理、环境保护等而构成。具体内容有以下5个方面:

1)进度(工期)管理

把施工预定的工期和实际工期作比较,确认工程是否顺利进行,如果比预定的迟,分析原因,找出对策,确保施工如期完成。工程项目施工进度控制管理原理包括:系统控制、分工协作控制、弹性控制、信息反馈控制、循环控制、网络计划技术等。其中,网络计划技术是工程项目施工进度控制管理的分析计算基础,利用网络计划技术编制进度计划,根据收集的工程实际进度信息,比较和分析进度计划;还可利用网络计划技术进行工期优化、工期与成本优化和资源优化。

2)质量管理

在工程建设中,任何一个环节或部位出现质量问题,都会带来严重的后果,直接影响工程建设项目的使用安全、使用寿命,甚至会造成巨大的经济损失。"百年大计、质量第一"是任何工程建设项目、施工单位的指导思想。工程项目施工阶段是形成工程项目实体和最终产品质量的重要过程,加强工程建设现场的测量、试验、观察、分析、监督、记录,评定是否合格。如不合格,查找原因,进行改进,确保质量,使工程项目施工质量符合规定要求。

工程项目质量控制管理的基本原理就是按照项目施工顺序,制订项目施工质量规划,运用全面质量管理的 PDCA 循环和直方图法、排列图法、因果分析图法、控制图法、相关图法、分层法、调查分析表法 7 种数理统计方法,以及相应施工质量监控手段,对工程项目施工准备质量、施工过程质量和竣工验收质量进行全过程、全员控制管理。

3) 成本管理

在现代经济建设和生产活动中,任何一个工程施工单位都必须做好每一项工程建设项目的成本管理工作,否则会影响到单位的生存、社会的稳定。成本管理是以工程项目为对象,以价值规律为指导,以成本预测、计划、控制、核算、分析和考核为内容,运用一系列的手段和方法,对工程施工项目的生产经营活动进行指导、协调、监督和控制的一种经济管理活动。

工程建设项目施工成本控制管理的方法很多,但只要保证满足质量、工期、安全的前提,并能够实现成本控制管理,那么这种方法就是可行的。在工程建设项目中,常用以目标成本控制成本支出、以施工方案控制资源消耗、用净值法进行工期成本的同步控制、运用目标管理控制工程成本 4 种方法实施成本控制管理,从而实现项目盈利。

4) 安全管理

安全生产管理就是针对人们在生产过程中的安全问题,运用有效的资源,发挥人们的智慧,通过努力,进行有关决策、计划、组织和控制等活动,实现生产过程中人与机器设备、物料、环境的和谐,达到安全生产的目的。安全生产不仅直接影响工程机械的使用寿命,而且直接关系到国家和人民生命财产的安全。因此,必须贯彻"安全为了生产,生产必须安全"和"安全第一,合理使用"的原则。工程建设施工现场环境复杂,多为露天、野外作业,劳动条件差,不安全因素多,在组织上、技术上必须采取有效措施,保证安全生产,保护职工健康。

5) 工程机械管理

进入 21 世纪,随着我国经济的快速发展和全球经济的复苏,大型基础工程建设项目越来越多,工程建设规模不断扩大,必须使用大量高技术、自动化、智能化的工程机械设备来完成这些工程建设任务。而大量工程机械设备的投入使用,可大幅度增加产量、提高质量、降低能耗、缩短工期、减轻工人的劳动强度,给企业带来良好的经济效益和社会效益,为社会创造巨大的财富。各工程建设单位的机械化施工程度、施工水平不断提高,在工程项目施工中机械种类、数量不断增加,机械设备购置费、使用费在工程建设成本中占的比例也非常大。因此,在很大程度上可以说工程施工管理就是工程机械管理。

二、机械设备的定义

1. 机械

一切可以用来改变力的大小和方向,并能起到省力作用的装置称为机械,它是机器和机构的泛称。一台机械主要由原动机、传动机构和工作装置 3 部分组成,有的机械还配有行走机构、操纵(控制)机构等辅助部分。

(1)原动机,是把自然界的其他非机械能变为机械能的装置,如内燃机、电动机等。

(2)传动机构,是将原动机输出的运动和能量传递给工作装置的中间联系环节。

(3)工作装置,是直接去完成预期作业内容的机构。

2. 设备

设备的范围很广,包括与生产活动直接相关的一切设备和设施。设备是固定资产的主要组成部分,它是指工业企业中可供长期使用并在使用过程中基本保持其原有的实物形态、能继续使用或反复使用的劳动资料和其他物质资料的总称。在国内,通常所说的设备,就是指机械和动力两大类生产设施;在国外,设备的含义还包括除土地之外的建筑物等全部可提折旧的有形资产。

当前,"设备"作为机械设备的统称,已在国内外普遍采用,因为"机械"也是属于设备的范畴。而在公路施工和养护行业,习惯把机械设备统称为机械。

3. 机械设备的不同称谓

工程建设中使用的机械设备,在美国称"建筑机械与设备";在日本称"建设机械";在德国称"建筑机械与装备";在苏联称"建筑与筑路机械"。我国由于行业不同,称谓也各异,有工程机械、建筑机械、施工机械、筑养路机械等名称,其内容均大同小异。

(1)工程机械,指完成工程建设任务所需的各类机械。工程机械中的工程建设包括道路建设工程、能源建设工程、水利建设工程、城市建设工程等基本建设工程。

(2)建筑机械,指建筑工程中使用的各种机械设备。

(3)施工机械,指工程施工中使用的各种机械设备,是建筑施工企业习惯用的称号。

(4)筑养路机械,指公路建设与公路养护工程中使用的各类机械设备。

根据1994年交通部公路管理司发布施行的《公路筑养路机械保修规程》,将机械类组划分为8大类。即:路面机械、压实机械、土石方机械、混凝土机械、起重运输机械、桥涵机械、养护机械、动力与隧道机械。

任务二 学习现代管理技术

一、系统和系统工程

1. 系统

系统,是人类在长期社会实践中逐渐形成的。在系统科学中,我们把非常复杂的研制对象称为系统,它是由相互作用和相互依赖的若干组成部分综合成的具有特定功能的有机整体,而这个系统本身又是它所从属的一个更大系统的组成部分。

1)系统的分类

(1)自然系统与人工系统。

①自然系统,其组成部分是自然物质,它的特点是自然形成的。如生物系统等。

②人工系统,是指为了达到人类所需要的目的,由人建立起来的系统。如生产经营管理、社会经济、军事指挥等。

(2)实体系统与概念系统。

①实体系统的组成要素是具有实体的物质。如机械、能源等。
②概念系统是由概念、原理、方法等非物质实体组成。

(3)闭环系统和开环系统。

①当某一系统与环境无关时,为闭环系统。
②当系统与环境有相互关系且能进行能源、物资、信息交换时,为开环系统。

(4)静态系统和动态系统。

①静态系统是其固有状态不随时间改变的系统。
②系统的状态随时间推移而变化的是动态系统。

(5)对象系统。

当系统按照具体研究对象而加以区分时,就产生了各种各样的对象系统。如操作系统、管理系统、安全系统等。

2)系统特征

(1)整体性。系统是由两个以上的可以相互区别的要素,按照一定的结构组成的整体。从机械设备构成看,如一台装载机是由发动机、底盘(传动、转向、制动、行驶)、电气系统、工作装置与液压系统几部分组成的一个整体,而各部分都是可以相互区别的要素。从机械设备管理来看,机械设备的规划、设计、制造、选购、安装调试、使用、维护、检修、改造、报废等环节组成了机械设备寿命周期管理这个整体,这些环节又是可以相互区别、各自具有独立工作内容的要素。

(2)相关性,即系统内的各要素是相互作用而又相互联系的,系统是由各要素按一定方式结合而成。如一台装载机,如果把发动机、底盘、电气系统、工作装置与液压系统几部分随便堆放在一起,不按一定的技术要求组合装配起来,就不能构成一台装载机,也就不能完成铲、装、运、卸物料的任务。机械设备管理中的不同环节也是互相关联、彼此制约的,例如机械设备使用不当就会增加维护、检修的工作量及费用。

(3)目的性。系统具有一定的目标、功能。系统的目标可以是一个或几个,要达到既定的目的,系统就必须具有相应的功能。机械设备的功能是为了完成确定的工作任务,如装载机要完成铲、装、运、卸物料的工作任务。机械设备管理也同样具有明确的目标,如追求机械设备寿命周期费用的经济性和不断提高机械设备使用的综合效率就是工程机械管理的两大目标。

(4)动态性。一个系统总是在一定的环境中存在和发展的,它和环境之间进行着物质、能量和信息的交换,并且由系统本身对这些物质、能量和信息进行转换、加工。外界环境对系统有所输入,而系统对外界环境有所输出。

这种物质、能量和信息的流通、流动,是系统动态特征的一个方面。此外,任何系统本身,总是处在从孕育、产生、发展、衰退直到消亡的变化过程中,这是系统动态特征的另一个方面。例如,机械设备对外界输入的原材料、能量进行加工处理,变为产品向外输出。又如,机械设备管理的输入物是寿命周期费用,经过加工转换,输出物则为机械设备的综合效率(即产品产量、质量、成本、工期,生产的安全性、职业卫生,劳动者的经济性等)。

(5)适应性。这是指系统通过信息反馈,能够进行调整以适应外界环境的变化。工程机械设备和机械设备管理也具有这样的特征。

综上所述，工程机械设备和机械设备管理具备系统的5个具体特征，我们完全可以运用系统工程的观点和方法来分析、解决工程机械设备管理中的各种问题。

2. 系统工程

1）基本概念

按照系统科学的思想，应用信息论、控制论、运筹学等理论，以信息技术为工具，用现代工程的方法去研究和管理系统的技术，称为系统工程（System Engineering）。系统工程是组织管理系统的规划、研究、设计、制造、试验和使用的科学方法，是一门工程技术（软科学）。

系统工程是以复杂的系统为研究对象，有目的地对其进行研究、设计、管理与改进，以达到总体最优的科学方法，这种方法对所有系统都具有普遍意义。

2）系统工程的原则

系统工程是一门研究总体与全局性的科学，运用系统工程分析、处理具体问题时，应遵循以下3个主要原则。

(1) 整体性原则。系统工程要求人们处理问题首先着眼于系统整体，从全局上、整体上去把握事物。不能只对系统的各个局部考虑得很仔细，而没有周密地考虑系统的整体和全局；即使是处理局部性的问题，也要首先看到它是全局中的一部分，要从全局出发解决局部性的问题。这就是说，要着眼于系统的整个寿命周期，要把系统的不同时间阶段联系起来看，不能只顾当前、忽视长远，要坚持从系统的全过程来观察、处理问题。

(2) 综合性原则。系统工程要求人们首先考虑系统目标的多样性和综合性，如工业企业的生产，既要注重高产，更要注重优质和降低消耗，不能只顾一头。其次，处理问题要全面，综合考虑所采取的措施将引起的多方面后果，如发展现代工业，生产了丰富的产品、商品，但同时也带来了"三废"的排放，造成环境污染，以致危害人类生存的严重问题。再次，解决某一问题可以有多种方案，要从实际出发，全面分析比较，最后选择最优方案或者博采众长、综合使用。

(3) 科学性原则。系统工程要求人们处理问题时要按科学规律办事，既要有严格的工作步骤和工作程序，又要做到定量分析、系统优化。

3）系统工程的方法

(1) 系统工程三维结构理论（霍尔三维结构）。它概括地表示系统工程的步骤和阶段以及涉及的知识范围，是各种具体的系统工程方法的基础，其三维是时间、逻辑和知识。该方法把系统工程活动分为前后紧密连接的7个阶段和7个步骤，并同时考虑各阶段步骤所需的知识，这就为解决规模较大、结构复杂、涉及因素众多的大系统提供了一个思想方法。

(2) 模拟、优化、评价法。模拟包括思维和实验。最优化是使一种系统与目标相一致，以制订出最好方式来完成任务的某种计划。评价就是最优化结果是否对问题真正合适的一种评定尺度。

二、价值工程

1. 价值工程的基本概念

1）定义

价值工程就是以最低的寿命周期成本，可靠地实现产品的必要功能，着重于功能分析的、有组织的活动。在第二次世界大战期间,人们总结出一套在保证功能的前提下能降低成本的、比较完整的科学方法,即价值分析。后来,科学家们将价值分析不断完善,并于1954年被美国海军船舶局采用,为突出其工程含义而改称为价值工程。现在,价值工程已被公认为一种行之有效的现代管理技术。它不仅可以用于开发新产品、新工艺,也可以用于专用设备的设计制造、设备更新改造和重点设备的修理组织方面,以提高机械设备管理工作的经济效果。

2) 功能与成本的关系

价值工程的目的是提高机械设备或维修作业的特定价值。而价值、功能与成本之间有下列关系:

$$V = \frac{F}{C}$$

式中:V——设备或某项维修作业的特定价值;
F——设备或维修作业的功能;
C——设备或维修作业的成本。

从公式中可以看出,提高特定价值的途径有:

(1) 功能 F 不变,用降低成本 C 的方法提高价值 V。
(2) 成本 C 不变,用提高功能 F 的方法来提高价值 V。
(3) 既提高功能 F 又降低成本 C,是提高价值 V 的最佳方法。
(4) 采用成本 C 稍有提高,而功能 F 大幅度提高的办法是提高价值 V。
(5) 采用产品功能 F 稍有下降,而成本 C 大幅度下降的方法是提高价值。

3) 价值工程基本原则

使用价值工程进行工作时,要掌握下面几项原则:

(1) 怀疑。要开发智力资源,必须对现有情况进行分析并怀疑。只有这样才会促进人们去思考问题,提出解决办法。价值工程常有以下七个提问:

① 这是什么?
② 这是干什么用的?
③ 它的成本是多少?
④ 它的价值是多少?
⑤ 有别的方法实现同样功能吗?
⑥ 新方案成本是多少?
⑦ 新方案能满足要求吗?

(2) 标准化,包括产品零部件标准化、管理业务标准化等。前者旨在扩大产品标准件、通用件的用量,减少自制件,增加外购件的比例;后者旨在节约人力、节约时间、节约管理用品。这些都有助于提高生产效率、节约开支、降低成本。

(3) 排除。凡是无用的、多余的、过量的产品性能,无用的零部件,不合理、不经济的工艺操作、工程程序、生产组织以及管理方法等都应去除。

(4) 替代。凡能在保持产品同样的性能、效用和要求的前提下,能用其他更廉价、更方便的零部件或原材料代替的,都要尽量采用代用品。如铆改焊,焊改黏合,铜件改为铝件、塑料等。此外,采购原材料的价格、地点、运输费用等也都要在不影响产品功能的前提下注意替代原则,以降低成本。

2. 价值工程的程序与方法(表1-1)

价值工程工作程序　　　　　　　　　表1-1

一般阶段	基本步骤	具体步骤	提问
分析问题		选择对象	这是什么?
		收集情报	
	功能定义	功能定义	这是干什么用的?
	功能评价	功能评价	它的成本是多少? 它的价值是多少?
综合研究		方案制订	有别的方法实现同样功能吗?
方案评价	改进方案的制订与评价	概略评价 方案具体制订 试验研究 详细评价 提案审批 方案实施 成果总评	新方案成本是多少? 新方案能满足要求吗?

1) 选择对象

价值工程所特有的技术是功能分析。对一个企业来说,进行功能分析,首先要有目的地选择在生产经营上影响大、亟待解决的问题,以及在改进功能、降低成本上有取得较大成果的潜力等,作为改革对象,集中力量进行攻关。一般情况下,选择对象可以从以下6种类型的产品中寻找。

(1) 从量大面广的产品中选择。因产品批量大,改革后积累起来的经济效果也就很显著。

(2) 从产品或关键零部件的成本较高者中选择。由于每台设备都由许多零部件组成,在设计制造、改装和维修设备时,若对全部零部件进行价值分析既无必要,也不经济,通常采用A、B、C分析法,找出占设备成本的80%左右,占零件总数的20%以下的主要零件作为重点对象进行价值分析。

(3) 从结构复杂的产品中选择。因结构复杂的产品,故简化结构、革新设计的可能性比较大。

(4) 从长期没有变革的老产品中选择。因其革新设计、改进工艺、采用新材料的可能性较大。

(5) 从畅销产品中去选择。因为畅销产品始终处于竞争优势,对增加企业的经济效益影响较大,所以必须分析其为什么受市场欢迎;分析该产品与同类产品对比具有哪些优点;分析要扩大销售量应如何在增加功能时降低售价。

(6) 从退货多的产品中去选择。因为产品出厂后,如果市场反映产品存在问题或要求退货,这对企业的信誉和产品的存亡有很大影响,应作为重点分析对象。

2）收集情报

对所选择的对象进行现状和改进的调查研究，要求尽可能详尽地查明下列问题。

(1)分析对象的历史背景。

(2)现有功能以及从发展观点看将来对它的要求。

(3)设计情况。

(4)规范及其详细要求。

(5)成本构成及成本过高的项目。

(6)有无非必要的功能。

(7)有无不必要的、要求过高的公差。

(8)有无成本过高的原材料、人工或工序。

(9)运输和维护费用是否过高。

(10)有关保证降低成本的最新情报。

3）功能分析

功能分析是价值工程最重要的手段和最关键的环节。所谓功能分析就是把功能分解，使每个零部件数量化，并结合实现功能的成本，来确定其价值的大小。

(1)功能分类。价值工程把功能分为3类：基本功能、辅助功能和不必要功能。

①基本功能是指产品或作业所要达到的主要目的或必不可少的效用，如果不具备这个功能，产品就失去了存在的价值。

②辅助功能是为了有效达到基本功能而必须具备的其他功能。

③不必要功能就是指没有使用价值的功能；发现和去掉这个功能，在价值工程中具有极重要的地位。

(2)功能定义，就是用简明的语言来描述某产品的功能。通过功能定义可加深对产品的理解，便于改进工作。

(3)功能整理，包括明确功能范围、检查功能定义的正确性、确定功能之间的关系。

(4)功能评价，就是用价值系数来评定各个功能的价值，找出价值高、成本低的功能，为实现目标成本的一种努力。

三、线性规划

1. 线性规划的基本内涵

线性规划是运筹学规划论的一个分支。20世纪30年代，线性规划从运输问题的研究开始，在第二次世界大战中得到发展。现已广泛地应用于国民经济的综合平衡、生产力合理布局、最优计划与合理调度等问题，并取得了比较显著的经济效益。线性规划模型的结构简单，比较容易为一般未具备高等数学基础，但熟悉业务的经营管理人员所掌握，其解题方法简单，简单的可用手算，复杂的可借助于计算机的专用软件包，输入数据，就能得出结果。

线性规划是合理利用资源、合理调配资源的一种应用数学方法，它的基本思路就是在满足一定约束条件下，使预定的目标达到最优。它研究的内容可归纳为两个方面：

(1)系统的任务已定，如何合理筹划，精心安排，用最少的资源(人力、物力和财力)去实现这个任务。

(2)资源的数量已定,如何合理利用、合理调配,使完成的任务最多。前者是求极小,后者是求极大。

线性规划的定义是:求一组变量的值,在满足一定的约束条件下,求得目标函数的最优。

2. 线性规划的概念

1)变量

变量又叫未知数,是实际系统中有待确定的未知因素,也是决策系统中的可控因素,一般称为决策变量。常引用英文字母加下标来表示。

2)目标函数

实际系统的目标,应用数学形式表示出来称为目标函数。线性规划的目标函数是系统目标的极值:极大值如产值极大、利润极大;或者极小值,如成本极小、费用极小、损耗极小等。

3)约束条件

约束条件是指实现系统目标的限制因素,它涉及企业内部条件和外部环境的各个方面,如原材料供应、设备能力、计划指标、产品质量要求和市场销售状态等,这些因素都对模型变量起约束作用,故称其为约束条件。

约束条件的数学表达形式有3种:即≥、=、≤,实际问题中变量所代表的均为实物,不能为负。

四、库存管理

1. 库存论的基本概念

库存论是研究物资库存管理的理论问题。库存管理是现代化管理的重要内容,为产、供、销各环节中的组成部分。它在理论上是运筹学的一个分支。

库存管理的目标。它是利用有关数学模型,计算合理的储备量,以保证生产上对库存物料的需求,而且尽量节省储备费和采购费用。

物资库存的费用有3项:

(1)储备费用:包括存货占用资金、仓储费用、库存损失费用以及因资金积压而造成的损失等。

(2)缺货损失费用:指企业因停工待料而造成生产和销售损失,以及因缺货而增加的用工等。

(3)订购费用:包括采购货物时所需的手续费或生产调整(如安装机械设备)等与订货次数有关的费用。

为满足一定的服务水平,就应保持一定的安全储备,保证物料的连续供应,防止因缺货而造成损失。对于具有季节性波动的生产,供应部门更要保持合理的库存,做到均衡生产和供应。

除费用因素外,库存模型尚需考虑下列因素:

(1)未来需要。通常有3种情况:

①确定情况:准确地了解未来一定时期内,对产品的需要量。

②风险情况:对未来一定时期内的需要量,仅能用一项预计的概率分配来表示其需要的水平。

③不定情况:对未来一定时间之内的需要量无法预测,只能利用过去的经验,做出适当的估计。

(2)交货时间,指订货后至送达的时间。如交货时间较长,应提早订货,多备存货,以应付所发生的需要;反之,则可少备存货。

(3)自产或采购。如系采购备用,应按企业的需要,结合费用和批量,酌量订购;如系自产备用,就要考虑平衡生产,防止时高时低。

2. 库存的经济批量

(1)在物资库存管理中,广泛采用的方法是经济批量法,也叫作"以量定期"法。它有下列3个特点:

①以量定期:先确定物资的订购、储备数量,然后再确定供应(订购)间隔期。
②以销定产:物资供应完全以充分满足用户需要为主,然后再确定供应(订购)间隔期。
③建立在严格的定量分析基础上,物资库存量大小,要保证用户获得最大的经济效果。

(2)经济批量,就是从极小订购费用和储备费用着手,求得最佳经济批量。

(3)从订购费用和储备费用的特点来看:

①为了节约采购费用,理论上应该减少采购次数,而提高每次采购数量以加大库存量。
②为节省储备费用,又应该增加采购次数,减少每次采购数量,使库存经常保持最小。

采购费用与储备费用是相互对立的,对一次购进批量有不同的要求,这就必须有一个最佳库存量(即经济批量),使两类互相矛盾的费用加起来的总费用最小。

五、目标管理

1. 目标管理的基本概念

目标即目的,是指个人或团体在一定时期内所要达到的标准,即期望得到的一定成果或要求达到一定的水平。从广义而言,目标管理就是为了实现规定期限的预定目标,每个人或每个群体必须完成明确分配的工作,从而进行自我调节和有效控制的管理过程。目标管理的理论基础是系统工程和行为科学。目标管理是以人的因素为动力,以事前控制为特点,在现阶段对于各行各业、各项管理都是通用有效的一种现代管理技术。

目标管理是一种新兴的、科学的、有效的管理理论方法。目标管理是指主管人员要以"目标"作为"管理"所属一切(人、财、物)的基本,即目标进行管理。目标管理的实质是在重成果思想指导下,对推进目标实现的全部工程进行系统有效的控制活动,以期圆满地实现目标的一种现代管理方法。它要求企业每一项工作都必须为达到目标而展开,并以最后达到目标的程度来进行评价和奖惩。

就企业来说,总目标是企业生产经营的总方向,也是企业各部门实现各自确定的预定目标或预期效果的行动纲领和发展方向。企业实现目标管理的目的是在激烈竞争的市场经济中不断发展,取得一定的市场份额,在一定的内部和外部条件下得到最好的经营效果,企业目标实现的好坏也是对企业经营者业绩考核的重要指标。为此,企业的目标管理就是在实现企业总目标的过程中,动员和组织全体员工共同努力,确定目标,提出方法,制订措施,安排进度,完成各自规定的任务并严格检查评价执行效果的一种管理体制。目标管理具有综合性、自觉性、系统性和全员性,能够主动地控制和科学地管理企业的一切生产经营活动,从而取得预定的经济效益。

2. 目标管理的特点与作用

1）目的性与激励作用

目标管理使企业在一定时期内各项活动的目的确切、具体、明了,企业与职工责权利有机结合,共同奋斗的具体标准和要求,既能定性,又要定量定时。

2）系统性及统筹作用

企业总目标一经确定之后,就要展开、分解、形成体系,从深度和高度上,从时间和空间上,扩散到企业的各个微观单元,并且有机地联系成一个有序网络系统。建立目标体系的过程,是对企业各单位各方面生产经营活动进行综合平衡、统筹规划、协调安排的过程,反映了整体优化的统筹作用。

3）主动性及发掘作用

人们必然要积极而又慎重地决定自己的目标,同时为实现自己的目标去设法发掘潜在积极因素,开发出保证目标落实的各种技术组织措施。

4）针对性及预防作用

目标管理不但突出了企业任务重点,而且也针对企业薄弱环节与容易发生的问题,事前规定相应要求。

5）控制性及反馈作用

企业是一个可控体系,目标管理能够使经营者更加有效地控制企业内部因素。在企业目标执行过程中,一旦某机构发生故障或超越目标值偏差范围,便能立即沿着网络系统反馈到决策中心,以便经营者及时采用适当措施消除故障或修订目标。

3. 目标管理的应用

开展目标管理的过程一般都经过讨论确定目标、组织实施目标、考核评价效果和改进处理目标4个阶段,即PDCA(计划、实施、检查和处理)循环的4个阶段,如图1-1所示。

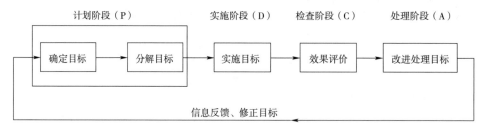

图1-1 目标管理的PDCA循环过程

1）确定目标

确定目标是实行目标管理的计划阶段,包括确定目标和分解目标,两者之间存在密切的内在联系。确定目标是分解和实施目标的依据,分解目标是实现目标的基础。若企业生产经营总目标是企业的整体性战略方案,而企业各部门确定的各项目标则是实现总目标的局部性战术措施。例如机械设备管理工作确定的目标就属于战术性对策,是围绕工程建设企业生产经营总目标而设立的。

(1)确定目标的原则。

针对工程机械设备管理而言,确定原则是:

①密切结合企业的实际情况。

a.围绕企业生产经营总目标,工程机械设备管理部门应该完成的工作任务而确定管理目标。

b.结合企业发展规划,从现有管理状态、人员素质及相关因素研究分析所确定的管理目标是否具备条件,还应采取哪些管理措施。

c.结合存在的主要问题,就是从上年遗留问题和本年发展要求的对比中,找出主攻方向而确定管理目标。

②以上级主管部门下达或行业协会制定的机械设备工作要求为依据,分析企业机械设备管理现状,明确差距和努力方向,从而确定机械设备管理目标。

③管理目标的确定要具有广泛的代表性,能够比较全面、系统地反映机械设备的技术经济状况。

④确定的机械设备管理目标内涵力求量化,以便于分解、考核与评价。

⑤要坚持与企业发展实际相结合又有激励作用为出发点,合理地确定目标值。即目标值要适当,既不应轻而易举就达到,又不应可望而不可即,应该是必须经过一番努力才能达到的目标值。

(2)目标确定程序。

工程机械设备管理部门根据确定的原则、依据,拟出初定的管理目标方案,经企业领导审核同意后,召集相关部门人员进行讨论分析,并广泛听取有关执行者的意见,对初定方案进行修改、补充和完善,使不确定的目标切实可行,最后经企业职代会通过和上级主管部门批准,正式确定各项管理目标,如图1-2所示。

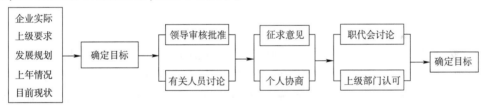

图1-2 确定管理目标的程序

例:某工程施工企业的机械设备管理目标及考核指标如下。

①机械设备管理目标:以追求机械设备寿命周期费用最低,提高机械设备的综合经济效益,为公司施工生产提供设备保障。通过加强机械设备维护、修理管理,保障设备安全运行,消除重大机械设备事故,减少一般机械事故和故障,为保障施工生产正常进行提供可靠的设备条件。依靠技术进步,提高机械设备装备水平,逐步对旧设备进行有计划的更新,提高施工生产技术水平,推广先进的施工工艺。通过加强基础管理,实行单机成本核算,降低机械设备的能耗和使用成本。通过推行机械设备租赁制,建立内部设备租赁市场,盘活资产存量,提高机械设备利用率,满足施工生产的需求。

②目标考核主要指标:

a.资产管理:账账相符达到100%;账物相符≥95%;账物清晰,使固定资产保值。

b.设备利用率≥65%;设备完好率≥85%。

c.无重大机械设备事故发生。

d. 技术装备率年递增5%。

e. 关键设备、重要设备故障停机率(按新旧程度)第一年小于5%,以后逐年递增2%。

(3)分解目标。

分解目标是为了已确定目标的实施展开和检查评价。分解目标就是把已经确定的目标具体细化,按照企业的组织机构和职能,层层分配,把目标的实施落实到执行者的过程,通过分解落实,使每个执行者明白自己该做什么,怎么做,达到什么目的。对目标进行分解的同时,应制订保证实施的制度、措施与方法。

在实际安排上,目标展开的过程就是目标分解的过程,分解的目标应与机械设备管理目标和企业总目标融为一体,目的一致。一般情况,目标分解的层次由上到下,逐级分解。企业组织机构设置的层级不同,目标分解的层次也不一样,某施工企业的管理目标分解层次,如图1-3所示。

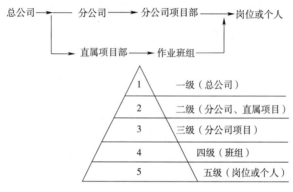

图1-3 目标分解层次

2)实施目标

目标一经确定,目标管理就进入实施阶段。目标的实施过程就是执行者自行管理与控制的过程,执行者可以自主地选择实施的方法与手段,最大限度地调动每个人的想象力、创造力和成就感,达到最佳的结果。在实施过程中,必须进行有效的管理和主动的控制,协调、解决暴露出来的各种矛盾和冲突,而不致影响目标的实施进度与效果。

(1)首先抓好目标展开实施计划管理。实施计划是包括目标项目、分解细化项目指标、实施措施与方法、安排进度、检查时间、成果评价以及实施单位(部门)或个人等内容的目标展开实施图。

(2)抓好动态信息传递反馈工作。目标实施过程是一个动态管理过程,也是一个信息流动过程,通过收集与分析动态数据才能掌握实际情况,以实现PDCA循环,有效地控制实施过程。因此,要设立不同的项目内容,选择不同的图表、统计方式,使目标实施动态信息得到及时反映,畅通传递。

(3)实行经济责任制,对目标实施效果进行检查考核。实行经济责任制是推动目标管理的经济杠杆,在机械设备目标管理过程中,可以对设备技术、经济指标及管理项目实行多种形式的经济承包责任制,如经济技术指标承包、机械设备维护承包、机械设备检修承包、设备动力承包、动力消耗承包、备件储备资金承包等。把机械设备的综合效益与个人经济利益结合起来,能够有力地促进机械设备管理目标的实现。

3) 目标的检查

对目标实施的效果进行检查和评价,即目标的检查阶段。一般情况下,对目标的检查贯穿于目标实施的全过程,采用定期或不定期检查,一是可以根据目标实施情况的变化,对已确定的目标随时进行必要的修改与调整,使目标更具有可行性;二是可以及时发现实施中的问题,采取改进措施,使目标管理更具实效。

(1)对目标进行检查的方法。

①基层单位、各部门自检。

②集团公司(企业)组织各单位、各部门定期互检,交流经验,找出差距。

③年终总结、检查、评比,表彰先进、批评落后,鼓励执行者的积极性。

(2)对目标进行评价的方法。

应根据目标的复杂程度、进展程度、改进程度、效果程度和努力程度进行客观、全面和综合的评价。评价结果一般分为 A、B、C、D 共 4 个等级,A 等为达到或超过预定目标,B 等为基本达到预定目标,C 等为未能达到预定目标,D 等为与预定目标相反。

对目标进行检查与评价的过程实质上是企业自上而下进行的自我管理、自我调节的过程,还必须与经济手段、人事考核、精神鼓励等方面相结合才能把目标的检查与评价做得更扎实、有效,才能取得预期的效果。

4) 目标的处理与改进

对目标的处理与改进是开展目标管理的最后一个阶段,这个阶段的工作往往与上个阶段交错或同时进行。根据对目标实施效果的检查与评价,发现实施过程中存在的问题和影响因素,研究处理解决的方法,采取积极的改进措施,加强实施的过程管理与控制,以使目标的实施沿着预定的方向不断推进。

与此同时,企业可根据本年度目标的实施结果和存在问题,结合下一年度的工作要求,对本年度的管理目标进行调整,确定下一年度的工作目标。于是,又开始了新一轮目标管理的 PDCA 循环。

六、人机工程学

1. 定义

人机工程学是 20 世纪 40 年代末出现的一门边缘学科。人机工程学是运用生理学、心理学和其他学科知识,使机器与人相适应,创造舒适而安全的工作条件,从而提高工作效率的一门学科。目前已被广泛应用于工业管理以及机器设备的设计中。

企业管理的目的在于提高效率,增加经济效益。要提高劳动生产率,就必须研究人与机械、人与环境以及人与人之间的关系,于是就产生了相应的学科。研究人与机械、人与环境的关系方面就是所谓的"人机工程学";研究人与人之间的关系的就是"行为管理学"。这两门学科都是从人出发,但角度不同,前者着重于技术方面的研究;后者着重于社会学、心理学方面的研究。

人机工程学研究的是人与所使用的机器设备及其所处的工作环境之间的关系,通过研究来改善机器设备的设计,创造最佳的环境条件,达到提高生产效率、经济效益,减少疲劳,避免事故,保证工作者健康的目的,即人机工程学就是研究"人—机—环境"最佳化的问题。

从人与机器的关系来分析,要研究机器的尺寸、设计和装备,工具的形状和布置,工作场地的布置等,使人们操作起来感到舒适、省力、准确,发挥最好的工作效果。从环境因素来说,要研究工作场所的气候、照明、噪声、灰尘、有害气体等,使人们在适宜的工作环境中工作,减少疲劳,保证健康,提高效率。

2. 人机工程学研究的目的及内容

人机工程学的研究对象是工程技术(包括工程机械设备)中与人体有关的问题。目的是解决工程技术设计如何与人体的各种要求相适应,从而使人机系统工作效率达到最高。

1) 人机工程学研究的目的

(1) 设计时必须考虑如何适应和满足人的生理和心理的各种因素。

(2) 设计出的产品应使操作简便、省力、准确、可靠。

(3) 使用工作环境舒适、安全。

(4) 提高工作效率。

2) 人机工程学研究的内容

(1) 研究"人机"的合理分工和相适应的问题。在人机系统中,人是主动者,而机器是人的劳动工具,是被动者。因此,人机关系是否协调要看机器本身是否符合人的特征。例如,在造型设计中的人机工程学应用,是在充分考虑人和机器特征的前提下,做到人、机职能的合理分配。

(2) 研究被控制对象的状态。针对信息如何输入及人的操作活动信息如何输出问题,需要研究人的生理过程规律性。在现代的工业生产中,基本上都是人操纵机器或使用工具、设备进行生产,而人们操纵机器设备和工具需要用力,但人体各部分的姿势不同,用力的大小也会不同,消耗的能量是不相同的,生产效率也不同。

(3) 建立"人机环境"系统。根据人的心理和生理特征,必须对机器、环境提出相应的要求,即在产品设计时要考虑创造一个良好的、合理的工作条件和环境(包括设计机器的操作机构),可以减少操作者在时间、体力和精力上的消耗,保证操作者在最佳环境内高效、可靠、舒适、安全地进行工作。

显然,人机工程学的出发点是追求人和机器的和谐,特别是对具有高速运转的机械和复杂装置的机械为研究对象的人机系统。要研究提高生产效率,就必须把人和机器、设备联系起来,作为一个系统来看待。应用人机工程学的原理,是解决怎样设计产品才能使之适应人的问题,才能设计出实用、经济、美观、高效的产品。

3. 人机工程学在工程机械设计中的运用

为了达到人机系统的和谐,提高人机系统的效率,中国、日本及欧美等国的工程机械生产制造企业均大力研究人机系统,所开发的产品除了满足功能需求外,越来越多地考虑满足人的生理、心理需求。

(1) 产品的外观与造型设计方面。更加注重产品外观造型的流行趋势,重视直线与曲线、平面与曲面的结合。如装载机、振动压路机发动机舱盖由原来的直线、平面造型改为流线型设计,既适应了现代流行的审美需求,又减少了操作者后视死角,开阔了视野,提高了机械设备操作的安全系数。

(2) 产品色彩设计方面。由于工程机械行驶速度较慢,而工作现场又比较杂乱,安全因素尤为重要。应根据各类工程机械设备的特点、使用环境来选择、搭配不同的颜色。对工程机械设备外观进行色彩设计时,应考虑选用鲜艳、醒目的色彩,一般多用橘黄、橘红、朱红、棕黄等颜色,有时也使用米黄色。如全液压汽车起重机,选用黄色基调,下部机身使用明度较低的橘黄色,而上部工作装置则采用明度较高的黄色,使人感到机器上轻下重,有安全感;在吊钩部位采用黄黑相间的警戒标志,以引起作业区附近人们的注意,防止无关人员靠近起重机工作场所。

(3)操作控制部位、驾驶室的布置方面。对移动式工程机械、特种工程车辆的操作控制室、驾驶室的布置、设计,也要充分考虑人机工程学的要求。在内部空间的设计上必须考虑操作空间的大小和舒适性;内饰设计要使人感到亲切、舒适。采取驾驶室隔声、减振措施,降低驾驶员耳边的噪声和驾驶室的振动,减轻驾驶员的疲劳感。采用增压驾驶室,使驾驶室内气压大于驾驶室外气压,使空气中的灰尘难以进入驾驶室内。座椅外形设计符合人体舒适性要求,可根据各人身材来调整高度和前后移动。转向盘角度、高度可调。仪表板的布置应便于操作人员准确观察,符合人体视觉特征。操纵手柄、脚踏板的设计、排列位置、操纵速度和操纵力的大小要符合人体的生理特征,以便使操作者能够舒适而方便地进行操作控制,减少操作失误的概率。采用集中润滑、自动润滑装置,可降低机械维护工作量,避免润滑点的遗漏。设置适当的维护、安装、拆卸、检修空间,提高工程机械设备的维修性,可降低维修劳动强度,提高维修效率和质量。

随着科学技术的进步,现代工程机械设备不仅要满足使用功能,还要满足操作人员的心理、生理需求,人机工程学为建立一个完美的人机系统,最大限度地提高人机系统效率提供了科学依据。在以人为本的今天,人机工程学会得到更广泛的应用。

七、技术经济学

1. 技术经济学的内涵、研究内容与特点

技术经济学是研究各种技术方案、技术措施及其预期的技术经济效果,为科学决策提供理论依据的一门方法学科。

1)技术经济学的研究对象

通过对科学技术的经济效果进行预测、计算、分析、评价、论证,寻找技术和经济的最优组合,为决策提供依据,促进技术资源有效配置。

2)技术经济学的研究内容

(1)内部体系(自身体系)的研究包括:学科建设,研究对象,理论基础,评价指标体系和评价方法。

(2)外部体系的研究包括:国民经济重大比例关系技术经济论证与发展趋势预测;经济增长速度与效益分析;产业发展模式与产业政策研究;工业布局与区域经济研究等宏观技术经济研究和建设工程;科技项目和企业新建、改建、扩建的可行性研究;技术引进、吸引外资的技术经济效果论证与评价;新技术选择、新产品开发的论证与评价;设备选购、改造与更新的论证与评价;建设项目后评估;生产决策分析、资产评估等微观技术经济研究。

3)技术经济学特点

(1)方法论。技术经济学以研究方法为主,包括定性和定量的方法。

(2)预期性。技术经济分析主要是在决策前对技术政策、措施和方案预期的技术经济效果进行分析和评价。

(3)系统性。技术经济问题涉及面广,各方面问题相互关联、相互约束、相互促进,因此,应将研究问题置于一个技术、经济、文化、社会、环境、资源的大系统中,用系统的理论和方法加以研究,用系统的观点进行选优和决策。

(4)定量性。技术经济学在研究中采用数学的方法,以定量分析为主,以定量的结果为决策提供依据。

(5)边缘性。技术经济学研究的问题涉及技术、经济及社会各个方面,是自然科学和社会科学相结合的一门学科。

(6)客观性。技术经济分析以科学为依据,尊重客观实际。对技术方案的技术经济效果公正、客观地做出分析和评价。

技术经济学是门选优科学,在研究中总是把不同技术方案、技术措施进行比较优选。常用的方法有成本效益分析法、边际效益分析法、货币时间价值分析法、承担费用分析法、综合评价分析法、价值工程分析法等。

4)技术经济分析的作用

技术经济学与社会经济发展有着十分密切的关系,它是科学决策的基础,兼顾技术先进性与经济合理性,正确实现和把握效益与速度的关系,为实现社会经济协调有序、稳定而持续的发展奠定基础。

2. 技术经济学的基础知识

1)技术经济分析的比较原理

技术经济分析的目的是寻求技术经济效果最佳的技术方案,只有通过比较才能达到选优的目的,因此,"比较"是技术经济分析的中心环节。对两个或两个以上可实现同一目标的方案作技术经济效果比较,可从中选出最优方案;即使是一个方案,也可通过不实行任何方案的情况作比较来进行选择。要对方案进行比较,必须要有以下可比条件:

(1)原始资料、原始数据的可比。即在比较时,各方案的计量标准要一致,要考虑到原始资料、原始数据的可比性。

(2)满足需要的可比。即各方案同样能够满足社会在品种、质量、数量、功能、服务方面的需要,并可互相代替。

(3)消耗费用的可比。即对于不同方案的消耗费用必须采取统一的计算原则、计算方法和计算范围。

(4)价格的可比。价格是商品价值的货币表现,现行的定价标准不一,有的是根据产品成本、利润定价,有的是以市场供求关系决定,有的是由国家或部门政策制定的。因此,现行的价格往往与实际价值背离,如果以现行价格对不同方案进行比较,就不具备可比性,就可能得出错误的结果,所以在这种情况下,就应在计算时对价格进行调整,采用影子价格、国际价格或选用其他适应方法进行价格修正。

(5)时间可比。不同的方案的时间因素是不同的,在做方案比较时,必须注意时间上的可比性,要选择合理的、以相同的计算期作比较条件,对不同时期发生的效益和费用要计算资金的时间价值。

2）技术经济分析基本程序
(1)确定目标,同时提出要达到的预期目标的考核指标,包括技术、经济、社会、环境指标等。
(2)通过调查研究,进行限制条件分析后,建立各种可行的技术方案,主要内容有：
①市场需要调查与预测。
②物料的来源、价格及运输。
③技术调查及预测。
④厂址选择。
⑤资金来源和筹措。
⑥工艺方案及设备选择。
(3)分析代替方案的优缺点。
(4)建立评价方案的技术经济数学模型。
(5)综合评价、方案选优。
技术经济分析程序如图1-4所示。

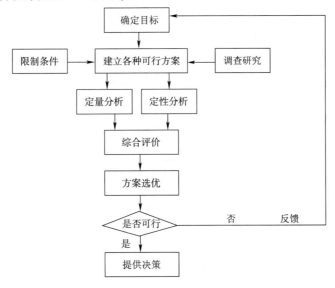

图1-4　技术经济分析程序

3. 工程机械设备投资的技术经济分析

工程机械设备投资的评价大致可分为投资回收期法、费用(成本)比较法和投资收益率法3种基本类型。

1）投资回收期法

投资回收期法是以工程机械设备的收益算出回收设备的投资所需要的时间,并评价其经济性的方法。显然回收期越短越好。

(1)简单回收期法,如果每年投资收益相等,则投资回收期 T 为：

$$T = 投资额/年度收益$$

如果每年收益不等,则需将年度收益逐年累加,直到总收益等于投资费用为止。
同样,投资回报率法为：

投资回报率 = (平均年收益 – 年折旧费)/投资费用

式中：　　平均年收益 = 总收益/预期使用寿命

　　　　　年折旧费 = 投资费用/预期寿命

(2) 投资偿还期法。这是考虑在一定的利率下，需要几年才能还清全部投资的偿还期的方法。

设投资额为 P，每年同额利润为 A，利率 i，偿还期为 n，则：

$$P/A = [(1+i)^n - 1]/i(1+i)^n = (P/A, i, n)$$

或

$$A/P = i(1+i)^n/[(1+i)^n - 1] = (A/P, i, n)$$

上述两式，只要设定 A、P、i，即可根据同额支付现金系数表或资金回收系数表求出偿还期 n 值。

投资回收期法的优点是概念明确、计算简单，其主要缺点是：

①没有考虑投资期以后的收益。

②没有考虑投资项目使用年限和经济寿命。

③没有考虑投资项目使用年限终了以后的残值。

④没有考虑将来更新或追加投资的效果。

2) 费用(成本)比较法

费用比较法是一种对费用成本进行比较的一种方法。费用成本越小的方案被认为是越有利的方案。费用(成本)比较法包括年成本比较法(AC 法)、现值比较法(PW 法)、净现值法(NPV 法)、净现值率(NPVR 法)4 种方法。

其中年成本比较法(AC 法)是目前国外应用最广的评价方法之一，这种方法对于经济寿命不同的方案，只要计算出等值年成本即可比较。

假如每年的作业成本同额，其年成本 AC 为：

$$AC = (P-L)(A/P, i, n) + L \times i + V$$

式中：　P——投资额；

　　　　L——残值；

$(A/P, i, n)$——资金回收系数；

　　　　V——年作业成本。

例：有 A、B 两种设备可供选择，设备 A 购价 P_A 为 100000 元，投产后年作业成本 V_A 为 5000 元。设备 B 购价为 115000 元，投产后作业成本 V_B 为 4500 元。二者经济寿命均为 5 年，残值为零，最低收益率为 8%。试确定选择哪种设备为宜。

解：先查出 $i = 8\%$, $n = 5$ 的 $(A/P, 0.08, 5)$ 的值为 0.25046，然后代入公式：

$$AC_A = (P-L)(A/P, i, n) + L \times i + V = 10000 \times 0.25046 + 5000 = 30046.0 \text{ 元}$$

$$AC_B = (P-L)(A/P, i, n) + L \times i + V = 115000 \times 0.25046 + 4500 = 33302.9 \text{ 元}$$

因为 $AC_A < AC_B$，故应选 A 设备。

3) 投资收益率法

投资收益率法是一种计算相对投资收益率，并认为这种收益率越多越有利的方法。通常投资收益率也称为投资效率。投资收益率法包括简单投资收益率法(ROI 法)、年均投资收益率法和贴现现金流量法(DCF 法)3 种计算方法。

简单投资收益率法(ROI 法)是最简单的评价方法之一,投资收益率等于纳税后的收益除以投资额的百分率,即:

$$i = \frac{R}{P_0} \times 100\%$$

式中:i——投资收益率;

R——净收益;

P_0——原始投资。

一般取投资收益率大于最低希望值的方案。

这种方法存在以下缺点:

①没有考虑资金的时间价值。

②没有考虑投资计划使用年限内的全部收益,仅考虑回收期内的收益。

③没有测算将来更新或追加投资的效果。

4. 工程机械设备租赁技术经济分析

工程机械设备租赁是近年来迅猛发展的产业,现在国内各工程施工企业纷纷成立机械设备租赁公司,面向企业内部和社会开展机械设备租赁经营。

工程机械设备租赁主要有运行租赁和财务租赁两种方式。

1)运行租赁

即任何一方可以随时通知对方,在规定时间内取消或终止租约。临时使用的设备(如车辆、测量仪器等)通常采取这种方式。

2)财务租赁

即双方承担确定时期的租借和付费义务,而不得任意终止或取消租约(如工程机械设备)。采用机械设备租赁,租金可以直接进入成本,其现金流量为:

现金流量 =(销售收入 - 作业成本 - 租赁费)-
(销售收入 - 作业成本 - 租赁费)× 税率

在相同条件下,购置机械设备方案的现金流量为:

现金流量 =(销售收入 - 作业成本 - 已发生的机械设备购置费)-
(销售收入 - 作业成本 - 折旧费)× 税率

比较以上两式,可以看出:

(1)当租赁费 b 等于投资回收费用(年同额费用)A,$b = A = P(A/P, i, n)$ 时,区别仅取决于税金大小。

(2)当采用直线折旧法折旧时,租赁费高于折旧费,所交的税金较少,对使用者有利。

例:某企业需要某机械设备,其购置费为 10000 元,打算使用 10 年,残值为零,采用直线折旧法折旧,利率为 10%。这种机械设备也可租到,年租赁费为 1600 元。两种方案的年作业成本都为 1200 元,税率为 55%。试为企业决定采用购置或租赁方案进行论证。

解:企业若采用购置方案,年折旧费 1000 元计入总成本;而采用租赁方案,年租赁费 1600 元也计入总成本。因此后者少付税金:

$$(1600 - 1000) \times 55\% = 330 \text{ 元/年}$$

按年度费用比较：

购置方案：$10000(A/P,0.1,10) + 1200 = 10000(0.1628) + 1200 = 2828$ 元/年

租赁方案：$(1600 + 1200) - 330 = 2470$ 元/年

可见，从经济上分析，宜采用租赁方案。

3) 工程机械设备租赁的注意事项

(1) 台班的规定。

①常规情况下，机械设备每天工作 8h 为一个台班；每天工作超过 4h，不足 8h 为一个台班；不足 4h 的按半个台班计算。如果当天工作时间超过 8h，超出时间可按上述办法累加计算台班。

②不允许隔日累计工作时间计算台班。

③停机台班可按工作台班 30%～50% 计算，停机一天算一个停机台班。

(2) 台班费的确定。

台班费可按机械设备的不同，分别进行计算。一般按下述方法计算：

(年折旧费 + 大修费 + 经常性修理费 + 油料费 + 管理费 + 资金占用费)/年平均台班数

(3) 租金的计算方法。

①按机械台班费：以实用台班 + 停机台班计算租金。

②按机械台班费：以日历天数计算租金。

③月租赁费用包干计算租金。

④按完成的实物工程量计算租金。

(4) 租赁合同及合同内容。

①租赁机械的名称、型号、数量、技术状况及用途。

②租赁期限(进场、出场的时间确定)。

③租金结算及交纳期限，其中要明确台班及停机台班的规定，确定台班费、租金结算期限等。

④往返运输调迁费用的确定。

⑤安全防范及现场管理责任明确。

⑥违约责任及处罚规定。

⑦争议的解决方式。

⑧其他事项，如人员食宿、油料、材料供应等。

5. 工程机械设备大修的技术经济分析

机械设备大修是指通过全面调整、修复或更换磨损零部件的办法恢复机械设备全部性能或接近相同结构新机器性能。在实际工作中，由于修理质量、工艺等问题，大修后的机械设备性能不可能完全恢复，大修后机械设备使用成本逐渐增加，大修间隔时间越来越短，因此大修不能无止境地进行。从机械设备使用经济性分析和建立环保型、节约型社会来看，不能完全取消大修，特别是大型专用设备，应根据实际情况逐步减少大修次数。

机械设备大修的经济界限是：

$$R < K - L \tag{1-1}$$

$$\Delta C = C - D \geq 0 \tag{1-2}$$

式中：R——一次大修费用；
K——大修时,该机械设备重新购置费用；
L——残值；
C——新机械设备生产单位产品有关机械设备部分费用；
D——大修后生产单位产品有关机械设备部分费用；
ΔC——C、D之差。

式(1-1)的含义是：如果机械设备在大修时期的残值加上大修费用等于甚至大于机械设备的重新购置费用,那么大修是不合理的。式(1-2)的含义是：大修后使用该机械设备生产的单位产品成本有关机械设备部分费用,在正常使用情况下,不超过用相同新机械设备生产的单位产品成本有关机械设备部分费用,这时的大修在经济上才是合算的。因此,式(1-1)是必要条件,式(1-2)是充分条件。

6. 工程机械设备更新技术经济分析

工程机械更新是指用技术性能更完善、经济效益更显著的新机械设备替换原有技术上不能继续使用或经济上不宜使用的旧机械设备。工程机械更新的目的是为了提高企业技术装备水平,以提高产品质量和工程机械生产率,降低消耗,提高企业竞争力。工程机械更新的方式有两种：一是原型更换,即选用原型号的新机械设备代替已陈旧的机械设备；二是选用结构更先进、技术更完善、性能更好、效率更高、能耗更低的新型机械设备代替陈旧机械设备。

1）机械设备更新的技术分析

（1）新设备的主要性能参数是否满足生产要求,包括工作范围、运行速度和生产率、设备精度和作业能力、超负荷能力和运行持久性、能耗和排放污染。

（2）新设备的结构和工作装置是否先进,能否满足生产要求,包括采用新设备后,调整辅助时间是否减少,结构和精度能否确保作业质量,控制装置、安全装置、特殊辅助装置等是否齐全。

（3）新设备的操纵性、可靠性、维修性是否得到改善。

（4）劳动条件、环境保护、售后服务是否得到改善。

（5）新设备的技术经济指标与其他同类设备相比是否先进。

（6）购置新设备后,投资能否很快收回；经济寿命是否满足要求；维修费、工作消耗、使用费是否较旧设备低；资金能否落实,偿贷能力是否具备。

2）机械设备更新的经济分析

针对工程机械设备更新问题,一般用贴现现金流量法求收益率的方法来解决。

总现金支出 = 新设备和厂房费用 + 其他费用的税后值 + 新增加的流动资金

（1）当产量增加、销售收入增加时：

年现金收入 + [当年增加的销售收入 − 当年增加销售收入所发生的成本费用（含折旧费）] × (1 − 税率) + 当年折旧费 = 当年增加税后收益 + 当年折旧费

（2）当未增加销售收入而降低成本时：

年现金收入 = (当年降低的成本 − 多提的折旧费)(1 − 税率) + 多提的折旧费

投资收益率可按贴现现金流量法求得。

例:某公司欲购置一台价值 15500 元的新设备代替旧设备,不需增加流动资金。出售旧设备的净收入为 1500 元,账面值为 2000 元,税率为 50%。新旧设备经济寿命都为 5 年。采用新设备每年节省可变成本 5000 元,流动资金仍为 3000 元。试评价用新设备代替旧设备是否可行。

解:

(1) 总现金支出 = 15500 + (1500 − 2000) × 50% + 0 − 1500 = 13750 元

(2) 年现金收入 = [5000 − (15500 − 2000)/5](1 − 50%) + (15500 + 2000)/5 = 4650 元

(3) 计算投资收益率:

由

$$13750 = 4650(P/A, i, 5)$$

得

$$(P/A, i, 5) = 2.96$$

查年金现值系数表得 $i = 21\%$,投资收益率大于企业最低收益率(10%),此方案可行。

任务三 明确工程机械管理在企业管理中的地位和作用

一、工程机械设备管理的重要性

自人类使用机械设备以来,就伴随着机械设备的管理工作,只是由于当时的机械设备比较简单,管理工作仅由操作者个人的经验来进行。随着工业生产的发展和科学技术的进步,机械设备的现代化水平不断提高,在现代化生产中的作用与影响日益扩大,机械设备管理工作才得到重视和发展,逐步形成为一门独立的机械设备管理科学。

在企业管理中,无论是生产型企业或施工型企业,机械设备管理都占有极其重要的地位,是企业管理的重要组成部分。随着技术进步、生产自动化程度的提高,生产过程对设备的依赖程度不断增加,因而,设备管理和企业的经营方针目标关系更加密切,企业生产的发展更要依靠设备装备水平的提高。设备综合管理(即设备管理工程)理论的提出与实践,提高了人们对机械设备管理重要性的认识。

机械设备管理是保证企业进行生产和再生产的物质基础,也是现代化生产的基础。它标志着国家现代化程度和科学技术水平,它对于保证企业增加生产、确保产品质量、发展品种、产品更新换代和降低成本等,都具有十分重要的意义。

机械设备是工人为国家创造物质财富的重要劳动工具,是国家的宝贵财富,也是进行现代化建设的物质技术基础。由此可见,搞好机械设备管理工作非常重要。搞好机械设备管理对一个企业来说,不仅是保证简单再生产必不可少的一个条件,而且对提高企业生产技术水平和产品质量、降低消耗、保护环境、保证安全生产、提高经济效益、推动国民经济持续、稳定、协调发展有极为重要的意义。

以我国公路建设为例,随着改革开放以来,我国的公路建设与养护事业取得了飞速的发展,到 2013 年年底,我国公路通车总里程已达 500 万 km,高速公路从无到有,已超过 10 万 km,位居世界第二。筑养路部门的工程机械装备率显著提高,这些机械设备的技术水平已达到发达国家的水平。我国高等级公路和高速公路路基、路面、桥涵、隧道施工基本实现机械化,只有加强工程机械管理,才能保证施工质量、提高作业效率、改善劳动条件、加快施工进度、确保安全生产、节约建筑材料,促进我国公路建设与养护事业快速发展,从而推动我国经济建设迅速发展。

二、工程机械设备管理特点

机械设备综合管理是一门应用科学,它运用现代工程技术和现代管理科学的理论为指导,从经济和技术两个方面研究设备寿命周期全过程,它的理论基础包括系统论、信息论、控制论、价值分析、技术经济分析、决策科学、运筹学、预测技术、行为科学等。工程技术方面包括失效物理、机械工艺、设备诊断、摩擦磨损与润滑、液压、电子等。工程机械管理是设备综合管理理论、方法的具体应用,它既有施工型企业设备管理的特点,又兼有生产型企业设备管理的特点,而以前者为主。

纵观工程机械管理的发展,每一步都与管理对象——工程机械的技术水平有直接的关联。在20世纪40年代以前,工程建设机械化施工程度较低,所使用的机械不仅技术复杂程度低(以机械传动为主),而且以单机作业为主,机械一旦出现故障,停机修理,对施工影响不大,加上机械原值低,直接经济损失、间接经济损失都不大。另一方面,从管理者角度对机械磨损的规律尚认识不足,认为机械何时出现故障是不可预知的。因此,只要能运转,就继续用下去,什么时候出了故障,什么时候就停机修理。操作机械的操作手本身就是修理工。随着机械技术水平的提高,复杂程度的增加,机械出现故障后,没有经过专门训练的操作手,往往排除不了机械故障,于是就出现了专业修理水平高,受过专门训练的人员,即专职从事维修工作的维修工。由此提高了生产效率,带来可观的经济效益。这就是工程机械管理发展的第一阶段,即事后维修阶段。

进入20世纪中期,工程建设机械化施工水平越来越高,工程机械在施工中的作用愈加突出,尤其是各工序普遍实现机械化施工后,一旦某工序的机械出现故障,整个施工生产线就全部停工,直接影响施工进度、施工质量和施工成本。因此,从管理者角度要求预知机械何时发生故障,以便有计划地调度施工生产,安排机械维修。此时,机械磨损理论的研究,为工程机械管理提供了理论基础。据研究,机械类故障75%以上源于磨损,而磨损的规律(浴盆曲线)及主要零件磨损极限计算等,使机械故障预知在技术上成为可能。这就进入工程机械管理的第二阶段——计划预防维修阶段。这种管理模式,以机械磨损规律为依据,以时间周期为基础,制定出机械的修理周期和修理复杂系数,有计划地在机械事故发生前,就实施修理,避免大量严重事故发生,也减少了因事后维修而造成的停机损失。

从20世纪70年代后期开始,随着液压、气动、电子技术的发展与应用,工程机械呈现出机电液一体化的特征,机械故障往往不是源于机械磨损,更多的是液压元件、电子元件。显然,以机械磨损规律为依据的计划预防维修管理模式已不适用于现代筑养路机械。另外,人们对工程机械的认识,已不局限于技术方面,更多是从机械投资者的利益出发来研究机械,即更多地考虑何时收回投资,如何获得更佳的投资效益。至此,人们对工程机械有了全面的认识:一方面,它具有物质的属性,即技术的属性;另一方面又具有价值属性,即经济的属性。在工程机械寿命周期全过程中,自始至终存在着物质运动和价值运动两种运动形式,所以,对工程机械的管理,也应该实施寿命周期全过程技术与经济相结合的综合管理。工程机械管理从此进入现代管理阶段。

现代工程机械管理概括起来有以下4个方面的特点:

(1)现代工程机械管理追求机械的投资效益最佳,即追求工程机械的寿命周期费用(原值+运行维持费)最经济,工程机械的综合效率最高。

如图1-5所示,对工程机械输入的是寿命周期费,工程机械输出的是综合效率(产量、质量、成本、安全与环保、交货期、人机协调)。

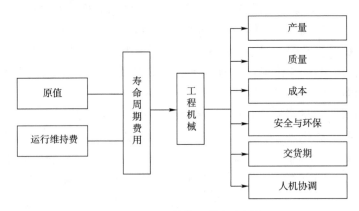

图1-5 工程机械输入、输出示意图

工程机械的寿命周期费用是随时间而变化的。实际上,工程机械一出厂,工程机械的寿命周期费用就确定了。其中,价格决定了原值,工程机械的可靠性、维修性、技术先进性等决定了该机械设备的运行维持费。因此,作为工程机械的投资者,要综合研究,比较工程机械的寿命周期费用,而不能单单比较原值(价格)。据有关统计数据表明,工程机械寿命周期费用中,机械设备原值平均占28.8%,而运行维持费却占70%以上。

(2)现代工程机械管理注重寿命周期全过程系统管理。

根据系统工程原理,现代工程机械管理可分为时间维、价值维和功能(技术)维。在时间维中,寿命周期全过程的各个环节可以认为是一个个子系统,这样,对工程机械的全过程系统管理就出现了"木桶效应"。

从"木桶效应"可以看出:

①工程机械管理的漏洞多发生于管理薄弱的环节(即短板效应)。

②工程机械寿命周期某个环节管理突出,对整体管理贡献不大。

③工程机械寿命周期各环节配合协调,直接影响整体管理水平。

④管理者要不断抓薄弱环节,以提高整体管理水平。

(3)现代工程机械管理强调可靠性与维修性。

可靠性是指工程机械在规定的时间内,在规定的条件下,完成规定功能的能力。"规定的时间"指工程机械的正常使用寿命,这是工程机械制造者对使用者的承诺,即在规定的时间内,工程机械可以达到设计的可靠度。"规定的条件"是工程机械制造者对使用者的告诫,就是说工程机械在这些条件下,才能保证达到设计的可靠度。这些条件包括:环境条件(温度、压力、湿度、加速度、振动、冲击、噪声、辐射、腐蚀等)、负荷条件(电压、工程机械负载等)、运输条件(空运、航运、铁路运输、道路运输、越野运输等)、存放条件(长期存放、短期存放、存放环境等)、使用条件(燃润料的要求、工程机械的操作规程启动方式等)等。"规定的功能"是工程机械所具有的技术性能指标,如生产率、功率、速度、行程、精度等。从管理者角度强调工程机械可靠性,即在工程机械寿命周期全过程中:前半过程,工程机械设计与制造者要保证工程机械固有的设计、制造可靠性;后半过程,工程机械的使用者要严格规范使用、维修工程机械,保证工程机械使用的可靠性。只有这样,工程机械才能充分发挥功能,提高机械设备的利用率。

维修性是指工程机械在规定的时间内,在规定的维修条件下,完成维修作业的能力。提高工程机械的维修性,有3个要素,即工程机械的维修性设计、维修人员的素质和维修条件。从管理者角度强调维修性,就是工程机械的设计与制造者从开始就要考虑到,工程机械一旦发生故障,就要易于排除、易于拆装、易于修理,而工程机械的使用者则要具备专职的熟练维修人员和必要的维修保障体系如厂房、仪器设备、工具等。只有这样,工程机械一旦出现故障,就能在最短的时间内完成维修作业,缩短修理停机时间,提高工程机械的利用率。

从以上分析可以看出,无论是可靠性还是维修性,均是从工程机械的技术属性(物质属性)方面强调的,其中可靠性强调的是工程机械尽可能不要发生故障(增加无故障工作时间),维修性强调的是工机械一旦出现故障,要尽快修复(缩短停机时间)。因此,强调可靠性与维修性,从技术角度讲,就是要提高工程机械的利用率。

我们知道,现代工程机械管理的目标是追求工程机械寿命周期费用最经济。从技术角度讲,可靠性与维修性越好,工程机械的利用率越高。但是,从价值角度分析,高的机械设备利用率,寿命周期费用是否经济? 普遍认为:只有当寿命周期费用比较低的情况下,工程机械的利用率才是最好的。

(4)现代工程机械管理强调综合管理。机械设备管理的综合性表现在:

①工程机械设备本身融合了机械、电子、液压、计算机等多种专门技术知识,是多门科学技术的综合应用。

②工程机械设备管理的内容是工程机械技术、经济财务和组织管理三者的综合。

③为了获得机械设备使用的最佳经济效益,必须实行全过程管理,即对工程机械寿命周期内各阶段管理的综合。

④工程机械管理涉及物资准备、计划调度、劳动组织、使用维护、质量控制、经济核算等多方面的业务,汇集了企业多项管理内容。

任务四 学习国外工程机械设备管理技术

一、英国的设备综合工程学

1. 设备综合工程学的定义

设备综合工程学(Terotechnology)首先是由英国设备综合工程中心所长丹尼斯·帕克斯(DENNISPARKES)在1971年于美国洛杉矶市郊召开的国际设备工程年会上提出的,当时发表的论文题目为"设备综合工程学——设备工程的改革"。

设备综合工程学是对设备实行全面管理(或综合管理)的一种方式,在搞好设备维修的基础上追求设备管理的技术和经济效果。它吸取了现代管理理论(包括系统论、控制论、信息论、经营理论、决策理论等),综合了故障物理学、可靠性工程、维修性工程等现代科学技术成就而发展起来的,是一门新学科。

1974年,英国工商部对设备综合工程学作了如下定义:为了实现设备寿命周期费用最经济而对有形资产的有关工程技术、管理、财务及其工作进行综合研究的学科。即关于工厂、机械、装备、建筑物的规划设计的可靠性、维修性及制造、安装、投产试车、维修、改造和更新以及有关设计、性能和费用信息反馈都属于它的研究范围。

简要来说,设备综合工程学是一门以设备一生为研究对象,以提高设备效率,使其寿命周期费用最经济为目的的综合性科学。

2. 设备综合工程学具有的特点

(1)设备综合工程学是以寿命周期费用作为评价设备管理的重要经济指标,并追求寿命周期费用最经济。所谓寿命周期费用是指设备一生的总费用,即从设备的计划、设计、制造、安装、运行到维修、改装、更新等整个过程所消耗的总费用,使之达到最经济的程度。长期以来,我们在设备决策中尚未真正考虑设备一生总费用,设备制造厂商也未能提供设备寿命周期指标,往往只考虑价格因素,而忽视了设备购入以后所发生的一系列费用。事实上尽管购置价格便宜,但使用中动力费、维修费、人工费增加或引起事故造成环境污染,需要巨额设备改造费,造成寿命周期费用增加,也是得不偿失的。因此,购置设备前进行技术经济分析、评价,按设备一生总费用来评价是非常必要的。

(2)设备综合工程学是从工程技术、财务经济和组织管理3方面对设备进行综合管理和研究。现代化的设备是综合了机械、电子、液压、土木建筑,尤其是环保技术、安全技术等各种专门技术的成果。要管好、用好、修好这些设备,需要掌握多种科学技术,把工程技术横向综合起来,还应掌握有关设备的经济规律,提高经济效益,在设备投资决策、合理使用、经济标准、修理经济界限以及更新改造等方面进行技术经济分析,还要研究组织、人员和管理体制等问题。

(3)进行设备的可靠性与维修性设计研究。在设备工程学中,可靠性是指设备在使用中无故障地执行其规定的性能;维修性是指设备维修难易程度的特性。可靠性和维修性都影响设备的利用率以及故障损失和维修费用,实行设备无维修设计是设备综合工程学所追求的目标。

(4)设备综合工程学把设备管理的范围扩展到设备的一生,对设备进行全过程管理,并提高每一环节的机能。设备综合工程学运用系统工程的观点和方法研究和管理,把设备整个寿命周期作为研究和管理对象,改善各系统的机能,以提高企业和设备的经济效益。

(5)设备综合工程学是关于设计、使用、费用信息反馈的管理学。信息反馈一方面是指设备使用单位在设备的使用、维修过程中把设备的可靠性、维修性、资源消耗、费用、人机配合和环保等方面的信息认真地向设备的设计制造方反馈,而设计制造方积极开展全面质量管理、可靠性管理、用户访问、用户服务等活动,从而提高产品质量。另一方面是指企业内设备使用单位向企业内设计、制造和修理单位反馈有关设备的各项信息。

推行设备综合工程学已使英国的设备修理费用比过去节省一半,设备故障率大大降低,取得了较好的经济效益。如今设备综合工程学已在世界各地推广普及,联邦德国、瑞典等欧洲国家大都运用这个理论和基本做法进行设备管理。

3．设备综合工程学的主要内容

(1)设备工程和生产活动,设备工程的组织和教育。

(2)设备工程经济:主要涉及设备工程费用的估算、预算;设备工程的经济分析;设备更新及其经济性分析。

(3)设备工程技术:主要涉及设备的技术状态管理;设备的可靠性;设备的维修性;设备的检查和诊断技术。

(4)设备工程管理:主要涉及规划工程管理、维修工程管理及其他管理问题。

二、美国的后勤工程学

1．后勤工程学的定义

"后勤"在军事上是指有关调拨、储藏、输送、宿营、粮秣、装备等方面的工作。后勤工程学(Logistics Engineering)是随科学技术的发展,特别是系统工程学和可靠性工程学的发展而形成和发展起来。

20世纪60年代,美国航天工业的发展和军事系统庞大的支出,促使关于寿命周期费用的研究。美国的后勤工程学会成立于1966年7月,它是以后勤的计划、实施和有关教育的专家、技术人员和经营者等个人为会员,会员中还有部分国外人士参加。

1974年后勤工程学会作了如下定义:"所谓后勤工程学是为了支援目标、计划和实施有关需求、设计、供应、维持各种资源的经营管理、工程以及技术性工作的方法和科学。"根据后勤学研究的内容来看,后勤学的实际工作是科学的、分析的方法综合计划和计划的实施应用于产品、系统、程序。在设备管理上则是设备从起用到报废为止的、有效的、经济的使用周期这一全过程。它要求制造者与使用者双方的实际总成本减少到最低限度,把产品、系统的效能提高到适宜程度。

后勤学与设备综合工程学的不同点在于:设备综合工程学是以固定资产即设备为对象,追求寿命周期费用的经济性为目的,而后勤学则是以产品、机构、程序、设备等硬件和软件的所有资源为对象,来追求寿命周期费用的最经济,即后勤学不仅对设备,而且还谋求降低产品、系统、程序的寿命周期费用。具体说,它要求把设备购置费与使用维修费合在一起核算寿命周期费用。美国较普遍地在购置产品、程序、设备、系统时,都要求制造厂提供制造成本和使用的维修费用的估算。设备制造单位要向使用单位提供技术文件、维护设施、供应配件和使用与维修人员的培训,使用单位通过使用和维修来验证设备的可靠性和维修性。

2．后勤工程学的基本内容

后勤工程学是从几个不同类型的活动演变到贯穿设备系统寿命周期的大系统功能。它涉及设备规划、分析和设计、研制和试验、制造和评价及在整个使用周期内维持系统运行的保障等方面。主要内容见表1-2。

3．后勤工程学的特点

(1)后勤工程学是追求产品、机构、程序、设备等周期性成本的经济性为目的。

后勤工程学各阶段的主要工作内容   表1-2

阶　段	主　要　内　容
1. 概念设计	(1) 确定需要和可行性分析,提出装备的特定任务,市场分析,可行性研究; (2) 确定装备的功能要求,主要参数,有效度和设备寿命周期费用; (3) 维修原则、可靠性、维修性、维修设施、人员配备、零备件供应
2. 初步设计	(1) 完成各种功能要求的分析,几个方案的最佳比较; (2) 完成可靠性、维修性、后勤保证分配各主要组成部件; (3) 后勤保障方案的选定
3. 详细设计	(1) 完成装备的详细设计; (2) 后勤保障分析,研究维修用设备、备件供应、人员培训、技术资料; (3) 通过对装备设计方案全面评价和审定,并进行技术设计
4. 制造和构筑	(1) 制造、安装、调试、验收基本设备和辅助设备; (2) 做好运行时人员培训、维修技术、零备件准备、原材料准备; (3) 做好安装时厂房、电、水、气等供应配套工程
5. 运行使用	(1) 正确运行各装备以获得原定生产能力指标; (2) 正确及时完成装备的维修工作,使其发挥应有的有效利用率; (3) 建立并收集使用阶段的实际各项指标资料并进行反馈,以改进设计方案
6. 退役更新	(1) 分析装备的继续使用、大修、报废更新以及改造的方案比较并决策; (2) 处理报废设备,订购更新设备

(2) 使从出厂经过流通到使用者手中为止的整个过程的实际总成本减少到最低限度,使机构能达到最适宜的有效程度。

(3) 强调可靠性和维修性。

(4) 着重于全过程的后勤支援。

(5) 后勤工程学是综合经营管理、工程学及其他技术科学学科的技术方法的一门综合工程学。

后勤工程学可以应用在极广泛的领域中,它的适用范围涉及各种资源的整个周期过程,包括系统管理、系统设计与开发和生产支援、流通过程的管理与服务。

三、日本的全员生产维修(TPM)

1. 全员生产维修的定义

由于日本工业化发展所造成的公害以及资源和能源危机等问题,给设备管理带来了许多亟待解决的问题。设备管理如何适应工业化发展的迫切需要,成为重大课题之一。20世纪70年代,日本设备工程协会在引进了美国的预防维修和生产维修体制基础上,吸收英国的设备综合工程学原理,结合日本国情而发展形成了全员生产维修。

日本设备工程协会对全员生产维修(TPM)有如下定义:

(1) 以设备效率(综合效率)最高为目标。

(2) 建立以设备一生为对象的生产维修总系统,确保寿命周期内无公害、无污染、安全生产。

(3)设备的计划、使用、维修等部门的综合管理。
(4)从企业领导到一线工人全员参加。
(5)加强生产维修的培训教育,开展以小组为单位的生产维修目标自主管理活动。

从上述定义中可以概括为"三全"。即全效率、全系统和全员参加。
(1)全效率。指在设备管理中,把设备综合效率提高到最高,是推行 TPM 的根本目标。
(2)全系统。TPM 就是要推进全系统管理,即建立起从设备计划、购置、安装、调试、使用、维修,一直到报废、更新这样一个全系统管理体系,并建立一个有效的反馈系统。
(3)全员参加。从企业领导到一线工人,全体人员参加,组成 TPM 小组,开展自主管理活动,把工人的命运和企业的得失紧紧地联系起来,提高企业管理水平,追求企业的最佳经济效益。

TPM 从含义上可概括为:T:三全——全效率、全系统、全员参加;PM:生产维修——事后维修、预防维修、改善性维修、维修预防。

2. 全员生产维修的主要内容

全员生产维修已成为具有代表性的、较为完备的一种现代化设备管理制度。它有一整套实施办法,如重点设备的划分和管理;设备点检;设备故障修理和计划修理;机械设备综合精度评定、维修记录和统计分析;全员培训工作、维修工作考核的制订和方法以及推行这些措施的程序和规程。

3. 全员生产维修的特点

(1)操作者自主维修,即在自动化生产企业中,提高操作者素质,使他们具有维修电子设备的技能和自主维修的技术。
(2)提高设备综合利用率。
(3)推行质量维修,即为了确保产品和加工件完全合格,必须树立保持设备完好这一基本观念。规定不产生质量不良的设备条件,据此进行定期点检和测定,并控制确定值在标准范围内。
(4)向预知维修过渡的诊断技术日益扩展,即进一步开展应用设备诊断技术和状态监测的全员生产维修。包括开发性能良好的设备诊断仪,确定设备劣化的预测模式,应用设备诊断专家系统。
(5)开发自制专用设备,推行对设备一生管理。

任务五 学习中国工程机械设备综合管理技术

一、发展过程

20 世纪 50 年代,我国引进苏联的计划预防维修制,结合我国国情制定了机械设备管理制度。但随着市场经济的发展,工程建设的机械化程度日益提高,传统的机械管理制度已适应不了时代的要求,日益显示出它的局限性。20 世纪 80 年代陆续引进"设备综合工程学"、"后勤工程学"、"全员生产维修"等现代机械设备管理科学,使我国工程机械设备管理进入现代化综合管理阶段。1987 年 7 月,国务院发布《全民所有制工业交通设备管理条例》之后,我国的机械设备管理工作步入了改革发展的轨道,主要表现有以下几点:

(1)改变了旧的机械设备管理概念,开始设立新的机械设备综合管理概念。
(2)改变了过去以修理为主的模式,树立了修理与改造、更新相结合的观念。
(3)建立了多种形式的机械设备维修经济责任制。
(4)初步建立了机械设备预防维修制。
(5)学习推广了科学的管理方法和先进的修理技术。
(6)在全国范围内开展了机械设备管理评优活动。

二、管理现状

我国机械设备综合管理应该是"五全管理"的基本内容,即"全效益的管理目标、全过程的管理范围、全员工的管理组织、全手段的管理技术、全社会的管理循环"。明确地把我国机械设备综合管理确定为开放式社会循环系统。

(1)经济体制从传统的计划经济体制向社会主义市场经济体制转变;经济增长方式从粗放型向集约性转变,积极探索机械设备管理的新模式。

(2)坚持《全民所有制工业交通企业设备管理条例》提出的机械设备管理方针、原则和任务,坚持机械设备综合管理,不断提高投资效益和现代化管理水平。

(3)政府经济管理部门要把对企业机械设备管理工作的直接管理,转变为实行以法律、经济、行政等手段的间接管理;要把仅对工业交通企业的机械设备管理,转变为对全社会机械设备资源的综合管理。

(4)企业实行自主经营,要建立行之有效的机械设备管理工作机制,形成资产—效益的良性循环。同时,要接受综合经济管理部门和专业经济管理部门的指导和监督。

(5)机械设备资产实行价值形态与实物形态相结合的管理,不同管理层次应有不同的侧重。作为国家资产管理部门要注重价值形态管理,作为企业特别是机械设备管理部门要以实物形态管理为重点。

(6)政府经济管理部门要积极培育机械设备维修市场、机械设备调剂市场、机械设备备品配件市场、机械设备租赁市场和机械设备技术信息市场等机械设备要素市场,大力规范机械设备要素市场,制定和完善市场规则,加强监督管理,逐步形成统一开放、竞争有序的市场体系。

三、工程机械设备管理的主要目标与实施要点

加强工程机械设备管理,有利于企业取得良好的经济效果。加强工程机械设备管理,还可对老、旧设备不断进行技术革新和技术改造,合理地做好工程机械设备更新工作,加速实现工业现代化。随着科学技术的发展,企业规模日趋大型化、现代化,机器设备的结构、技术更加复杂,工程机械设备管理工作也就越重要。

工程机械设备管理的主要目标是用技术上先进、经济上合理的装备,采取有效措施,保证工程机械设备高效率、长周期、安全、经济地运行,来保证企业获得最好的经济效益。工程机械设备管理是企业管理的一个重要部分。在企业中,工程机械设备管理搞好了,才能使企业的生产秩序正常,做到优质、高产、低消耗、低成本,预防各类事故,提高劳动生产率,保证安全生产。

为了实现工程机械设备管理的主要目标,必须注重下列实施要点:

(1)运用各种现代管理方法、技术与手段,对机械设备寿命周期进行全过程管理。

(2)追求机械设备最佳综合效益和最经济寿命周期费用。

(3)建立工程机械设备管理信息系统,完善信息收集、分析与反馈机制。

(4)组织企业全员参与机械设备管理,实施各级责任目标考核。

(5)采用各种现代技术措施,对机械设备进行强制维护、视情检修。

(6)通过相关行业协会,推进实现"五个结合":即设计制造和使用相结合,维护和计划检修相结合,修理、改进和更新相结合,专业管理和群众管理相结合,技术管理和经济管理相结合。

四、工程机械设备的综合管理

机械设备综合管理是我国机械设备管理人员在总结机械设备管理、使用、维修工作经验,吸收发达国家有关机械设备综合管理理论和经验,在部分企业试点验证的基础上归纳而形成的,是适合中国国情的现代化机械设备管理的基本制度和方法。其含义是:运用现代化科学技术、管理理论和管理方法,对机械设备寿命周期(从规划、设计、制造、购置、安装、使用、维护、检修、改造、更新到报废)的全过程,从技术、经济和管理等方面进行综合研究和管理,以提高机械设备的综合效率和追求寿命周期费用的经济性为目标,从而为提高企业的经济效益服务。

项目二 工程机械管理机构、职能和人员素质

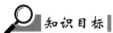

知识目标

1. 学习国内工程机械管理体制与机构设置形式。
2. 掌握工程机械管理机构的主要任务与具体任务。
3. 明确工程机械管理人员、技术人员、检修人员和操作人员应具备的基本素质和能力。

能力目标

能够组织开展工程机械管理人员、技术人员、检修人员和操作人员的技术业务培训工作。

任务一 学习国内工程机械管理体制与组织机构设置形式

一、国内公路施工与养护企业现行机械管理体制

随着科学技术和经济建设的快速发展,现代化施工企业由于生产技术的需要,对机械设备的依赖程度日益增加。在企业内,自动化设备与成套设备越来越多,从事设备工程和维修的人员逐渐增多。例如:截至2013年,中国高速公路通车里程已超过10万km,位居世界第二。为了确保高速公路的安全与畅通,各高速公路管理局(公司)购置了大量公路养护机械、配备相关的管理、检修、操作人员。如何把为数众多的公路养护机械设备管理、检修和操作人员组织起来,高效率地工作,是一个非常重要的问题。

由于公路工程具有点多、线长、面广、工种多样的特点,往往需要装备品种繁多的机械设备,因此,工程机械管理体制也不完全一致。目前多采用下列两种形式:

1. 集中管理、管用统一

这是一种不论机械设备的大小都集中使用管理的体制。由于任何一个施工单位和养护单位都拥有数量较多的工程机械设备,专业机械化程度高,对外依赖程度较低,有利于自主生产,便于指挥调度。但其弊端在于:每个施工单位与养护单位的生产任务不均衡,随着任务或工艺的变化,使用机械设备的品种、数量也会发生变化,必然会导致机械设备在使用上忙闲不均,无法调剂,形成备者不用,需者又缺的现象。当机械利用率低,长期停置不用时,会因锈蚀而损坏,还会造成很大的经济损失。

2. 大型集中，中小型分散

这是一种将大型、进口机械设备或重要机械设备集中管理，中小型机械分散管理的体制。对于施工与养护单位而言，有时使用不便，施工急需的机械设备往往不能及时到位，影响工程进度。但从整体来看，可以提高大型机械的使用率，加强大型设备的管理和维修。中小型机械实行自管自用，有一定的灵活性，方便了施工现场的调度使用。

二、工程机械管理机构设置的原则

企业的任何一种组织机构的设置原则，都是以能高效地进行工作为主要目的，所以，企业机械设备管理机构也应遵循这一总原则。

1. "五个结合"的原则

为了充分发挥机械设备的使用效能，凸显工程机械设备管理的组织作用，积极开展工程机械设备管理工作，必须坚持"设计、制造与使用相结合，维护与计划检修相结合，修理、改造与更新相结合，专业管理和群众管理相结合，技术管理与经济管理相结合"的原则。

2. 统一领导、分级管理的原则

关于工程机械设备管理中的重大问题，如企业的发展规划、装备水平、机械设备引进与技术改造等问题，都应由企业高层管理机构集中进行领导决策，即统一领导原则。而机械设备的管、用、养、修、供等经常性的事务性管理工作应由基层单位（如项目经理部、公路管理养护中心）具体执行，即分级管理原则。

3. 精简、高效、节约的原则

提高各级工程机械管理人员的业务水平和管理能力，实行机械设备管理技术、经济责任制。根据任务的大小、繁简和难易程度，从有利于提高机构的办事效率入手，设置工程机械设备管理机构。

4. 合理分工、相互协作的原则

应根据具体的情况，在各级机械设备管理机构之间和内部进行合理分工，明确职责范围，提高管理专业化程度。同时，在合理分工的基础上，各管理机构之间必须明确管理权限与职责，加强协作和相互配合，提升管理效率。

5. 职、责、权、利统一的原则

在机构管理机构设置方案确定之后，在安排人员时，要坚持以德以能授职，要做到人尽其才，才尽其用。尽可能做到职、责、权、利的统一，只有调动了工程机械管理、检修、操作人员的工作积极性、主动性，才能充分发挥管理效率并体现工程机械使用效能。

三、工程机械管理机构

机械管理机构是做好机械设备管理的职能部门，只有设置合理健全的机械设备管理机构并配备精干的管理人员和技术人员，才能把机械设备管理工作做好。随着中国经济体制改革的不断深化和经济的高速发展，中国交通公路系统、矿山与水电行业的机械设备管理机构也在不断地进行变革、调整，各级机械设备管理机构的设置形式如表2-1所示。

工程机械管理机构形式　　　　　　　　表 2-1

系统、形式、级别	一级	二级	三级
公路局	省局机械设备处(科)	州、市公路分局或公路总段机械设备科	县公路段机械设备股
高速公路管理局或高速公路公司	省局(公司)机械设备处(科)	州、市分局或线路管理处机械设备科	机械设备股
公路工程施工单位	总公司机械设备处(科)	分公司机械设备科	工程项目经理部、工程队、机械设备股
工程机械修理单位或矿山、水电行业	总公司机械设备处(科)	修理厂或分公司机械设备动力科	车间或分厂机械股

四、工程机械管理机构的主要任务

1. 保持工程机械设备完好

通过正确使用、精心维护、适时检修,使机械设备保持完好状态,随时满足企业生产施工的需要,投入正常运行,完成工作任务。

2. 改善和提高技术装备素质

技术装备素质是指在技术进步的条件下,技术装备适合企业生产和技术发展的内在品质。通常可以用以下几项标准来衡量:

(1) 工艺适用性。

(2) 质量稳定性。

(3) 运行可靠性。

(4) 技术先进性(生产效率、原料与能耗、环境保护等)。

(5) 机械化、自动化程度。

3. 充分发挥机械设备效能

机械设备效能的含义不仅包含单位时间内生产能力的大小,也包含适应多品种生产的能力。充分发挥机械设备效能的主要途径如下:

(1) 合理选用技术装备和工艺规范,在保证质量的前提下,缩短生产时间,提高生产效率。

(2) 通过技术改造与革新,提高设备的可靠性与维修性,减少停机时间,提高设备完好率。

(3) 加强生产计划、维修计划的综合平衡,合理组织生产与维修,提高设备完好率和利用率。

4. 取得良好的投资效益

机械设备投资效益是指设备使用寿命内的产出与投入之比。取得良好的机械设备投资效益,是提高以经济效益为中心的方针在设备管理工作中的体现,也是设备管理的出发点与落脚点。

提高机械设备投资效益的根本途径在于推行机械设备的综合管理。首先要有正确合理的投资决策,在进行充分市场调研的前提下,采用优化的机械设备购置方案。然后在机械设备寿命周期的各个阶段,一方面加强技术管理,保证机械设备在使用阶段充分发挥效能,创造出最佳的产出;另一方面加强经济管理,实现最经济的寿命周期费用支出。

五、工程机械管理机构的具体任务

根据《全民所有制工业企业设备管理条例》规定:"企业设备管理的主要任务是对设备进行综合管理,保持设备完好,不断改善和提高企业技术装备素质,充分发挥机械设备效能,取得良好的投资效益。"工程机械设备综合管理是企业机械设备管理的指导思想,也是完成工程机械设备管理任务的基本保证。结合公路施工与养护单位的实际情况,工程机械设备管理的具体任务如下:

(1)根据企业长远和年度生产经营的方针、目标,制订本单位的工程机械设备管理的工作目标和计划指标,层层分解落实到基层,推行岗位责任制,明确各级的工作任务,保证实现工程机械设备管理目标。

(2)贯彻执行国家和行业主管部门颁发的有关规章制度、规程规定、技术标准、定额指标等,结合本单位具体情况,制定实施细则或补充规定。

(3)不断改进和完善技术经济考核指标体系,重视经济核算和信息管理,应用现代化管理手段和先进技术,做好工程机械管理的基础工作。努力完成行业主管部门规定和本单位制定的工程机械管理各项考核指标。

(4)采用新技术,对现有工程机械设备进行有计划的更新和技术改造,以适应企业生产发展的需要,不断提高企业的装备水平。参与制定技术装备规划和更新改造规划。

(5)参与施工组织设计的编制、审查和实施。

(6)以生产中关键机械设备为重点,加强工程机械设备的状态管理,坚持预防维修,正确使用,精心维护,定期检查,采取适用的监测手段和诊断技术,开展机械设备故障的早期预测,及时采取措施,防患于未然,以减少停机而造成的生产损失。

(7)负责机械设备的选型、购置、验收、安装、调试、改造、更新、报废等项工作,并负责具体办理新购工程机械的索赔工作。

(8)运用寿命周期费用最优化的理论,从工程机械设备全寿命周期的各阶段加以权衡,认真做好前期管理。在工程机械设备规划购置阶段,要进行可行性研究,既要经济合理地使用工程机械设备投资,又要注意在后期管理中降低使用维修费用,以实现寿命周期费用最优的目标。

(9)办理机械设备的调拨和日常调度工作以及对外工程机械租赁工作。

(10)进行单机成本核算,组织制定工程机械技术经济定额。

(11)建立机械设备台账及技术档案,掌握技术情况。对机械设备的管理、使用、维修等采用计算机管理,做好工程机械原始记录和使用统计资料的积累和分析。

(12)积极应用和推广现代管理理论和方法,以提高工程机械设备管理水平和工作效率。对机械设备的管理、使用、维修等工作进行定期检查,不断总结推广先进的经验。

(13)从实际出发,针对不同的生产条件和工程机械设备条件,采用不同的维修方式,在定期维修的基础上,逐步推行状态监测维修,努力提高维修质量与效率。结合施工的特点,充分利用生产空隙时间进行修理,保持机械设备的良好状态,延长工程机械使用寿命,降低维修成本。

(14)指导合理使用机械设备,降低能耗,保障安全生产,负责或参与工程机械事故的分析与处理。

(15)把培养工程机械管理人才放在重要位置,有计划、有步骤地组织技术、业务培训,不断提高工程机械管理人员、技术人员、维修人员及操作人员的素质。

(16)对工程机械技术工人进行技术培训和考核,管理、核发"工程机械操作证"。

任务二　明确工程机械管理相关人员应具备的基本素质和能力

现代设备管理人才是各企事业单位实现设备综合管理的重要保证。进入21世纪,我国在保持经济高速稳定发展的同时,高速公路、高速铁路、大型水电工程等工程建设项目集中了大量高技术、高效率、高质量的工程机械设备;同时,科学技术在飞速发展,因此工程机械的技术水平、品种、规格型号及数量也得到了迅速发展。这些机械设备能否发挥应有的效能,很大程度上取决于机械设备管理、使用、维修人员的素质和能力,这就需要一批掌握现代管理知识、管理技术和工程机械应用技术的综合管理人才。这些人才必须是熟悉现代管理理论,具备机械设备管理方法、手段和技能的专业人才;同时又必须是熟悉国家、行业方针政策,热爱工程建设事业,富有开拓精神的人才。只有这样,才能管好、用好工程机械设备,更好地为公路、铁路、矿山、水电等行业的建设与发展服务。

一、工程机械运用技术专业人员应具备的基本素质要求

1. 工程机械管理人员应具备的基本素质要求

(1)坚持为公路、铁路、水电、矿山等行业服务,具有勇于开拓的精神和踏实的工作作风。

(2)具有工程建设基本知识和工程建设项目机械化施工知识。

(3)具备企业现代化管理(组织、指挥、协调、沟通交流、应变)的基本技能,并具有自我学习和提高相关科学技术知识的能力。

(4)掌握工程机械专业知识与安全生产知识,具备工程机械设备管理技术,具有对工程机械设备进行技术、经济管理的综合能力。

(5)熟悉有关管理制度,明确工程机械管理工作的任务和目的。

(6)能够根据各行业、企业主要工作任务的特点,合理地选择和装备机械,发挥机械效能,提高机械作业进度和经济效益。

(7)掌握本单位装备工程机械的品种、规格、数量和分布情况。

(8)基本掌握本单位主要机械的构造、原理、性能、使用要求、安全操作规程、维护规程、修理标准和施工运行、维护、修理的技术经济指标及定额,并能在实际工作中抓住主要问题,改进工作。

2. 工程机械技术人员应具备的基本素质要求

(1)熟悉有关工程机械管理的规章制度。

(2)了解企业技术管理知识,掌握工程机械组织管理、经营管理、固定资产管理知识,特别是单机核算方面的知识。

(3)掌握工程机械的验收、技术试验、技术使用、安全操作以及维护、检修、管理的规定和

技术要求。

(4)具备一定的工程机械常识,并能运用在组织机械使用、维护、管理,制定修复工艺,鉴定机况,分析和排除故障,机械的技术改造和技术革新等实际工作中。

(5)掌握本单位所装备的主要工程机械设备的生产国别、厂家、时间、规格、型号、结构、工作原理、性能、数量和分布情况,以及这些机械设备的具体技术状况、完好率、利用率等情况。

(6)掌握本单位所装备的主要工程机械设备的技术状况变化规律,发生过的事故和技术改造情况,以及使用、维护、检修和管理的情况。

(7)掌握本单位的工程机械操作人员、检修人员的配备和技术水平。

(8)了解本单位所装备的主要工程机械设备的折旧情况和经营管理情况。

3. 工程机械驾驶操作人员应具备的基本素质要求

(1)具备本工种级别职业资格标准中要求的应知应会的知识和技能。

(2)熟练地掌握所操作工程机械的构造原理、技术性能、使用要求、安全操作规程和维护技术,达到"四懂三会"(懂机械原理、构造、性能和用途,会操作、维护和排除一般故障)的水平。

(3)懂得必要的工程机械运行经济核算知识。

(4)能按岗位责任制的要求进行工作。

4. 工程机械检测修理人员应具备的基本素质要求

(1)具备本工种级别职业资格标准中要求的应知应会的知识和技能。

(2)对所修机械达到"三懂四会"(懂机械构造原理、懂技术要求、懂质量标准;会拆检、会组装、会调整和会鉴定)的水平。

(3)懂得必要的工程机械维护和修理经济核算知识。

(4)能按岗位责任制的要求进行工作。

二、工程机械运用技术人员应具备的能力

1. 工程机械管理人员应具备的能力

(1)具有组织、协调机械设备资产管理与状态管理方法和机械设备管理岗位业务有关人员及设备分配、调度与报废的能力。

(2)能制定机械设备管理岗位的工作程序、统计报表;填写资产凭证、登记台账、设备分类、设备检查标准;编制资产管理计算机程序和操作计算机;会使用一般诊断和检测工具仪器;处理分析有关机械设备的各种统计数据,判断机械设备故障和机械设备状态;组织和参与机械设备安装、调试与验收工作。

(3)能调查研究、综合分析工程机械设备在管理、使用、维修、改造、安装与调试中存在的问题,总结事故发生的主要原因,掌握机械设备的动态、状况,提出改进性对策和措施。

(4)能及时发现设备资产管理、状态管理和安全管理中的问题,提出改进意见,解决问题;采用新技术,应用现代化管理方法进行管理。

(5)能调查研究、综合分析、论证机械设备选型、招标、采购、使用市场预测等技术与经营方面的问题,并能提出对策和措施。

(6)能够根据工程施工需要及机械设备状况合理调配工程机械,不断提高工程机械利用率和工程机械使用效率。

(7)能够组织开展班组工程机械核算和单机核算,提高经营管理水平。

(8)能够组织开展工程机械技术业务培训。

2. 工程机械技术人员应具备的能力

(1)能够组织好工程机械的验收、技术试验、技术鉴定和报废鉴定工作。

(2)能够做好固定资产的申请购置、验收、建账、立卡、编号、封存和库存等工程机械的管理工作,管好工程机械技术档案,协助财务部门做好工程机械折旧工作。

(3)能够做好工程机械的统计和分析工作,组织做好机械设备购置、使用、维护、检修等各种原始数据的保存与填报工作。

(4)能够合理组织工程机械的维护、检修和使用管理(包括制订计划,贯彻操作规程、技术规范和技术定额,并组织实施),提高质量,缩短停机时间,提高工程机械完好率。

(5)能够配合相关部门进行工程机械事故调查、分析,并能采取预防工程机械事故的有效措施。

(6)能够配合工程机械管理人员对工程机械操作和维修人员进行技术培训和考核。

(7)能够配合工程机械管理人员做好机械设备检查的具体组织工作,参加红旗设备、爱机能手竞赛和工程机械操作工、维修工职业技能竞赛的组织评比工作。

(8)能够组织完成班组工程机械核算和单机核算工作,能采取措施降低工程机械运行、维护、修理的成本,提高经济效益。

(9)了解国内外新型工程机械和工程机械管理方面的新理论、新方法、新技术、新工艺,结合本单位实际情况进行研究,改进工作。

任务三　能够开展工程机械管理相关人员业务技术培训

随着科学技术的不断发展,人们在工程机械上越来越多地采用了新结构、新技术和新材料,重视机械设备的经济管理。工程机械管理理论已经发展成为一门新的学科。为此要求工程机械运用技术专业人员必须具备一定的科学文化知识和技术、管理水平。积极开展工程机械运用技术业务培训是一项具有重要意义的紧迫任务。

以我国交通公路系统为例,工程机械运用技术专业人员的现状是人员紧缺、水平不高。因此,大力培养工程机械运用技术专业人员,迅速提高工程机械管理人员、技术人员、检修人员、操作人员的专业素质和技术水平,才能为我国交通事业的发展提供人才支持。

一、工程机械管理相关人员业务技术培训的目的、方式

1. 工程机械管理相关人员业务技术培训的目的

开展工程机械管理人员、技术人员、操作人员、维修人员的技术业务培训,使之经常化、制度化,是提高各企事业单位对工程机械管理水平的重要措施。通过培训,提高工程机械管理干部和技术人员的专业素质,使之能胜任本职工作,成为懂业务、懂技术、懂管理的工程机械专业人才;提高维修人员和操作人员的职业素养,使他们的技术理论和操作技能达到相应工种、等级的技术水平,才能充分发挥工程机械的使用效率。

2. 工程机械管理相关人员业务技术培训的方式

根据现代企业的不同管理形式可采用全脱产、半脱产(函授、短期培训等)、不脱产(自学)等多种方式进行培训,也可以邀请国内外专家、学者到企业讲课、进行学术交流等方式进行培训。工程机械管理相关人员业务技术培训的方式可分为适应性(入职)培训和提高性培训。

(1)适应性(入职)培训。

适应性培训是指对新录用的工程机械管理人员、技术人员、操作人员、维修人员所开展的业务知识培训。通过培训,使他们掌握本岗位所必须具备的专业基础知识、职业能力和岗位职责,能够完成工程机械管理、使用、维修、操作等相关职业岗位工作任务。

(2)提高性培训。

提高性培训分为专项技术培训和专用机型培训。

①专项技术培训,包括对工程机械管理人员、技术人员开展的企业现代化管理知识和方法、现代科学技术、经济法和新科技知识等的培训;对工程机械管理人员、技术人员、操作人员、维修人员开展的工程机械典型设备机械结构、工作原理知识培训以及工程机械液压、液力传动技术培训和工程机械电气控制技术、自动控制技术培训。

②专用机型培训,根据各单位、各企业所拥有的关键工程机械设备所开展的专用机型技术培训。如对路面施工公司的工程机械技术人员、操作人员、维修人员开展的拌和机、摊铺机的使用、维修专项技术培训;对桥梁施工公司旋挖钻机、架桥机的使用、维修专项技术培训;对隧道施工公司的工程机械技术人员、操作人员、维修人员开展的全断面隧道掘进机(盾构)的使用、维修专项技术培训等。

二、工程机械管理相关人员业务技术培训的内容

工程机械管理相关人员业务技术培训应坚持从实际出发,按需施教,学以致用,务求实效的原则。贯彻理论与实践相结合,当前需要与长远需要相结合,业余自学与进修提高相结合,普遍提高与重点培训相结合的方针。根据机械设备管理和技术职业岗位所需要的知识、技能确定培训的具体内容。

1. 工程机械管理人员、技术人员的培训内容

(1)公司法、合同法及机械设备管理条例的基本内容。

(2)会计知识、统计知识以及技术经济分析应用。

(3)管理心理学、现代管理方法以及施工企业管理知识。

(4)国内外工程机械设备管理技术、方法与特点。

(5)结合各单位装备的典型、关键工程机械设备的结构组成、工作原理进行培训学习。

(6)结合各单位装备的典型、关键工程机械设备的性能特点、使用要求进行培训学习。

(7)机械化施工管理安全生产技术培训。

(8)基础工程机械化施工技术。

(9)工程机械检测、维修技术。

2. 工程机械操作人员、检修人员的培训内容

(1)工程机械操作人员是机械设备的直接使用者,他们的技术水平与工作态度对用好机

械设备具有决定性的作用,必须加强培训。培训内容包括学习所操作工程机械设备的原理、性能、结构和用途,提高操作技能,熟练掌握所操作机械设备的安全操作规程,具有必要的维护和修理能力,提高认识,端正工作态度,自觉遵守职业道德。

(2)随着科学技术的不断发展,工程机械的结构复杂、技术含量高,智能控制、机电液一体化装置、故障自诊断系统日益增多。各单位各企业现有的维修人员普遍存在着技术单一、素质偏低的现象,难以适应现代工程机械的检测、维修要求。针对工程机械检测、维修人员技术要求全面、难度大、成材周期长的特点,需加强对在职检测、维修人员的技术培训,才能满足工作的需要。培训内容包括学习所检修工程机械设备的原理、性能、结构、装配与调整;学习液压、液力传动检修技术;学习工程机械电气系统检修技术;学习工程机械整机、总成的故障诊断、检测维修技术与维修工艺、方法;学习检测与维修设备、工具、仪器的正确使用;遵守职业道德,端正工作态度,提高检测、维修技能,自觉遵守维修作业规程、规范,在实际工作中达到"三懂四会"的水平。

三、工程机械设备操作证的考核、审验办法

随着中国社会经济的不断发展,在2010年以前,国务院将移动式工程机械设备纳入了特种设备范畴,归属于厂内机动车大类进行管理,与此对应的移动式工程机械设备操作人员的考核、取证、审验也先后由国家公安交通管理部门、劳动管理部门、国家经贸委、国家质检总局、国家安监总局进行管理。2010年以后,由于移动式工程机械设备种类繁多、监管困难,国家相关行政管理部门将其归入了交通运输、建筑、矿山等行业进行管理。

为了确保安全生产,各行业对工程机械设备操作人员实施持证上岗的管理制度,对未纳入国家统一考核范围的机械设备操作证的考核、发放、审验,由各行业主管部门具体组织实施。如交通运输行业的管理办法如下:

1. 工程机械设备操作人员必须具备的条件

(1)机械操作人员应身体健康,反应灵敏,具有良好的思想素质和责任心。

(2)熟悉机械设备的性能、结构、适应范围及基本参数。

(3)能够完成设备的日常维护工作。

(4)熟悉设备的安全操作规程,并能严格执行。

(5)熟悉和掌握安全技术知识,当发生一般性故障时,能及时处理。

2. 工程机械设备操作证考核

(1)考核方式和内容。考核由技术理论考试和实际操作技能考试两部分组成,技术理论考试采用闭卷笔试的形式进行考核;内容包括基本知识、专业技术知识和相关知识;题型配分可采用:填空题25%、判断题20%、选择题25%、简答题20%、叙述题10%。实际操作技能考试采取场地操作和口试(现场抽签问答)的方式进行考核。题型配分可采用:场地操作70%、故障判断与排除10%、机械维护20%。具体内容见表2-2。

(2)考核人员组成。考核前由省、直辖市、自治区行业主管部门从行政区域所属各单位抽调专业人员组成考核组,必要时可外聘专家。考题由考核组在规定职责范围内出题并负责保密。

(3)考核地点。按照就近方便的原则,根据报考人员的分布情况,选择人员较集中的、满足理论考试与实际考核的合适地点为考核地点。

高速公路养护机械设备操作人员取证考核表

表 2-2

项目		考核范围	考核内容及要求	比重(%)
技术理论	基本知识	常用计量单位	1. 了解法定计量单位、名称、符号； 2. 掌握法定计量单位以及非法定计量单位的换算	5
		随机工具使用	1. 熟悉各种附件必备工具的名称、规格、用途和使用方法； 2. 掌握随机专用工具和黄油枪的用途和使用方法	5
		记录、报表填写	正确填写运行记录、维护报表、修理申请、故障记录表	10
		管理制度	了解对机械设备使用、维护、修理的有关规程	5
	专业知识	燃、润料选用知识	1. 了解机械常用燃料的牌号、技术指标、合理选用及正确使用方法； 2. 了解润滑油、油脂的种类、牌号、作用及合理使用方法； 3. 了解液压油牌号、种类及合理使用方法； 4. 常用制动液种类及合理使用方法	5
		高速公路养护机械的一般知识	1. 熟悉所操作机械名称、型号及用途； 2. 熟悉所操作机械的主要技术性能； 3. 了解所操作机械的构造、工作原理； 4. 熟悉所操作机械的磨合、运输及其他特殊运转期间的操作注意事项； 5. 掌握所操作机械的安全操作规程	40
		申报操作机型的维护项目和要求	1. 了解机械维护修理的意义和区别； 2. 熟悉所操作机械的例行维护内容和要求； 3. 熟悉所操作机械的定期维护项目及作业要求	10
		常用工程机械电器设备的一般知识	1. 了解蓄电池的结构、作用和正确使用方法； 2. 了解常见交流发电机与调节器的结构与作用； 3. 了解起动机的类型、结构和作用； 4. 掌握简单电路故障的排除方法	5
		根据故障现象，分析、判断故障原因，排除故障的方法	1. 了解一般机械常发生的故障； 2. 了解故障发生的原因和判断方法； 3. 掌握简单电路故障的排除方法	5
		其他	1. 了解高速公路标志、标线的知识； 2. 了解高速公路行驶及施工作业的安全常识； 3. 了解高速公路养护作业的一般技术要求	10
实际操作技能		现场操作申报的机型	1. 按操作规程要求对所操作机械进行起动前检查、起动、热机、模拟运行、停机、检查； 2. 按作业技术要求和所操作机械能达到的性能指标，正确选择作业参数； 3. 工作装置、易损件的调整和更换	70
		故障判断与排除	1. 发现所操作机械的常见异响； 2. 判断所操作机械的不正常故障现象； 3. 进行一般项目的更换作业	10
		维护作业	1. 按例保内容和要求进行例行维护； 2. 完成由操作人员进行的维护项目	20

(4)考核时间。由高速公路主管部门每年定期组织一次考核。

(5)合格及等级标准。技术理论和实际操作技能满分均为100分,两项各达到60分(含60)以上,且在实际操作考试过程中未发生任何违反安全操作规程者为合格,否则不论考核成绩多少均不合格。考核成绩在60~89分者为合格,考核成绩达到90分以上者为优秀。

(6)操作证发放。对于考核合格人员,经省、自治区、直辖市行业主管部门审核后,发给相应机型的养护机械设备操作证。属已取得一种或一种以上操作证的人员,再申领其他机型操作证时,需交回旧证,重新换发新证。养护机械设备操作证的式样如图2-1所示,在"等级"栏目中,根据参加考核人员的考核成绩填写"优秀"或"合格"。

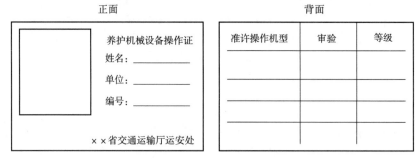

图2-1　公路养护机械设备操作证式样

(7)临时操作证可参照上述办法进行办理。

(8)对于未取得"合格"等级的操作人员,禁止单独操作机械设备,可采取以师带徒的方式或安排到具备工程机械操作技能教学条件的技师学院、高职院校培训学习;参加下一年度考核,合格取证后,才能独立操作准许操作机型的机械设备。

3. 工程机械设备操作证审验

审验是对操作人员进行管理、提高安全意识和职业素养的有效措施之一。审验由省、直辖市、自治区行业主管部门负责,公路局、高速公路管理局、高速公路管理公司(处)等单位配合共同实施。

1)审验的依据

(1)工程机械设备日常管理考核记录。

(2)机械事故记录。

(3)审验考核成绩。

(4)使用管理单位评议。

2)审验程序

(1)审验前,首先由使用操作人员的单位的机械设备管理部门、安全生产管理部门填写《工程机械设备操作人员审验评审表》见表2-3。

(2)由审验组考评员采用现场抽题问答的方式进行审验考核,技术理论和实际操作各1题,根据回答情况给分。

(3)审验合格标准。参加审验的工程机械操作人员需同时达到下列条件,方为审验合格:

①使用单位评议为合格。

②审验前,工作中无重大责任事故。
③审验考核达到60~89分。

工程机械设备操作人员审验评审表 表2-3

姓名		单位						等级		
序号			评 审 项 目							
1	使用单位意见									
2	综合考核评分	历次考核成绩	年度	1	2	3	4	5	6	均分	综合均分
3	机械责任事故记录								年 月 日	
4	审验考核成绩	理论考核内容							得分	
		实际操作内容							得分	
5	综合评定								年 月 日(章)	

注:1. 第1~3项由申报审验的操作人员所在的单位、公司(处)负责完成。
2. 第4项由考核组完成。
3. 第5项综合评定为合格或优秀,由省、自治区、直辖市行业主管部门确定。

上述3个条件中,任意一项未达标者,审验不合格。未通过审验者,必须重新参加培训,通过考核后,重新取证上岗。

(4)审验优秀标准。参加审验的工程机械操作人员需同时达到下列条件,方为审验优秀:
①使用单位评议为优秀。
②审验前,工作中无责任事故。
③审验考核成绩达到90分以上。

项目三 工程机械决策管理

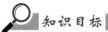

1. 解释企业经营管理的概念、市场调查的目的、筑养路机械管理决策的方法。
2. 描述企业经营管理的程序和组织原则、技术装备规划的决策分析、技术装备规划的内容。
3. 识别企业经营管理的目标、市场调查的分类和内容、技术装备政策的制定、公路养护机械管理存在问题与处理方法。

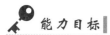

1. 具有进行市场调查的能力。
2. 具有技术装备规划的能力。

任务一 了解企业经营管理决策方案

一、决策定义

企业的决策是指企业为实现其经营管理目标,在解决各类问题或处理各项事务过程中,有意识地设计各种不同方案,通过比较、选择,最后确定最优方案的过程。现代企业的决策通常具有以下两方面特点:

(1)决策是经营管理的基本职能。决策职能在管理的其他职能中,例如计划、组织、控制和领导等职能中,具有先于和高于其他职能的特点。所谓"先于"是指在顺序上处于第一位置,只有做出正确的决策,其他职能才能有序展开,各项工作才可以纳入正轨。决策失误,计划便难免陷于盲目。所谓"高于",是指它较之其他管理行为更为重要。例如经营战略决策的正确和失误,直接关系到企业的盛衰兴亡。

(2)现代企业管理学不但把决策看成是一种手段,而且认为它是一种理性的思想方法和观念。这种思考和解决问题的方法,强调决策的自觉性,即从各级领导到每一个实际工作的人员,都应该自觉地去做决策,自觉地设计解决问题的多种方案,在比较中鉴别,在鉴别中抉择。同时要遵守一定的程序进行决策,以避免产生错误的判断。

二、决策的种类

企业决策的种类有很多种分法,其中基本的划分方法有以下 3 种。

1. 按决策信息把握的程度划分

1）肯定型决策

信息掌握比较充分,可以明显判断出或借助于数学公式计算出方案实施后的结果,它一般属于例行性决策。

2）风险型决策

由于实际情况很复杂,许多信息不能准确得到,决策时很难确定将会出现的结局。这种情况下人们只好致力于去判别各种情况或结局出现的概率,包括主观和客观概率。考虑并根据概率因素进行决策,就属于风险型决策。风险型决策大量应用于企业的经营决策。

3）不确定型决策

不确定型决策由于对信息掌握不足或缺乏可靠性,因而对可能出现的结局没有什么把握。这种决策具有更大的冒险性,虽也有成功的实例,也有人为此设计了一些数学模型,但多数企业家认为是不足取的。

2. 按决策的对象和内容划分

1）企业经营决策

针对企业外部经营活动进行的决策称为企业经营决策。

2）企业管理决策

针对企业内部管理活动进行的决策称为企业管理决策。

3. 按决策的性质划分

1）战略决策

战略决策一般是指针对企业未来中长期战略目标的制订所进行的决策,简单地说,它要解决"想做什么"、"能不能做"、"想或能做到什么程度"等问题。如确定产品进入市场的问题,确定产品的市场定位的问题,确定产品的结构调整问题,以及机械技术装备和相应的资金投入力度与规模的问题等。它具有信誉性、时机性、竞争性、应变性和创新性等特点。

2）战术决策

战术决策也称技术性决策。一般指针对企业中与市场因素相关联,较为重要的工作或环节进行的决策。如工程投标决策,购机选型决策,施工方案和机械配备决策、机械租赁价格决策等,要解决"怎么做"的问题。它具有技术性、艺术性、专业性和市场性的特点。

3）操作决策

操作决策一般指针对企业日常生产经营活动,就所要做的具体事务进行的决策。

这其中战略决策对企业的影响最为深远。如果把市场比作战场,通常我们会说:"战术上失误还有挽回的机会,但战略上失误其结果往往是一败涂地。"

4. 决策与企业领导层的关系

从图 3-1 中可以看出,公司经理作为企业高层领导主要从事战略性决策,如制订企业发展总体规划、决定投资方向和开发战略、确定企业与环境的相互关系等;项目部经理或部门中层领导则主要从事下达上级所给的计划、命令,并做出日常处理决策,如具体安排所拥有的各种资源,制订出资源分配计划及进度计划,组织基层单位来实施该计划等;施工队或机械队队长作为操作层领导是按照中层领导制定的计划,具体组织人力去完成施工生产任务的。

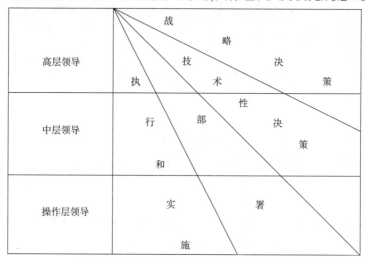

图3-1　企业领导层与决策的关系

这3个领导层除了有上述分工以外,相互之间也同时存在着密切的联系,各种活动几乎在每个层次上都有一定的重叠。在现实的企业经济活动中,要使3个层次的领导在决策上保持协调有序并非易事,它涉及如何界定各自的权、责、利及其主要任务等问题。

三、决策的基本程序

企业的决策活动是一个比较复杂的过程,但仍然可以找出普遍遵守的规律。决策的基本程序如下:

1. 明确目标

目标是一个结构的体系。就一个具体决策项目来说,目标是决策的前提,它回答要决策什么。例如,是战略决策还是战术决策,是提高机械配备水平,或是提高机械技术素质等。这需要通过找出目标和现实情况的差距,从中分析出反映该差距的主要原因,认清约束的条件和自身优势,进而才能确定解决问题的关键所在。

2. 信息的收集和整理

通过市场调查等手段收集信息并对其进行整理,从中归纳出相关信息,可以使决策目标更明确,使决策结果更正确。因为只有信息充分并准确,才有助于把握问题的关键。对于战略性的问题,还要进一步做出预测,为决策提供未来发展趋势的导向信息,为多种方案的设计创造必要的条件。

3. 方案设想

方案设想又称方案设计,是决策的基本内容,其目的在于提出解决问题和实现目标的多种方案。有比较才能有鉴别,有意识地设计多种方案,才能求得比较理想的方案。

4. 方案比较分析

方案比较分析一般指可行性分析或技术经济分析。

(1)从技术角度分析实现方案的可能性。

(2)从经济上分析投资与效果。即在实现同样目标的情况下,比较它们的技术经济效果。

5. 方案确定

依据企业的经营方针和战略,对各种方案进行综合平衡以后,通过采用一定的形式由决策者最终对方案做出理想选择的步骤。

四、管理组织的原则

管理组织是人类有目的地进行集群活动的产物,它是人们为了达到特定的共同目标而使全体人员通力协作的人工系统。系统的功能体现了管理组织的目标,因而能否保证目标实现是管理组织的核心问题。这种系统一般包括以下要素:人员,人既是组织中的管理者,又是组织中的被管理者,因而良好的人际关系是建立组织系统的基本条件;岗位职务,即明确每个人在系统中所处的位置以及相应的职务,形成不同层次的职务结构;职责与权力,即规定不同岗位上,不同职务的人所要承担的责任和权力,以达到指挥、控制和协调的目的;信息,管理组织系统的联系主要是信息的联系,能否保证信息畅通是系统设计和系统运行必须解决的主要问题。

现代管理组织是一个开放系统。随着社会生产力和科学技术的发展,人类集群活动的规模和方式在不断异化,显示出规模巨大,联系广泛的特点。这就使管理组织不能采用小农经济条件下的封闭型结构,需要接系统开放性原则,深入研究社会环境、自然环境和技术条件对系统的影响,建立起开放型管理组织系统,提高对环境的适应能力和应变能力,如图3-2所示。

为了保证管理组织(系统)结构的科学性和运行的有效性,管理学家和实践者对管理组织的基本原则做了不少研究和探索,结论虽不尽相同,但都把出发点放在提高管理组织的整体效益上。归纳起来,有以下3项原则:

1. 系统整体原则

系统整体原则是由管理组织的本质决定的。有组织的集体之所以比个人的力量大,就在于个体经过相互联系而结合成为一个整体。因此,运用系统论来研究要素之间的联系,确保管理组织整体目标实现,是组织工作必须遵循的基本原则,这一原则主要体现在以下3个方面:

(1)结构完整。管理组织如同一部机器,只有结构完整才能产生必要的功能。现代管理组织是由决策中心、执行系统、监督系统、操作系统和反馈系统等构成的,如图3-3所示。如果只有决策中心和执行系统,而无有效的监督系统和反馈系统,管理组织就可能失去控制。

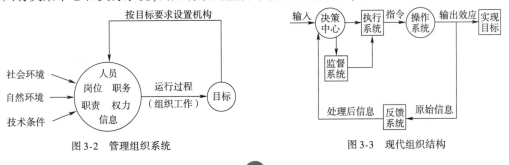

图3-2 管理组织系统　　　　　　　　图3-3 现代组织结构

当前,要特别强调反馈系统和监督系统的建设,提高管理组织的信息收集、储存、处理能力和保证目标实现的控制能力。

(2) 要素明确。管理组织没有要素或要素不全则不能构成系统,但并不是要素越多越好。理论研究和实践的成果表明,现代管理组织只有从传统的"人多好办事"转向"人精好办事",才能产生高效能。在建立和调整管理组织时,要注意精减多余人员,建立起一支精干的管理人员队伍;努力提高管理人员的素质,保证要素的明确性,认真检查各级管理机构的职位和职务的设置,防止由于机构重叠、职责不明和副职过多而导致管理效能降低。

(3) 确保目标。目标是一切管理活动的出发点和归宿,管理的组织职能也不例外。因此,应按目标要求设置组织机构,按组织机构的职能确定管理人员的素质和工作量,按人员的素质和工作量要求去挑选管理人员。

2. 统一指挥原则

统一指挥原则是组织管理的一个基本原则,它虽然源于军事组织,但对现代管理组织也有普遍指导意义。

统一指挥原则建立在明确的权力系统之上。权力系统是依靠上下级之间的联系所形成的指挥链而构成,指挥链即指令信息的传输通道。如果破坏了指挥链,就不可能统一全体人员的思想和行动,朝着共同的管理目标而努力。为了保证指挥链正常运行,要注意以下3点:

(1) 指挥链不可中断。管理组织的指挥链如同人的血液循环系统,中断就会造成指令无法贯彻,信息无法反馈,而使整个组织陷于停顿。

(2) 切忌多头领导。多头领导必然政出多门,指令重复矛盾,破坏统一指挥。大规模的管理组织,往往上层机构分成许多职能部门,基层(操作层)则其有1~2个领导者,如果所有职能部门都往下下达指令,如图3-4所示,将会使下级陷入无所适从的困境之中。因此,管理组织的上层机构要注意总体协调,以保证统一指挥原则的贯彻,如图3-5所示。

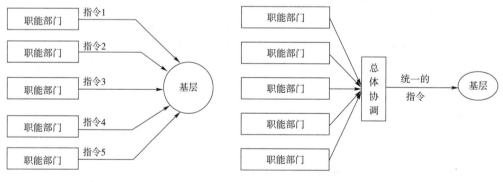

图3-4 多头领导示意图　　　　图3-5 统一领导示意图

(3) 不可越级指挥。为保证指挥链的完整,通常情况下,上级对下级的指挥应逐级进行。美国总统罗斯福有一句名言:"一位最佳领导者,是一位知人善任者,而在下属甘心从事于其职守时,领导要有自我约束的力量,而不可插手干涉他们。"任意越权指挥的后果必然是:一方面浪费了自己的时间与精力;另一方面又会酿成下属没有主见,缺乏责任感,这样反过来必将加重自己的负担。总之,各级要做好各级的事,这才是有效的指挥。

3. 权责对应原则

权责对应原则就是在管理组织中明确划分职责权力范围,同等的岗位职务赋予同等的权力,做到责任和权力相一致。从组织结构的规律来看,一定的人总是在一定的岗位上担任一定的职务,这样就产生了与岗位职务相应的权力和责任,只有做到有职、有权、有责,才能使系统得以正常运行。由此可见,管理组织的权、责是相对于一定的岗位职务来说的,不同的岗位职务应有不同的权、责。它们之间的关系如同一个等边三角形。

在管理组织中,权责分离现象是屡见不鲜的,如有权无责、有责无权、权大责小和责大权小等。变化规律如图3-6所示。O点是无权、无责、无位的人;应离开组织系统;A_1、A_2…A_n点是有责无权者;B_1、B_2…B_n点是有权无责者;C_1、C_2…C_n点是权责对应者。

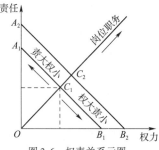

图3-6 权责关系示图

理论讲究和实践经验都证明,权责不对应对管理组织的效能损害是很大的。有权无责(或权大责小)就很容易产生瞎指挥、滥用权力的官僚主义;有责无权(或责大权小)就会影响管理人员的积极性、主动性和创造性,使管理组织缺乏活力。权责对应问题主要靠科学的组织设计,要深入研究管理体制和组织结构,建立起一套完整的岗位职务和相应的组织法规体系。在管理组织运行过程中,因为情况和任务的变化,也要解决好临时授权问题,上级给下级布置任务,明确责任的同时应授予相应的权力,防止责权分离而破坏系统的效能。

任务二 明确经营管理目标与管理活动

一、企业经营管理目标确定的依据

企业经营管理目标确定的依据主要是企业经营的外部环境和内部条件。

1. 企业的外部环境

企业的外部环境包括政治、经济、技术、法律、文化素养、民情风俗等。了解外部环境的目的有以下内容:一是了解决策受哪些条件的约束,哪些事情不应该、不可能做;二是了解企业可以获得哪些机会,哪些机会现在可以利用,哪些机会将来可以利用。比如政治方面应了解党和国家的政策、法令、方针、各项规定;法律方面要了解各项经济立法情况,如企业法、建筑法、公路法、环境保护法等;经济方面应了解国家经济发展的总趋势,明确哪些行业的发展是得到政策支持的,哪些行业要调整,哪些行业受到资源的限制,以及国家基本建设投资规模、方向和布局等;技术方面应了解国内外的新标准、新技术、新设计、新工艺、新材料;资源供应方面应了解相关行业如建材、施工机械制造和施工机械租赁市场的情况;以及弄清文化、民情习俗、施工地区一般气候条件等情况。

竞争环境是外部环境的一个重要因素。在施工力量大于需要,采取竞争投标方式经营时,这个因素更为突出。一般情况下,了解竞争对手可以起到沟通信息、加强协作、互相促进的作用。竞争环境包括竞争对手在该领域占有工程量的份额及其竞争实力等。

2. 企业的内部条件

了解内部环境在于明确企业的优势和劣势,使决策适应内外部条件的需要。

企业内部条件包括企业人力资源、机械装备状况、从事工程的范围和资金情况等,以及这些资源所形成的竞争能力。人力资源包括职工年龄构成,性别构成,文化、技术构成以及决策层人员的素质等;机械装备状况包括机械装备水平和机械化施工的程度;从事工程的范围包括施工环境、工程类型、材料构成等。除这些形成生产力最基本的静态资源之外,还包括技术、资金和经营管理水平的状态,从而看到与竞争对手之间的差距。

二、企业经营活动和经营决策目标

1. 企业经营活动的概念和内容

经营是一个与市场、流通、商品经济相联系的概念。通常是指企业为设法寻求并促成业务目标的实现所进行的谋略、筹划、交往和协商活动。归纳起来,经营可分成两个方面的内容。一是经营决策,它强调的是经营目标的确定,经营决策的程序和方法等,具体内容包括:工程任务的机会预测、经营方式的研究、投标策略的制订、工程承包和投标、合同签约及合同纠纷的处理、施工机械的选择、材料订购和技术开发等。二是业务承揽,它是促成决策目标实现的手段,具体内容包括:业务承揽策略的制订、工程承揽方式的研究、促进业务承揽的方式的研究、企业间的合作、公共关系和广告业务等。

2. 企业经营决策目标

企业经营目标一般指的是中、长期战略目标。所谓战略是指企业运作的方向和资源部署的总纲,指明企业为实现自己的目标而确定的主攻位置,所拥有的人力、物力、财力部署的基本依据。中期战略目标一般是未来3~5年的目标,它与通用施工机械的投资回收期大体相当;长期战略目标一般是未来6~10年的目标,它同大型专用机械的投资回收期也基本一致。

1) 中、长期战略目标的重要性

一个工程承包企业,要有一个本企业发展的总体规划,才有前进的目标,也才能使近期发展与长远发展有机结合起来。开拓一个地区的新业务也是如此,它应是企业发展规划的一个组成部分和总的战略的体现。

从客观上看,公路工程的工期一般为1~3年。制订中期战略决策,就是要避免短期行为,避免盲目性。

从主观上看,为了避免因工程任务间断停滞而带来损失,需要树立"吃一看二想三"的观念,即在开拓一个地区的市场时,要有通盘考虑,要做几手准备。明确究竟是长期开发承包业务,还是短期的、试探性的行为;明确准备承揽业务的规模大小,投入多少。当成功拿到一个项目后,即刻应该考虑后续工程的承揽。而且,由于后续工程内容不可能一致,使用的机械、人力也会发生变化,都需要有所考虑。

2) 中、长期战略目标的内容

(1) 要进行投资开发机会的研究。在经过对市场环境和本企业竞争力的考察之后,确定在某一地区发展的规模、布局,以及逐步发展的时机和步骤。要预估可能遇到的问题,并考虑采取的措施。

(2) 明确每一项业务的性质。确定它们在企业经营战略中的地位,是主导重点开发项目,还是普通辅助性项目,是长期性的还是临时性的,或是试探性的,从而提出产品结构或结构调整战略,为企业可持续和滚动式发展奠定基础。

(3)明确企业的投入力度和投资的规模,即搞清准备投入的施工设备、资金、人力大小,应明确机械投资回收期和长期经济利用率控制水平,提出筹资、投资控制的方案和措施。

(4)预估可能取得的效益、工艺的先进性和技术上存在的难度,以及可能遇到和可能承受的市场风险,提出避免风险的对策和措施。

三、企业管理决策目标

可以说管理活动是经营活动内部依据的主要部分,也是经营得以实现的保证。从本质上讲,经营和管理是一个有机的整体,是相辅相成的两个方面。

作为生产经营型的公路建筑养护施工企业,既要明确经营决策的内涵,也要把握管理决策的内容。一方面,如果不做好市场调研,正确进行经营决策,合理进行部署,并通过投标、议标等方式成功地承揽工程项目,就无从进行生产,管理决策也就无从谈起。同样,如果投标决策不当,即使中标拿到项目,管理决策正确,也无法取得应有的效益。另一方面,一旦揽到工程项目,如果不能正确地进行管理决策、成功地组织实施、出色地完成任务,即使在正确经营决策的情况下,也无法获得良好的效益,赢得良好的信誉,从而也会降低或失去企业的竞争力。

任务三　了解企业市场调查和预测的概念

一、企业市场调查的目的

企业在进入一个新的市场领域或在某一地区准备投标之前,应该派出信息敏感性强的专业人员和有关领导深入该地区,进行必要而有效的市场调查。主要有三个目的:

(1)为预测提供具有战略意义的导向信息。可通过市场宏观调查、建设市场调查、投标承包市场调查,以及机械的机种、机型市场保有量调查等,掌握一个地区的投资开发机会信息,为经营战略决策服务。

(2)为战术决策提供市场信息。可通过竞争对手调查和以往工程报价资料调查,摸清预投标工程的标价水平和技术水平,为制订投标策略和机械配备策略等服务。

(3)为经营管理决策提供比较信息。主要通过对预投标工程的调查,包括项目的建设单位情况、资金来源、项目规模、标段划分和主要工程量的调查,设计和监理单位情况的调查,以及项目是否列入国家计划,是否含有新结构、新技术、新材料,或是需要采用新机械和新工艺等要求的调查,把握预投标工程的各类技术经济指标,以便和以往企业自身完成的工程项目做比较,明确决策目标。

二、市场调查的分类和内容

1. 宏观调查

宏观调查包括政治经济发展现状和前景调查、相关行业发展规划调查和建设市场调查。对于公路建筑养护施工企业而言,应着重调查交通运输状况、道路密度、里程和技术等级构成,以及它们与经济发展的适应程度;了解地形、地质、水文特点,工程技术难易程度;还要了解与本行业相关联的或接近的行业,如工业、农业发展区建设,林业开发和排水管道工程的发展空间或规划。通过各级、各地区公路主管部门了解公路规划和计划的信息,收集建设市场的工程信息和相关的地方性法规及资料等。

2. 投标或承包市场调查

投标或承包市场调查相对于市场宏观调查,是一种微观性质的调查。它着眼于当时的市场动态,围绕投标工程的竞争形势展开,其主要内容包括:

(1)竞争对手调查。

首先了解和分析有多少家公司参加本次投标。需搞清有多少家公司获得投标资格,有多少家购买了标书,有多少家参加了现场考察,从而分析主要的竞争对手及其可能采取的策略。其次了解主要竞争对手的实力,包括拥有的施工机械、人力、资信,在建项目的分布以及任务的饱满程度等。

任务不饱满的公司,特别是在当地有即将完工的在建项目的承包商,可能是最有力的竞争对手;此外,经常以低价报价,而经营状况尚好的公司也是主要竞争对手;濒临倒闭的公司,为了求生存,可能以低价争夺项目;新进入市场的外国公司也往往以低价竞标,求得立足机会;还有些公司采取联合体形式投标以增强其竞争力。这些都是值得注意的动向。此外,通过对承包商的调查,特别是当地小承包商的调查,还可为本公司寻求合作对象(包括分包)提供选择。

(2)以往报价资料调查。

竞争对手标价水平的调查是一项十分重要的工作。通过有合作意向的当地承包商或分包商,可以得到以往工程开标资料(历次投标者及总标价),在建工程的现场也往往标有承建单位和总标价,只要得到该工程各主要工程量和总标价,就可粗略测算其报价水平。详细的报价资料(分项工程的单价表)则需通过各种渠道,从拥有资料的部门获得。在国外,有些国家合同文件和评标文件印发数量较大(多达20份),分送有关部门(如工程主管部门、招标机构、咨询监理机构、投资银行、政府投资管理部门、计划部门等),获得资料的机会是比较多的。

3. 预投标工程调查

一方面要了解预投标工程项目投资主体的情况,包括资金来源、项目是否列入国家计划,所选择的设计单位和施工监理单位的情况,以及是否有招标倾向性,希望让哪个施工单位来承包施工,有没有工期提前要求,以及在使用新机械、新材料和新技术的特殊要求等。另一方面应了解预投标工程项目的性质、规模、标段划分和主要工程量的情况。

4. 其他有关业务调查

其他有关业务调查包括商业市场调查、金融市场调查、劳务市场调查和税收、保险调查等。主要了解工程所需的材料,增添的施工机械设备、配件、用具和油料等的供应和委托运输的情况;了解专业银行、商业银行和外资银行的资信和资金融通条件及利率、保函手续费等;了解当地劳务人员的素质、雇佣的手续,基本工资和各种补贴、福利和保险标准等;了解工程保险、车辆及施工机械保险和人身保险等。在国外还需要了解税收的构成和税率差异等情况。

三、市场预测的概念和分类

在市场调查的基础上,对某些具有战略意义的问题还需要进一步做出预测,如对某一地区未来一段时间内工程项目规模、类型的预测,对主导机种、机型长期经济利用率的预测,对使用新机械、新材料和新技术的特殊需求的预测,以及投标或承包市场竞争态势的预测等,为决策提供未来发展趋势的导向信息,为多种方案的设计创造必要的条件。

预测是指根据历史资料及对现状的了解出发,对企业关注的问题或某种现象进行分析,从中找出发展规律,进而推断未来可能发展的趋势的一种管理行为。预测所提供的资料,数据或某种判断是决策的重要依据。

市场预测的方法有很多,但归纳起来,可以分为两大类:一类是经验判断法;另一类是数学计算法。一般来说预测所依据的历史资料,有定性的资料和定量的资料,预测的结果也有定性和定量两种表示方法。

经验判断法主要指依靠预测、决策人员或咨询机构的各种专职人员,用口头或书面的形式,依据所掌握的资料进行分析、推断,从而得出结论的方法。例如根据某些迹象,可以预测企业面临的危机;根据某些苗头或势头,可以判断某种产品、某项技术或某些政策的发展变化趋势等。

数学计算法是根据已知的、历史的数据对某一类问题或问题的某个侧面,应用数学公式的推演或绘出曲线图来判断发展趋势的预测方法。比较简易的数学方法有时间序列法和回归分析法两类。由于篇幅所限,具体方法在此就不展开介绍了。

任务四 制订工程机械经营决策方案

一、技术装备政策的制订

1. 机械技术装备政策的概念和意义

所谓机械技术装备政策,是指企业针对提高机械技术装备水平和优化机械技术装备结构而制定的政策。它是为机械部门运作建立的一般指南,是企业经营战略的意图体现;它指明机械部门的运作方针和范围,鼓励什么和限制什么,以保证行动同目标的一致。

机械技术装备政策的制订是机械技术装备管理的一项根本性工作,后续的机械装备决策和装备规划工作都必须遵循它规定的原则和方针。只有政策明朗,决策才能正确,规划才能落实,业务管理也才可能到位。

2. 技术装备政策的内容

(1)提出机械装备配备水平的基本方针。

机械装备配备水平,可以从机械装备率指标上得到一定的反映。确定机械装备配备水平,实质上涉及了当前机械的集约式经营的问题。企业应在其经营战略目标的基础上,提出机械配备水平的战略目标和原则意见,由此再确定机械装备投资规模和未来各阶段投资力度(额度)的战略等。一方面要满足企业资质等级提高和招标战略上对机械提出的客观要求;另一方面还要满足企业为在市场竞争中寻求自身优势的发展战略上对机械提出的主观要求。这其中还必须处理好机械的自备与租赁的关系,应对二者进行战略性分析与评价,还应考虑到机械租赁市场的未来发展趋势。

据介绍,国外发达国家筑养路施工企业自有机械仅占总数的15%~30%,其余的70%~85%均靠租赁来解决。与国外相比,我国传统的粗放式机械经营模式导致了企业盲目追求机械的"大而全,小而全",从而产生机械中长期利用率不均衡,甚至偏低的问题。这从根本上反映出施工企业在机械装备配备方面存在的问题,将直接对企业投资效益产生重大影响,从而阻碍企业可持续发展战略的实施。因为机械投资比例一般要占到施工企业固定资产投资总额的70%左右。

(2)机械装备发展的结构框架。

企业在主导产品上的优势应该通过配备相应的机械来反映。企业能否充分发挥技术装备领先优势,是决定企业未来能否依靠产品质量取胜的关键。

确定机械装备基本结构,应以企业经营战略目标中的主导产品结构为依据,提出与之相匹配的主导机种、机型和机配(机械配套组合)的未来发展框架,同时应明确未来各发展阶段的机械装备结构状态。它是今后机械装备结构调整的根本依据。

(3)机械装备技术水平的定位标准。

机械装备技术水平也称素质水平、性能水平、配置水平或档次,其定位的高低,与机械投资规模和投资力度有直接的关系,从而还会影响到机械装备结构未来发展的状态。企业应该在满足未来主导产品施工需要的条件下,在尽可能地留有一定的技术或性能储备的情况下,提出主导机种、机型和品牌的装备技术水平的定位标准。这样既可以满足企业可持续发展战略的要求,同时还可以降低由于技术进步因素所带来的机械被淘汰的风险。

(4)机械装备结构动态调整的原则意见。

把机械装备结构调整看成一个动态的过程,是机械经营战略目标制订的本质特征之一。其主要内容包括增添新机或二手机战略目标、机械技术改造战略目标和机械淘汰战略目标的确立。它所要解决的问题是,要对市场反馈给企业技术装备管理系统的信息,及时做出反应。也就是根据市场上工程项目和工程量变化的情况,适时调整企业机械装备结构和装备水平,把握好机械新增、机械技术改造和机械淘汰等环节的时机,不断吐故纳新,以应对市场的变化。要提出应在什么情况或条件下,应通过什么方式或方法来实施的原则意见。

二、技术装备规划的决策分析

机械新增或技术改造,需要占用大量的资金,如何有效使用机械资金,确保机械投资的顺利回收,是机械经营管理决策面临的首要问题。机械淘汰又是一个政策性较强的问题,究竟是以机械的物质寿命,还是技术寿命,或是经济寿命等为依据进行淘汰,与企业的规模、机械装备结构和装备水平的关系非常密切,存在一个如何把握淘汰尺度的问题。这些问题如果处理不好,会使企业在经济上蒙受巨大损失,陷入被动的局面。

通过技术装备规划决策的"四性"分析,即可行性、必要性、适用性和法规性分析,来评价技术方案"能不能做"、"该不该做",以及"是否合用"和"是否合法"十分必要。依照评价结果,企业可以区分技术方案的优劣,决定技术方案的取舍。

技术装备规划决策分析的基本步骤和内容包括:

1. 可行性分析与评价

可行性分析与评价是指机械的经济可行性分析与评价。通过机械的经济可行性分析,主要解决技术方案的资金来源和均衡使用,以及投资效益的问题。如果购机或机械技术改造方案没有资金的支持,一切都将成为空谈。如果有资金支持,但是达不到预期的投资效果,技术方案同样也不能实施。因此需要分析资金筹集或融通的渠道,分析资金使用的额度、期限和成本,以及企业的偿还能力和投资回收期的目标要求或规定等。企业应根据对符合条件的购机或机械技术改造方案的评价结果指导技术方案的实施。

2. 必要性分析与评价

所谓必要性分析与评价,又可称为常用性分析与评价。它所涉及的问题是建筑施工企业有无必要自己配置某种机械,或有无必要采用自有机械的方式来满足施工生产需要。

必要性分析与评价应以机械中长期利用率的目标水平(一般应达到50%~60%),以及机械中长期利用率的预测结果(需根据机械年工作台班定额测算)为基本依据。结合企业技术装备的中长期战略目标中已经明确的未来从事的建筑结构形式、装备结构调整的原则、施工方法及施工规模等资料数据综合考察技术方案。只有在经济上符合企业的长远利益时才称得上必要。

3. 适用性分析与评价

适用性分析与评价主要是指通过对机械进行全面的技术性能分析与评价,考察机械能否满足企业未来或当前施工生产需要的决策分析工作。其评价结果也是机械新增或技术改造,以及机械淘汰的依据。在进行分析与评价时应明确以下关系:

(1)明确机械设备的技术性能与建筑结构形式或施工方案之间的匹配关系。

(2)明确机械设备的技术性能与施工作业环境之间的匹配关系。

(3)明确机械设备的技术性能与综合机械化组列之间的匹配关系。

(4)明确其他方面的匹配关系。如机型品牌的匹配应追求单一化,以便于机械保修、售后服务和技术改造等。

4. 法规性分析与评价

施工机械在工程施工中,主要应符合国家环境保护部门颁布的有关法规和规定。这在《公路工程国内招标文件范本》第五篇"技术规范"中,也有专门的限定。企业如果违反了这些规定,机械设备同样不能投入使用,即便可以采取一些补救措施,但对于像沥青混合料搅拌设备这样的大型机械来说,如果想增加一套除尘设备的话,少则投入几十万元,多则花费上百万元。法规性分析与评价是一个必要的步骤。

三、技术装备规划的内容

公路建筑养护施工企业应在技术装备政策的指导下,根据未来施工形势的预测结果、"四性"评价结果,以及本企业技术装备结构的现状,制订出技术装备规划。以便在预定的时间内(一般以3~5年为宜)有目标、有步骤地使企业的技术装备结构和装备水平日趋合理化。

技术装备规划一般应包含以下3方面的内容:

(1)做出规划期内生产形势发展变化的预测,提出预计的生产能力目标。这是最主要的一项内容,是制订规划的最根本依据。应明确主要的建筑结构体系及年生产能力等指标,否则规划本身就变成无源之水、无本之木,丧失指导实际的意义。

(2)分析现有技术装备结构的状况。这种分析除了研究装备结构本身内部配套关系及比例关系等情况以外,还要根据主要考核指标(完好率、利用率、效率、装备生产率等)的统计资料,运用统计分析的方法,找出在装备结构方面存在的主要问题,确定调整装备结构或提高其水平的要点。

(3)提出在规划期内分期分批新增、改造和淘汰的主要机械设备的方案。还应结合工程承包和机械租赁市场情况,做出机械租赁的安排。对关键机械应具体落实到机种、机型、数量、成新度和主要的技术性能指标等。

任务五　选择工程机械管理决策方法

在选购、选用或租用机械时必须进行一定的经济评价。通过方案的对比分析,从中选择最优方案。本节将介绍几种常用的机械装备管理决策方法。

一、资金时间价值的计算方法

1. 资金的时间价值

技术方案经济效益的大小不仅与投入辆产出的数量有关,而且与投入和产出的时间有关。假如有甲、乙两个方案,它们的投入额和收益额在数量上是一样的,但是,在时间上甲方案的投入迟而收益早,乙方案的投入早而收益迟。很明显,它们的经济效益实际上是不同的。

投入和产出在时间上的差别之所以会导致方案经济效益的不周,是因为资金具有时间价值。在社会生产过程中,由于劳动能创造价值,所以投入到生产过程中的资金能产生利润。由于处在生产过程中的资金在不同的时间的价值不同,所以说资金具有时间价值。

资金的时间价值可以从两个方面来理解:

(1)将资金用作某项投资,在资金的运动过程(流通—生产—流通)中可获得一定的收益或利润,即资金有了增值。资金在这段时间内所产生的增值,就反映了资金的"时间价值"。

(2)如果放弃资金的使用权力,相当于失去收益的机会,也就相当于付出了一定的代价。在一定时期内的这种代价就是资金的"时间价值"。

正因为如此,当存款者将一笔现金存入银行时,银行将根据存款时间的长短支付一定数额的存款利息,这就是对存款者损失代价的一种补偿。一般把通过银行借贷资金所付出的或得到的比本金多的那部分增值称为利息,而把资金投入生产或流通领域产生的增值称为利润或收益。技术经济学中的利息是广义的概念,统指净收益与借贷收益。

资金的时间价值是一个十分重要的概念,不仅在评价方案时必须考虑,而且对人们树立经济观点,进行技术经济决策都极为重要。尤其是企业的领导干部和财务、计划、经营和设备管理的干部必须懂得资金的时间价值,并在实际工作中加以运用。

2. 单利和复利

每期均按原始本金计息的计息方式称为单利。单利法的缺点是每年所得利息不再投入周转了。因此不符合资金的运动规律,也不能完全反映资金的时间价值。

复利法是把前期所得的本利之和作为新期的本金再进行计息,即利息成为新的本金再生利息。复利计息法比较符合资金在社会再生产过程中运动的实际状况。在技术经济分析中,一般均采用复利法。

3．费用分类

费用分现值、年金、终值(或未来值)三种类型。它们是根据费用发生的时间与方式不同来区分的。

1）现值 P(Present-Worth)

现值是指现实一次性发生的费用，即在分析期初始时支出或收入的费用。现值一般在复利等值换算中用 P 代表。

2）年金(Annual-Cost)

年金是指在整个分析期内每年都要发生的费用，如工资、油料消耗费、经常性维修费等。实际上这种费用一般是分散发生的，既不定时，又比较零星，甚至是无规律的，分析计算很不方便。为简化起见，通常把这种费用看成是每年年末(或计息期末)一次发生的，此做法称为期末惯例法。

这种逐年发生的费用，又可分为等额年金和梯度年金。

(1)等额年金 A：指每年发生的费用总和相等。等额年金在复利等值换算中一般用 A 代表。如租金、人工工资、管理费等多为等额年金。如果逐年的费用相差不大，一般取其平均值视为等额年金。

(2)梯度年金：这种费用，每年以一个相差不大的数值增减，形成一个梯度系列的年金。分析这种费用时以两部分对待：第一部分为第一年的费用组成的等额年金系列，仍用 A 代表；第二部分是从第二年起，逐年以等额增加(或减少)的梯度部分系列，其等额增加值用 G 代表。

(3)终值 F(或未来值 Future-Worth)。若干年后预期发生的费用称为终值(或未来值)。它是若干年后年末发生的费用。这里所谓的"年"，不一定指日历上的年度，它是以现值 P 发生的时间为起点计算的年。在以后的论证中，为与年末惯例法所称的年相一致，把现值 P 作为上年年末即第 0 年年末发生的。

一般像机械的转售价款、报废残值、存款的本利和、赊购价款等都是指若干年后预期发生的费用，所以，它们可归为终值一类的费用。

4．关于资金的年利息率 i

在进行投资方案的经济比较时，资金已不再是将其存入银行或放债，而是将其投入某项事业以获取利润。前述中最初引入 i 时，我们曾把它作为银行的存款利率。将资金投放到某项事业时，i 则作为投资活动的收益率。银行利率代表着金融商情，与投资人的决策无关。而预期的投资收益率则可以由投资人决定。i 值的决定是一个至关重要的问题。这是因为：

(1)在经济分析中 i 值起着决定性作用。采用不同 i 值可以使方案比较的结果完全不同。

(2)投资是有风险的。如果 i 值订得太低，加上可能的风险损失，不如将资金存入银行更为稳妥；如果订得太高，则可能会错失投资的良机。因此，一个企业确定最低的可以接受的收益率是个具有方针性的问题。它通常由企业的上层管理部门，在全面分析各方面的因素后才确定。通常要考虑以下几个因素：

①资金的来源。例如，是自有的产权资金还是信贷借款等。

②可供选择的投资机会。

③可供选择的各种投资机会所包含的风险程度。

④货币的现时价值,简单地说,就是有保证的银行利率。

企业确定采用的值称为最小诱人收益率(Minimum Attractive Rate of Return,简记为MARR)。在本书以后的分析计算中,所有的 i,如无特殊说明,一律是指 MARR,而不再是银行利率。一般来说,MARR 要比银行利率至少高 50% 以上。

二、投资回收期法

机械设备投资回收期法是根据投资获得的利润(或节约额)计算多少年能将投资额 P(用来购置机械设备等)全部收回来的一种比较方法。

设 N 为回收期(年),R 为折旧前平均年利润。

1. 考虑时间因素的比较方法

在已定年利息率 i 的条件下,设投资能在 N 年回收,则:

$$P = \frac{R}{(1+i)} + \frac{R}{(1+i)^2} + \cdots + \frac{R}{(1+i)^N}$$

经运算,得:

$$N = \frac{\lg\left(\frac{R}{R-iR}\right)}{\lg(1+i)}$$

2. 不考虑时间因素(即不计复利)的比较方法

公式为:

$$N = \frac{P}{R}$$

3. 采用节约额 ΔR 的比较方法

(1)对于不便计算利润的机械,可用新旧机械对比节约额 ΔR 代替 R 进行计算。

(2)对于机械的更新投资决策,除了用 ΔR 代替 R 外,还需要用 $(P-L)$ 代替 P 值,L 为使用未到期的旧机械的残值(或转让处理价格)。

(3)节约额 ΔR 的计算公式为:

$$\Delta R = \left(\frac{C_0}{W_0} - \frac{C_N}{W_N}\right)W_N$$

式中:C_N、C_0——新、旧机械的等额年维持费用;

W_N、W_0——新、旧机械的年产量;

$\frac{C_N}{W_N}$、$\frac{C_0}{W_0}$——新、旧机械单位年产量的等额年维持费用。

(4)投资回收期的计算公式为:

$$N = \frac{\lg\left[\frac{\Delta R}{\Delta R - (P-L')i}\right]}{\lg(1+i)}$$

4. 投资回收期法评述

(1)回收期到后机械不一定报废或退役,而本法没有考虑投资回收期以后的收益,这是本法的主要缺点。

(2)本方法可以指出投资的补偿速度,当未来的情况很难预测而投资者又特别关心资金的近期补偿时,本法作为一种从短期经济效益提出的评价方法,可以作为其他评价方法的辅助和补充。

(3)本法用于多方案决策,以 N 值小者为佳;如果用于单方案决策,N 值要与标准回收期 N_H 相比,若 $N<N_H$,则投资方案成立。

关于标准回收期,我国尚无统一规定。但一般来说,某种机械设备风险越大,社会竞争越激烈,标准回收期就越短,意味着预期的投资收益率要高,否则是不敢轻率投资的。国外不同行业机械设备投资标准回收期为 3~10 年,工程机械行业设备投资的标准回收期 N_H 为 6 年左右。

(4)用本法来评价方案,必须知道由于该项投资而获得的年利润。工程机械行业的机械设备构成是不稳定的,因此有时很难计算出单项机械设备所获得的利润。只有像生产商品混凝土的成套搅拌设备,对外出租的机械设备以及机械设备更新经济分析等场合,使用这种方法比较合适。

(5)虽然在工程施工企业中,要单独计算一台设备的年收益数据是比较困难的,但在设备更新投资决策的经济分析中,新旧设备的差异是容易掌握的,所以本法更适用于设备更新的经济分析。

(6)对于考虑时间因素和不考虑时间因素的两种方式,由于对比双方都采用同一种方式,所以结果差异不大,但以前者较为合理。

(7)此法是根据"时间"来进行评价的。

三、费用(成本)比较法

这是以各方案总费用的现值或年金的多少来对方案进行比较的一种方法。费用较小者为佳,故又称为最小费用法。此法根据所比较的费用的不同,可分为两大类:

(1)总费用现值比较法:即把设备的投资额及整个使用期内的使用维持费用现值的总和作为评价的依据,一般适用于设备年使用费不相等而差别又较大的情况。

(2)等额年费用比较法:当设备、的年使用费逐年相等或呈线性梯度系列变化时(包括可以允许简化为等额或梯度系列在内),则采用等额年费用比较法较为合适。由于现值与年金之间可以进行等值换算,这两种方法的适用范围一般是相当的,视计算是否方便而选取。

任务六 国内公路养护机械管理存在的主要问题与解决办法

一、公路养护机械管理中存在的问题

1. 公路养护里程多,养护机械少

以某管养路段为例,负责管理养护的国省干线合计 70.6km,县道 163.2km。拥有公路机械设备有客货车 3 辆,扫地车 2 辆,三轮 2 辆,洒水车 1 台,防滑除雪机 1 台,划线车 1 台,小型振动压路机 1 台,路面切割机 2 台,打草机 10 台,绿篱机 2 台,油锯 2 台,鼓风机 2 台,凿岩机 1 台,冲击夯 1 台,平板振动夯 1 台,沥青洒布车 1 台,综合养护车 1 台。

2. 管理不完善，办法不健全

设备台账、卡片、账目不符。机械不建台账，形成了有车、无卡、无台账的现象。没有真正落实养护机械管理制度和考核办法，车辆机械单车核算，机械效益单机考核的制度还没有从真正意义上完全实行，仅仅管理了车辆机械的油料和安全。

3. 管理不到位，操作人员业务不精，责任心不强

一方面，由于养护单位对机械设备管理工作重视不够，虽然安排了具有专业知识的人员担任机械管理员，但仍不是专职。另外，受养护作业整体机械化程度低，养护方式陈旧落后和养护经费少的影响，养护单位宁可用人工，也不用机械，淡化了机械管理人员的参与意识，没有充分发挥管理与指导作用。另一方面，养护单位注重眼前效益，忽视长远利益，缺乏对机械操作人员的培训，有的操作人员文化水平低，说明书都看不懂。特别是小型机具没有固定人员操作，常是临时工操作，这样一来，既不利于机具正常使用，也不利于施工安全。还有的机械操作人员责任心不强，不严格按机械操作规程作业，也不按要求及时维护机械，造成机械严重损坏，维修费用太高，养护成本剧增，挫伤了领导使用机械的积极性。

二、解决问题的途径及对策

公路养护里程的不断增加和养护运行机制改革的不断深入，公路养护队伍向机械化、专业化发展的局势日益加快。为了适应公路养护的需要，增强公路养护市场的竞争力，尽快扭转目前的被动局面，解决养护机械管理中存在的问题，已势在必行。

1. 加大投入力度，科学、合理配置养护机械设备

按公路养护内容和要求来解决养护机械的合理配置问题，最重要的是保证机械配置的合理性，既能保证养护工作需要，又经济实用。养护机械设备的具体种类、规格和数量取决于所管养公路的里程、等级、路基和路面结构、公路服务期限和磨损程度、气候条件、交通量、作业方式、地质病害发生的频率、地质病害对公路的危害程度等不同因素。应按照设备的综合技术指标，选择合适的功率装备和动力装备标准。养护机械功率装备由养护机械每公里装备值乘以养护里程数可得，动力装备则以中、小型柴油机为主，适当配备大型动力设备以确保公路抢险保通时急用。

2. 建立健全养护机械管理制度，并认真贯彻执行

俗话说得好，"管理出效益"，越是资金紧张就越要加强设备管理。首先要加强机械设备的固定资产管理，建立健全科学完善、行之有效的机械管理办法。不管是单位自有资金购置的，上级下达的机械设备购置费购置的，还是职工集资入股购置的机械设备，都要纳入机械管理之中。机械设备物、账、卡要三相符。建立机械设备的技术档案，包括技术文件、交接登记表、运转记录、维修记录、技术改造资料。其次是加强机械设备的单机考核与效益核算。狠抓过程管理的系统性，科学调配机械，充分发挥机械效能，严格控制消耗材料如燃润料、动力、能源、配件等和替换部件如轮胎、蓄电池、钢丝绳等的管理，加强经济核算。应积极采取现代化管理手段，应用计算机管理系统，完善数据库功能，建立有效的动态管理体系。只有这样才能使现有机械更好地发挥效益，以达到降低养护工劳动强度，降低机械使用成本，提高机械使用效率，提高公路养护质量的目的。

没有规矩不成方圆，没有统一制度约束的单位肯定是管理混乱，人浮于事，安全事故频

发,所以加强制度建设十分重要。如对于机械管理,应制订岗位职责、机械设备操作规程、机械设备维修规程、机械设备使用规范等相应的规章制度。但再好的制度只有真正落实了才会发挥其相应的作用,现在很多单位的制度往往因为这样那样的原因而未能得到很好地执行,起不到应有的作用。我们应在工作中不断摸索,选择合适的管理人才和管理方法,不断深化制度执行的力度。

3. 加强培训,提高养护机械人员素质

培养一支能操作、善维护、会修理的养护职工队伍是推进养护机械化进程的根本。当前,应在养护工人中举办实用性养护机械操作岗位培训,职工培训工作应做到制度化,每年进行一次岗位培训,强迫机械操作人员的知识更新,提高操作技能的熟练程度。使一批养护机械操作骨干做到一专多能,满足驾驶、操作、维护、维修等多个岗位工作需要。对于专职养护机械操作人员应落实经济责任制,把工作质量、数量与个人经济收入挂钩。也可采取内部承包方式进一步落实经济责任,努力降低成本,提高机械使用效能。

对操作人员进行提高和培训的同时,加强对机械管理人员的知识更新和继续教育的培训。一是对养护机械操作骨干采取单位补贴部分费用的方式,分批选送到机动车驾驶员培训学校、工程机械操作培训中心学习;二是将机械生产厂家的技术人员请进来现场示范,解答疑难问题;三是由技术人员深入公路养护工地,传授机械常识,新设备到场后,技术人员必须让操作人员基本了解机械的性能、熟练掌握操作技能及简单的故障排除;四是将机械的产品说明书、操作规程等组织全体机械操作员学习,并印发给操作手备用;五是将机械操作人员参加培训和岗位学习情况纳入年度考核,与个人的评先评优挂钩。只有建立一支工作责任心强,专业技术水平高,操作熟练、善于维护、能准确判断排除机械设备故障的养护机械化队伍,才能发挥养护机械设备的效能。

总之,加大对公路养护机械化的工作力度提高管理人员、技术人员、操作维修人员的认识,提升管理水平,把养护设备配置好、运营好、管理好,激活公路养护工作者在公路养护、改革、发展中的巨大潜能,才能为实现公路事业又好又快发展注入新的活力。

项目四 工程机械设备控制管理

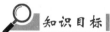

1. 解释机械完好率和利用率、机械效率、机械化程度、机械维护和修理指标、工程机械设备 ABC 管理、我国机械设备管理的相关术语。
2. 描述机械控制的基本程序、机械统计分析、机械设备技术等级评定标准、机械技术状况评定的内容。
3. 识别计算机辅助机械管理系统、机械技术状况分级的评分方法、机械设备检查的意义。

1. 进行机械统计分析操作。
2. 进行机械技术状况评定操作。

任务一 学习机械控制管理原理与程序

一、机械控制职能的原理

控制是现代企业管理中的重要职能,是企业在动态的环境中为保证既定目标的实现而采取的检查和纠偏活动或过程。它既可以理解为一系列的检查、调整活动,即控制活动;又可以理解为检查和纠偏的过程,即控制过程。控制的根本目的在于保证企业组织活动的过程和实际绩效与计划目标及计划内容相一致,以保证实现组织目标。根据实施与控制分立的原则,控制职能的行使,一般应由专门的机构来完成。当然,机构或部门的自我调控也应属于控制的广义范畴。

机械管理的控制职能是指检查和调整机械部门的一切活动,以便更好地实现企业既定的目标和任务。因此,机械部门要对其所有活动或某一系列的活动进行控制,其中,最有效的方法是对最核心、最基本的方面进行控制,即集中对机械的投资、资产、机务、使用和养护等业务实施控制,以便有效地组织这些工作,充分发挥机械资源的作用。

平时我们说计划赶不上变化,其原因是组织环境的不确定性、组织活动的复杂性和管理失误的不可避免性等。控制正是实现企业系统有目的变化的活动,它能保证管理的质量和组织活动的有效性。

二、机械控制的基本程序

机械控制的类型不同,控制程序会有一些差别,但一般都包括以下5个步骤。

1. 计划目标的跟踪

计划目标的跟踪是指通过检查、考核或评比等形式或手段,对所要控制的计划指标在检查的时间、内容、方式、方法和程序上做出安排,并提出控制标准,即对执行结果与计划指标之间允许偏离的幅度或范围做出限定。实际上,控制指标与计划指标相一致,只不过控制指标具有选择性和针对性,如工序质量控制点的设置,以及机械设备定期检验制度的执行等。

检查的内容应该全面,检查时间也应持续,或按工作进展阶段进行。通过对机械管理工作进行检查,也就是对一些计划指标进行检查,来跟踪计划目标实施的状态。

2. 实施绩效的评价

实施绩效的评价是指以科学检测数据为基础,通过统计分析等手段,对被控对象所反映出的状态或输出的管理特征值,即实际执行的结果进行确认的过程。通过绩效的评价,可以找出各项具体工作在计划实施过程中出现的偏差,以及变化的幅度,为进行有效纠偏提供反馈信息。当有些工作还不能量化时,则应通过定性的描述对其业绩进行衡量。

3. 差异分析

差异分析是指通过对实际绩效与控制标准即变化幅度的范围进行比较,找出产生差异的原因,并通过一定的组织形式,针对所面临的问题,提出切实可行的解决方案和行动措施。

4. 信息反馈

凡是在实施过程中发现的问题,均应通过信息反馈的方式,将问题产生的原因和解决的办法传递到相关部门。还应同时对企业或部门制定的定额、标准和规范等需要相应作出修正或变动的信息进行传递。

5. 偏差校正

偏差校正包含两方面的内容。一是通过资源的重新配置,以及调整实施方案和行动措施来实现既定目标;二是当既定目标无法达到时,提出对决策和计划目标进行修正的方案。此后,便进入下一个控制循环。

三、监督和竞赛

监督和竞赛也是控制的基本表现形式。监督有巡视和督促的含义,有时它就是控制的代名词。竞赛除体现控制职能的检查环节之外,还包含有激励的内容在其中。激励是领导职能的分属职能。因此,竞赛活动既可以实现控制的目标,还可以起到调动广大职工工作积极性的目的。

任务二 熟知机械设备常用指标

机械管理的计划、控制和统计指标的内容和对象大体上一致。下面将6类指标的主要内容介绍如下:

一、机械装备程度指标

机械设备的数量、生产能力和装备率指标是衡量企业机械装备程度的指标。

1. 机械设备实有和平均台数

这两个指标分别指企业统计报告期内机械设备固定资产的在册和平均台数。其算式为:

$$期末实有机械设备台数 = 期初实有台数 + 本期增加台数 - 本期减少台数$$

$$机械设备的平均台数 = \frac{报告期内每天拥有的机械台数之和}{报告期内日历天数}$$

2. 机械设备实有能力

该指标反映企业统计报告期内所拥有的各类机械设备生产能力的总水平,它一般是根据机械工作装置的容量或动力部分的功率来累计计算的。其中,机械设备的总功率是按标定功率或查定功率计算的,单位是 kW(千瓦),1kW = 1.36 马力。变压器和锅炉等的能力不计算在内。

3. 机械设备的总价值

该指标是指企业自有机械设备的总价值,为了计算方便,一般采用的是报告期内机械设备的总价值,按原值和净值(指折余价值)计算。

4. 技术或动力装备率

该指标是指企业人均分摊机械设备净值或功率的多少。算式如下:

$$全员技术装备率(万元/人) = \frac{报告期末自有机械设备净值(万元)}{报告期末全员人数(人)}$$

二、机械完好率和利用率指标

机械设备完好率是反映和考核企业机械设备技术状况的主要指标。机械设备的利用率指标则是用来反映和考核企业机械设备的实际使用情况的主要经济技术指标之一。

1. 机械完好率

机械完好率计算公式如下:

$$机械完好率 = \frac{报告期末完好机械台数}{报告期末实有机械台数} \times 100\%$$

或

$$机械台班完好率 = \frac{报告期机械完好台班数}{报告期机械定额(或制度)台班数} \times 100\%$$

机械定额台班数:指企业根据机械中长期利用率水平或年工作台班定额确定的台班数。

机械完好台班数:指报告期(年、季或月)内机械处于完好状态下的台班数,包括修理不满一日和非机械原因待机的台班数,因此其数值大于机械台班利用率。

2. 机械设备的利用率

该指标可以用机械的台班利用率或台时利用率表示。如:

$$机械台班利用率 = \frac{报告期内工作台班数}{报告期内定额(或制度)台班数} \times 100\%$$

（1）实作台时（里程）主要指从事生产的时间，不包括试车、运载及非作业性质的运载时间（里程）。在统计时，实作台时（里程）由台班记录表累计而得。

（2）为便于统计，用台时还是里程作计量单位，根据设备安装的计量表的类型而定。

（3）机械在制度台时内不可能满班运行，需要有准备、检查等工作时间，而且对不同类型的设备，实际能工作的时间各不相同。为便于考核，规定了各类设备每个台班的额定工作台时（里程）（表4-1）。额定工作台数（里程）由局主管部门确定、发布。

机械设备台班额定台时（里程）汇总表　　　　　表4-1

制定部门：（章）

序号	用途	设备名称	台班额定作业		备注
			台时(h)	里程(km)	
1					
2					
3					
4					
5					
6					
7					
8					
9					

机械定额（或制度）台班数、机械台班利用率和机械工作台班数的关系如图4-1所示。

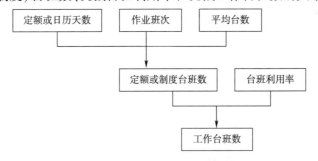

图4-1　机械使用指标关系示意图

三、机械效率指标

机械效率是指报告期内机械设备额定生产能力与完成产量之比值。它反映企业机械设备在报告期内单位生产能力的产出量，是机械设备各项指标中的一个重要指标。

机械效率的计算公式如下：

$$机械效率 = \frac{报告期内机械设备实际完成的总产量}{报告期内机械设备的平均总能力} \times 100\%$$

对不能按生产能力和产量计算效率的机械设备，也可以按实际台班数与额定台班数的比值计算。

机械效率还可以用完成产量定额率、装备生产率和装备收入率(或利润率)表示。其中装备生产率反映企业机械设备投资在生产中创造价值的大小,装备收入率(或利润率)能更准确地反映机械设备的经济效益。

$$机械完成产量定额率 = \frac{报告期内某种机械工作台班产量}{报告期内某种机械台班产量定额} \times 100\%$$

$$装备收入率(或利润率) = \frac{报告期内机械设备的收入或利润(元)}{报告期内机械设备的净值(元)} \times 100\%$$

四、机械化程度指标

施工机械化程度是反映企业机械化施工水平的重要指标,是指企业报告期内由机械设备所完成的工程量(或工作量)占总工程量(或总工作量)的比例。

$$机械化程度 = \frac{报告期内机械设备完成的工程量(或工作量)}{报告期内完成的总工程量(或总工作量)} \times 100\%$$

五、机械新度系数指标

机械设备新度系数是衡量机械设备新旧程度或质量水平的指标。一般有下面几种表述方式:

1. 根据机械的价值进行评价

$$机械设备新度系数 = \frac{机械设备的净值}{机械设备的原值} \times 100\%$$

2. 根据机械的使用时间进行评价

$$机械设备新度系数 = \frac{规定使用年限 - 已累计使用年限}{规定使用年限} \times 100\%$$

3. 根据机械的技术性能进行评价

$$机械平均技术等级 = \frac{1 \times 一级设备数 + 2 \times 二级设备数 + 3 \times 三级设备数 + 4 \times 四级设备数}{各级机械设备数量的总和}$$

六、机械维护和修理指标

1. 机械大修间隔台时

机械大修间隔台时指机械两次大修作业间隔的运行小时数,是评定机械使用、维护与修理质量的综合性指标。其计算公式如下:

$$机械大修间隔台时 = \frac{全部大修机械大修作业间隔运行小时数之和}{全部大修机械数}$$

2. 机械维护或修理工时

机械维护或修理工时指完成每次维护或修理的工时,是考核机械维护或修理的实际工效和进行定员的主要依据。

3. 机械维护与小修费用

机械维护与小修费用指机械进行维护保养与小修作业所用工时和物料的总费用,是考核养修单位经营管理的一项综合性指标。机械各级维护按台次分别平均计算,小修费用一一般合并到某级维护中核算。

4. 维护和大修返工率

维护和大修返工率指机械维护或大修出厂(车间)后,返工台次(或工时)占维护或大修总台次(或总工时)的百分比,它是考核养修质量的一项指标。

5. 机械大修台日

机械大修台日指机械从进厂第二天算起到修竣并经检验合格出厂的全部时间。它是考核机械修理效率和质量的重要指标,与提高机械完好率相关。

任务三　掌握工程机械 ABC 分类管理办法

随着公路建设的不断发展和科技进步,现代机械设备科技含量高,机、电、液、智能化为一体的设备越来越多。筑养路机械种类繁多,形式复杂,每种型号的机械设备又具有不同的技术性能和技术要求;公路野外施工,点多、线长、面广,工序复杂,工作条件差,设备容易损坏。施工设备忙闲不均,施工高峰时,多种机械设备一起上马;低峰时,设备闲置过多,使筑养路机械设备管理工作具有一定的难度和复杂性。高等级公路的施工85%以上的工作量由机械设备来完成,做好机械设备的有效管理,可以发挥机械设备的最大效率,提高机械设备的使用寿命,提高企业的经济效益。针对管理上的诸多难题,为管好、用好设备,提高管理水平和管理效益。对专用机械和非专用机械、进口机械和国产机械,采用 ABC 分类管理法,并根据各类机械设备的特点,采取不同的管理对策。

一、ABC 机械设备分类

为加强工程机械设备管理,各企业、管理单位,根据自有设备的情况,自行确定划分标准。为便于固定资产的管理,根据机械设备、车辆、工作尾机、附属装置的原值进行划分,分 ABC 三类。ABC 机械设备分类见表 4-2。

ABC 机械设备分类　　　　　　　　　　　表 4-2

分　类	名　称	设备原值 W(万元)	管 理 要 点
A	大型设备	$W \geq 40$	精心周密管理
B	中型设备	$5 \leq W < 40$	重要控制管理
C	小型设备	$W < 5$	专人重点管理

二、A 类设备管理

大型机械设备一般结构较复杂,管理、操作技术要求较高,保修难度大,价格昂贵,管理不周,直接影响机械设备技术状况,使用寿命和经济效益。因此,A 类设备尽可能集中管理,并做到正确使用、维修、安全操作,严格按程序封存、更新、报废。

1. 设备使用

设备使用前要进行技术交底,机组人员掌握操作及维护技能,新机械要遵守磨合期使用规定。实行机长负责制,定期对机组人员培训,工作中达到"四懂、三会"的水平,并持操作证上岗。操作员认真填写设备运行和维护记录,进口设备不得随意使用国产机油,确需更换须用技术性能相同油料,切实管好、用好、养好设备。搬迁时,要进行实地考察和详细技术经济分析,提出可行的实施方案,谨慎进行。

2. 设备维护与修理

大型进口设备采取预防为主,多保、少修的原则。加强设备的例行维护和各级维护,认真进行设备定期检查,逐步采用现代故障诊断和监测技术,实行不解体检测,减少设备损坏和性能降低。

3. 设备安全操作

作业前向操作员进行安全操作交底,掌握安全生产要素,确保不因机械操作失误伤人;以机为重,抓好设备的安全。严格机械安全操作规程和机械使用制度,不允许操作人员违章作业、机械带病操作和野蛮施工,不因操作不当损坏机械;以使用环境为必要条件,保障设备安全的同时不伤及他人。

4. 设备封存

设备闲置6个月及以上,要进行封存。封存前,要报上一级管理机构备案并做好维护工作。对大型进口设备要做好防潮、防尘、防腐、防火处理。封存期实行定检、定养制度。

5. 设备更新与报废

设备更新要进行技术经济评价,提出详细技术更新报告,由上级机构审查批准后方可实施;设备报废要请专家进行技术鉴定,提出详细技术鉴定报告,并报上级部门逐级批准,办理相应的报废手续后,对设备实施报废。对报废设备能使用的配件,要拆除作维修配件使用,做到修旧利废。

三、B 类设备管理

中型机械设备品种、数量多,固定资产累计原值占总值比重也较大,在现代机械化施工中起着重要的作用。B 类设备尽可能采取分散管理,必须严格按照设备的操作规程,合理、正确地使用,及时进行定期检查、维护与维修。设备更新与报废要同 A 类设备按有关程序进行。各单位要在管好、用好大型设备的同时,切实管好、用好中型机械。尤其是进口中型设备要重点管理,严格使用、操作与保管,强化定期维护,以提高机械的完好率和利用率,创造更大的经济效益,确保国有资产的保值、升值。

四、C 类设备管理

小型机械设备使用方便灵活,易于管理,要避免"抓大放小,重大轻小"的思想。要配备专人对 C 类设备集中管理、重点维护和维修,严格按操作规程使用小型设备并定期检查。一项工程完成后,对小型设备要集中整修和保管,严禁随意处置小型设备,以免引起国有资产的损失。

总之,机械设备 ABC 分类管理,是保证设备质量、降低消耗和提高经济效益的重要手段。采用大型集中、中型分散、小型集中管理,可以提高大型机械的使用率,可以加强管理和维修。中型分散,小型集中,极大方便现场调度,使用起来方便。实行 ABC 分类管理,要强化机械设备技术档案管理,设备分类及编号一机一档,要准确反映设备从采购、安装、调试、使用、维修、调拨、调动直至报废全过程的原始资料,保证机械档案管理的有效性和真实性。

为以后购置设备选型,设备管理与维修,提供宝贵的资料,从而促进设备良性循环。

任务四 完成工程机械信息管理与统计分析

所谓信息是指用文字、语言、数据、图表、图形或其他可以让使用者识别的信号表示的一种可以进行传递、处理及应用的经济资源。机械信息管理包括两部分内容:一是建立机械技术档案;二是建立计算机辅助机械管理系统。建立机械技术档案是机械信息管理的一项重要基础工作。机械技术档案作为内部信息源,可以为机械控制提供各种静动态控制信息。建立机械信息管理系统的目的则在于使机械单位或部门不遗漏地积累必要的资料,并对资料进行有效的加工整理和存储,保证信息渠道的畅通,信息传递的及时准确,为控制活动和其他诸如决策、计划和施工,以及技术、质量、进度和财务等活动提供可靠的依据,最终实现信息的导向职能。

一、机械技术档案

1. 机械设备的分类与编号

为了容易识别和便于管理,避免相互混淆,对构成固定资产的机械设备应逐台统一编号。分类编号标准由一级管理机构制定。对机械设备的分类编号一般采用二节或三节号码制,即每节号码由若干位数字组成,分别表示固定资产所属单位编号、大类别、小类别、不同机种编号、同类机械顺序号。节与节之间用短横线相连(图4-2)。

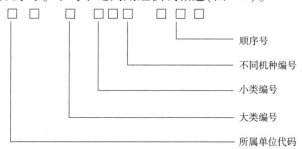

图4-2 三节号码制编号图

公路养护部门机械设备类型品种繁多,目前对所辖内的养护机械分类方法也无统一规定。为了便于管理,在对机械设备进行分类编号时应与交通运输部制定的《公路养护会计制度》相一致,以求系统内的统一。按公路养护会计制度规定,可以将公路养护部门的固定资产分为6大类,如表4-3所示。

公路养护部门的固定资产分类　　　　表4-3

大类编号	名称	大类编号	名称
1	运输设备	5	其他固定资产
2	施工机械	6	房屋及建筑物
3	生产及动力设备	7	建构筑物
4	仪器及试验设备	8	土地

其中施工机械、运输设备、生产及动力设备是公路养护机械管理的主要对象。

由于在每一个大类中的机械设备,其品种、型号仍较复杂,因此需在大类下进一步细分为若干小类,每小类中有不同机种或机型,如施工机械大类中有土石方机械,土石方机械中又有推土机、装卸机、挖掘机等不同的机种或机型。因此,在同一单位内一个编号只对应一台机械设备,这无异于给每台设备起了一个名字,既容易识别,又便于单机管理。

如吕梁分局交城段的一台轮式装载机可以编号为:000601-2106-01。当人们一看到这个编号时,同时也就知道了这是吕梁分局(代码0006)交城段(代码01)、施工机械(大类编号2)土石方机械(小类编号1)轮式装载机(不同机种编号06)、自编顺序号为01号的轮式装载机。

编号一经确定,如无特殊情况一般不再变动,直到设备报废或调出本单位予以销号为止。

使用单位应将编号用铝制标牌固定或用统一字体喷涂在规定部位,要求整齐、美观、鲜明、一致。

2.机械设备的建账立卡和年终清点

为了能随时掌握本单位机械设备的总拥有量、原值、来源、增减情况、分布情况以及每台机械设备的主要技术数据,各级公路养护部门的机量管理职能机构均应对构成固定资产的机械设备,从调入之日起建立账卡,按时登记有关资料,作为统计分析和修理、维护方面的资料和依据。所谓"建账"即建立机械设备台账,作为掌握机械设备最基本情况的手段。机械设备台账是按机械设备分类列账,以机械设备编号为顺序登记的。机械设备台账的项目内容有:类别、序号、统一编号、名称、规格型号、制造厂、出厂日期、出厂编号(主机)、设备来源、调入日期、原价、净值、动力部分以及内部调配动态记录等(表4-4),应按机械设备实际情况正确及时地填写登记。其中,如出厂编号等项目,它的使用价值有时比自编号更有意义,在填写时不要遗漏。

资产设备明细台账 表4-4

单位名称: 　　　　　　　　　　　　　　　　　　　　　　　　　年　月　日

设备编号	设备名称	型号规格	制造厂	出厂日期	出厂编号	设备来源	投产日期	原值(元)	净值(元)	编号	制造厂	发动机			使用单位	牌照号码	设备动态
												型号	功率(kW)	压缩比	燃料			

由于设备不是一次性领用消耗的物件,它将存在相当长一个时期。为了及时掌握它的动态过程,如分布、运转时间、维修情况、事故、操作人员的变化等,除了设备台账以外,养护单位的机务部门还要建立机械设备卡片。卡片分大、小两种,都是一机一卡。大卡片除了记录在台账上的编号、名称、规格、技术性能等静态数据外,还要记录机械调动、机手变更、运转、维修、改造、改装、事故等动态情况,并按编号顺序装订在卡片簿内,以便随时查阅。当机械设备外调时,大卡片应随机转移。机械设备报废时,应附在报废申请表后送审。

小卡片只记录某些主要的静态数据,分插在卡片夹内。机械设备在养护单位内部各使用单位之间调动时,卡片随之从调出单位栏内取出插入调入单位栏内,这是掌握机械设备分布情况最灵活、方便、有效的方法。小卡片在技术上并无多大价值,当设备调出或报废后,随即报废。

机械设备账、卡在性质上和财务物资账同样重要,必须指定专人根据有关资料认真填写,专人负责,不得随便修改并增减内容。账、卡、物三者必须相符。财务部门应建立公路养护机械固定资产卡片,亦为"一机一卡",卡片中应记录折旧和大修理基金提取情况,以反映固定资产价值的变更情况。机务部门的账卡应与财务部门掌握的固定资产账中的相应部分相符。如发现有不符的情况,要查清原因,追究责任,并按规定的手续进行调整,制订措施堵塞漏洞。不得用随意改账的方法掩盖工作中实际存在的问题。

有些单位机械设备经过一定时间使用后,由于调动、拆套换用、外借、丢失等原因,往往在数量上与完整性上发生一些变化。为了检查使用单位对机械设备的使用、保管情况,巩固和提高经济核算基础,保护国家财产的安全和完整,按照国家对固定资产清查盘点的规定,公路养护单位每年年终要对机械设备进行一次全面的清查盘点。

通过清查盘点,要查明实物,调整账目,核实分布情况和价值,做到账卡相符、账物相符。同时,又可借此加强对职工的爱岗敬业精神和提高工作责任感的教育。

在清查盘点工作中,应注意下列几点:

(1)最主要的一点就是必须坚持做到"实物见面,核对编号"的原则。切忌凭追忆口述来回答某物存于某处,某种设备有多少台等。凡是有统一编号的机械设备,不能只做到名称、数量相符,必须核对统一编号。只有这样,才能彻底弄清情况,发现问题,达到预期的效果。

(2)对于大型机械,要特别注意清点附件,有条件时最好结合清点在集中保管方面采取措施予以改进,至少也应作出记录,避免因人员调动再次出现混乱现象。

(3)在清点中发现的盘亏盘盈现象,除按规定的手续予以调整外,更主要的是要分析产生这种现象的根本原因,从制度上予以改善,以杜绝再次发生的可能。

3.机械设备的技术档案

一台机械设备,在其整个寿命周期内,有一系列具有财务依据性及技术参考性的单据、数据、文字记录、图纸、计算书等文件资料,这些都是机械管理工作的主要依据。把这些资料集中保存与系统管理就成为机械设备的技术档案。

1)技术档案的主要作用

技术档案是机械设备整个寿命周期全过程的历史性记录。它的主要作用是:

(1)根据实际使用情况,核查主要装备管理措施的正确性,总结经验,吸取教训,逐步提高装备管理水平。

(2)为正确使用、维修、培训、改造等提供技术资料。

(3)反映机械设备使用性能、技术状况的变化情况,为充分发挥机械设备效能,编制各种计划(机械使用计划、保修计划、配件计划等)及进行大、中、修技术鉴定,事故分析等提供可靠的依据。

(4)为调拨、转让提供技术、财务依据。

2)技术档案的具体内容

并不是所有的有关机械设备的记录、数据均列入技术档案的内容,只有那些具有单机针对性以及有查阅参考价值的技术数据资料才能成为技术档案的一个组成部分。以内燃机发动机为例,每次检修时的曲轴修磨尺寸、镗缸尺寸等数据应详作记录,列入档案,但一些正常替换件的更换就没有技术参考价值,不能列为档案内容。机械设备全面综合管理观点在技术档案工作方面的反映主要体现在下面两点:

①对购进或调进的机械设备,必须经过批准的"机械购(调)申请单"列为技术档案的必备内容,作为以后核查,追究责任的依据。

②对自制自改设备,从方案选择、具体设计到试制及测试鉴定等先天性技术资料均全部整理归档。

技术档案的具体内容可以分为原始性资料与积累性资料两大部分。

(1)原始性资料。

①新增机械设备必要性审查计算书及购调申请单(表4-5)。

机械设备购置申请表 表4-5

购置单位:　　　　　　　　　　　　　　　　　　　　　　　　　　　　年　月　日

序号	设备名称	规格型号	生产厂家	排气量	单位	数量	单价(万元)	总金额(万元)	资金来源	使用单位	备注

购置理由:

二级机构审批意见	一级机构审批意见
年　月　日(公章)	年　月　日(公章)

②自制自改机械设备方案论证、技术设计(主要是计算书及图纸)、试制总结、试运转测试记录及技术鉴定等。

③随机原始资料,如合格证、出厂试验记录及文件(大型机械甚至还有主要结构或零部件的材质化验单等)、使用说明书、维修说明书、随机附具附件清单、易损零件图册、配件编号目录等等。如果是旧机调拨,也应从调出单位接收上述资料。

④设备进场试验验收记录(表4-6)、安装调试总结、接交清单及有关手续签署文件。

购进机械设备验收记录表　　　　　　　　　　　　　　　　表 4-6

设备名称			规格型号			生产厂		
出厂日期			出厂编号			发动机号		
功率(kW)		外形尺寸(m)				质量(kg)		
		长		宽		高		
开箱验收情况								
技术指标调试运行情况								
鉴定小组意见签名								

⑤有条件收集到的部分或全套加工装配图纸等。
⑥其他具有长期参考价值的静态技术数据资料。
(2)积累性资料。
①设备运行、消耗等分期总结分析资料。
②历次大(中)修记录(表 4-7)、修竣验收单(表 4-8)、大(中)修费用核销清单等检修资料。

机械设备大(中)修理记录　　　　　　　　　　　　　　　　表 4-7

统一编号：									
承修单位			修理类别		配换主要零部件				
进厂日期			出厂日期		名称	规格	单位	数量	备注
进厂前技术状况									
过程检验记录									
修后尚存问题									
主修人		检验人		接车人	间隔里程(台时)	定额	费用(元)	计划	
						实际		实际	

③机械事故记录分析、处理经过(表 4-9)。

④红旗设备检查评比记录资料。

⑤关于机械结构、个别零部件材质改变、代用等局部技术变更资料。

⑥其他在使用、维修过程中发生的有保存参考价值的资料。

机械设备修竣验收单　　　　　　　　表 4-8

送修单位：						
承修单位：				验收日期：　年　月　日		
机械编号	机械名称	型号规格	修理类别	修竣日期	修理工时	修理费用	质量评定
修理情况简要记录							
试运转情况记录							
验收意见							
上级主管部门		送修单位		承修单位		质检员	

机械事故及肇事记录　　　　　　　　表 4-9

机械名称：			
肇事时间		肇事地点	肇事人
证明人		经济损失	事故等级
事故原因经过			
处理情况			
单位领导意见			

3）技术档案的管理

技术档案的管理是档案能否正常发挥作用的关键，它要达到以下几个目的：

(1) 资料完整、齐全、精干、高质，保存完好。

(2) 凡属积累性资料，必须及时补充、更新。一旦积累性资料出现遗漏、陈旧、脱离现实情况等现象，将失去指导作用。

(3) 技术档案的管理要以方便使用为原则，以充分发挥其作用。

为此，在技术档案管理上应遵循以下原则：

(1) 要适当缩小建档范围，以利于集中精力提高管理水平。当前一个较为普遍的问题是不问具体对象，一律建立档案，例如一些以金属结构件及替换件为主体的机械设备，如胶带输送机等也建档，一些技术档案往往除了几个生产性能、规格型号等数据外，其余一片空白，这是没有必要的。应该由主管技术负责人根据需要核定建档机械设备清单。一般来说，以内燃机为动力的大、中型机械及以电动机为动力的结构复杂的大型设备应建档。

(2) 技术档案要实行双重管理，除了由专人负责保管、正确填写等业务性工作外，还要由主管技术员（或工程师）分类负责分管机械技术资料的及时补充、更新并定期检查技术档案的填写质量。机管部门应每半年一次组织技术档案的检查与分析工作,保证技术档案质量及总结变化规律,改进管理工作。

(3)凡是拥有多台同规格的机械设备,不必将说明书、操作规程、维修手册等共性资料每档保存一份,以致操作工人与现场反而不得使用。像这类资料在同类档案中只需保存一两份即可,其余部分应放手外借,方便使用。即使由于现场使用而招致部分磨耗损蚀,也比只管不用为好。

(4)技术档案只有在设备调出时才调出建制单位,平时应始终保存在机管部门,一般规定在设备大修时要随机进厂。实践证明,这样做弊多利少,因为即使在大修时,所需要参考的也只是少量几个数据,如果全部档案随机入厂,最容易发生丢失污损现象。

4)技术档案的简化形式——机械履历书

基层使用单位的机管部门或机管人员,采用技术档案的简化形式——机械履历书进行管理。机械履历书的内容与要求为:

(1)机械规格说明:由机管部门于建立履历书时一次填写(表4-10)。

机械设备技术性能记录　　　　　　表4-10

统一编号:						
机械名称		型号规格		生产厂		
牌照号码		出厂日期		投产日期		
外形尺寸	mm	来源		载质量		座、吨
自重	kg	原值	(元)	机身颜色		
发动机部分		底盘部分		电气及其他技术参数		

(2)随机工具及附属装置记录:由机管部门登记,机长(保管人)签章认可,有变动时随时登记签认(表4-11)。

随机工具附件及附属装备记录　　　　　　表4-11

时间 年 月 日	名　称	型号规格	单　位	数　量	增减原因	领用人

(3)交接记录:在每次变更使用单位或保管人,办清交接手续后填写,由交接双方及监交人签章(表4-12)。

机械设备更动记录表　　　　　　　　　　　　　　　　　　　　　　表 4-12

统一编号：						
时间 年　月　日	交机单位	交机人	接机单位	接机人	变动原因	批准单位 及文号
本表包括机械设备所在单位、牌照号、自编号的变更						

(4)运转记录：由机管部门或机管人员根据班运转记录按月填写(表 4-13)。

机械设备运行、小修费用及燃料消耗记录表　　　　　　　　　　表 4-13

统一编号：						行驶里程或台时			燃料消耗(公升)		小修费用(元)	
年月	制度台日数	完好台日数	完好率(%)	工作台日数	利用率(%)	合计	重驶	空驶	实际耗油量	百公里(每台班)平均定额/实际	实支	千公里(每台班)平均定额/实际
一月												
二月												
三月												
四月												
五月												
六月												
七月												
八月												
九月												
十月												
十一月												
十二月												
全年												

(5)小修维护记录：由机管部门根据保修任务单，按月填写一次(表 4-14)。

小修维护记录　　　　　　　　　　　　　　　　　　　　　　　　表 4-14

统一编号：							费用		承保单位	检验员
维护日期	维护级别	实际间隔里程(台时)	进厂时间	出厂时间	所用工时	附加主要修理项目	合计	其中：小修		

(6)修理记录:每次大(中)修时,由承修单位提供必要数据,由主管人员摘要填写(表4-7)。

(7)事故登记:由机务部门根据事故报告摘要填写(表4-9)。

(8)变更装置记录:变更装置后由机管部门填写(表4-15)。

机械设备改造、改装记录　　　　　　　　　表4-15

统一编号:							
时　间			改造、改装的项目、内容	改造、改装原因	批准单位及文号	改造、改装完成日期	改造、改装接修单位
年	月	日					

(9)检验记录:机械进行技术检验时,由检验负责人填写(表4-16)。

机械设备技术状况普查(鉴定)记录　　　　　表4-16

统一编号:												
时　间			主要总成技术状况						技术等级	机(车)况升降原因	鉴定人
年	月	日	发动机	变速器	前桥方向机	后桥传动轴	机架机身	制动液压	工作装置	附属装置			

(10)其他基层使用单位机务部门认为必须填写的内容。

二、计算机辅助机械管理系统

计算机辅助机械管理系统是企业管理信息系统(MIS)中的一个子系统。MIS已经成为现代信息管理的专有名词,它包含以下一些内容:建立一个与企业组织机构相对应的信息机构;分析并确定企业所需信息的类别及其来源;根据需要对信息进行处理、加工、保管,以便及时、准确地向企业各管理层次、各部门提供所需要的信息。现代管理信息系统是与计算机应用直接联系起来的。公路建筑施工企业首先要建立人工信息系统,并积极创造条件,逐步建立计算机管理信息系统。

1.应用计算机进行机械设备管理的必要性

在转换经营机制、建立现代企业制度的形势下,机构在改革,人员在减少,而对管理的要求却在提高。迅速采用现代化的机械设备管理方法与技术手段,已成为机械管理克服困难、迎接挑战的重要任务之一。其中建立机械管理信息系统,实现机械管理计算机化,是一项最为行之有效的方法。

应用计算机进行机械管理的必要性主要表现在以下几个方面:它是机械管理现代化的重要基础,机械综合管理、养修管理、状态监测与故障诊断等方面的新技术、新方法的有效应用,依赖完整、准确的机械管理数据信息的收集与分析;随着装备水平的不断提高,计算机管理将为提高机械管理工作的质量和效率提供技术支持;计算机的应用是保证机械管理与其他管理同步发展的重要条件;计算机化的机械管理是使机械管理规范化、高效率、减少随意性的必由之路;有利于提高机械资源的利用率,辅助企业经营目标的实现。

2. 计算机辅助机械管理的目标和作用

计算机辅助机械管理的工作目标是:将机械管理的各个方面集成一个规范化的体系,形成规范、科学、高效的机械管理机制,以使机械管理工作得到高效能的组织实施;通过建立机械管理的数据共享系统,监控机械物质形态与价值形态的动态表现,辅助各级管理部门作出决策,确保企业对资产变动与投资效益的控制;建立机械管理的事务性工作处理系统,编制各类机械管理的工作账表并实施管理作业,快速、准确、高质量和高效率地完成机务管理工作。

它的具体作用表现在以下几个方面:处理数据、管理账表、实施作业管理、规范工作、实施管理控制、辅助决策、监控机械资产与投资效益。

3. 应用计算机进行机械管理的效益表现

(1) 提高机械管理的工作效率:计算机强大的信息存储和处理能力可快速地完成日常账表制作、分类、分析、统计、比较等工作,因而提高了工作效率,减轻了工作人员的工作负荷。

(2) 提高工作质量和管理水平:计算机对管理工作的标准化、规范化的要求可以促进管理工作水平和工作质量的提高。如果计算机的应用深入到现场作业管理,建立起现场主管科室管理的动态信息反馈机制,可有效地提高管理工作的科学化水平。

(3) 保障作业计划的准确性和科学性,间接减少养修的次数和工时数,提高机械的利用率。

(4) 对施工机械使用费直接进行控制:在计算机管理中,所有机械作业的记录都要求完整和准确,这就为费用的核算从而进行机械施工作业成本控制提供了量化的条件。

(5) 综合利用机械管理数据信息,监控机械的寿命周期和效益成本表现,为机械投资和技术改造提供技术工艺标准和技术经济分析资料,保持最佳的机械投资利润率。

三、机械统计分析

1. 施工机械统计分析的性质与要求

统计是一个信息的收集、加工和利用的过程,所以统计管理也可以称为信息管理。

1) 信息的作用

在生产活动的进行过程中,随时随地都产生大量反映生产活动诸要素及其成果的信息,如变化、进度、比例关系等。早年在生产规模比较小、生产方法非常简单的时代,生产活动所产生的信息不仅数量少,而且内容单一、直观性强,生产者的经营活动只要依靠观察的少量信息,凭借自己的经验就能作出判断并对生产进行必要的调节和指挥,信息虽有作用,但并不突出,而且也不需要专门的收集、筛选、加工和处理。但在现代化大生产中,情况就完全不同,生产过程日益复杂,劳动分工日益精细,劳动协作日益严密,技术日益发达,生产活动必须尊重科学、严格按照生产、技术、经济的客观规律办事,以适应技术统一性的要求,适应生产过程比例性和连续性的要求,适应经济核算的要求,适应外部环境的要求。生产者要想了解、掌握全盘情况,作出正确的决策,指挥有秩序的活动,进行有效的控制,必须依靠大量的信息,而且必须应用科学方法对大量的原始信息进行有目标、有选择地收集、加工和综合处理,以便最有效地发挥信息的作用。现代企业一刻也不能离开信息,有人把企业管理的领导机构比作人的"大脑",而信息系统就等于"神经系统",如果"神经系统"失灵,就会使整个企业混乱,甚至瘫痪。由此可见,信息在企业管理中具有何等重要的作用。

信息的重要作用主要有以下方面:

(1)信息是企业决策的依据。企业领导者对生产经营决策是否正确,虽然关键并不在于信息本身,而在于企业领导的正确判断,但是信息作为决策的依据,对帮助企业领导者作出正确判断具有先决性的重要作用。

(2)信息是对生产过程进行有效控制的工具。在企业生产过程中,有两种流态在运动,一种是实物流,另一种是信息流,信息流对实物流起着控制作用。实现这种控制作用的方式也有两种:一种是信息流的指挥作用,在生产过程中,实物流是按照信息所规定的路线、任务、时间以及各项标准的要求而流动的,例如机械的使用、维护、进厂检修就是按照事先编制好的生产计划、保修计划和规程等而运动的;二是信息流的反馈作用,所谓反馈,就是信息向反方向输送,这样就可以对企业的计划目标、各种标准和实际情况进行对比,如有偏差可及时调整和改正,信息的这种控制作用可以有效地保证计划目标的实现。

(3)信息是保证企业各个方面有秩序活动的组织手段。企业是一个大系统,它又可分为若干个子系统,每一个子系统中又可分为若干个部门或岗位。这些系统、部门、岗位之间是有联系的,是互相制约、互相作用的,要使它们之间有机地联系起来并协调地进行活动,就要依据信息把它们组织起来,处理好它们之间的关系,使它们按照规定的要求有规律地运动。信息就是这种有秩序活动的组织手段。

2)统计的性质和要求

施工企业的机械管理就是施工企业管理的一个子系统,以机械管理所涉及的问题为范围,进行必要的信息选择、收集、加工、分析、反馈,以便考察、研究、分析、提高机械管理工作,这是施工企业机械统计工作的性质与要求。

施工机械在管、用、养、修各方面的情况,必须依靠统计工作,用统计数字的变化反映机械变化的情况,它是机务工作中掌握情况、分析问题、制订计划、考核指标和定额等一切工作的主要依据,它对施工机械进行科学管理、充分发挥机械效率、促进施工机械化都具有重要意义。

3)统计分析的任务要求

统计分析的基本任务如下:

(1)统计企业拥有机械的数量、能力及其变动情况,反映企业的技术装备程度,为组织生产和提高机械配套水平提供依据。

(2)统计机械的使用情况,反映机械的利用程度,为分析研究机械的潜力、充分发挥每台机械的效能提供依据。

(3)统计机械的完好情况,反映机械的技术等级,为分析研究改善机械的技术状况、提高完好率,以及考核机务管理的成效提供依据。

(4)统计机械设备的运转、消耗记录、整理并积累使用中各项数据,为编制机械设备维修计划、考核各项技术经济定额、实行经济核算和奖励制度提供依据。

(5)统计机械设备的维修情况及其效果,为考核维修计划完成情况和维修单位各项定额指标完成情况提供依据。

机械统计分析的主要任务是将统计中反映出来的各项技术经济指标完成情况与历史同类设备进行横向、纵向对比，全面检查各项指标的执行情况，研究和分析机械设备在经营活动中的成绩和薄弱环节，摸清客观规律，揭露矛盾，找出差距，提出解决问题的办法，以指导和改进设备管理工作。

2. 施工机械统计分析内容及方法

1) 机械统计分析的内容

(1) 根据单项指标的变化分析设备运行管理中存在的问题。

(2) 根据运行台时(里程)、工作率、利用率分析设备的使用情况。

(3) 根据完好率、单位能耗、单位维修费、技术考核指标的变化分析设备的技术状况。

2) 机械统计分析的基本方法

统计分析的基本方法是对比分析法，一般通过研究对比多个统计指标的变化规律，对比分析找出非正常规律的现象或问题，进而寻求解决问题的方法或改进措施。可通过其单位的历史资料纵向对比及同行业的横向对比，找出差距及其单位的不合理因素，挖掘潜力，改进工作。

对比分析方法的具体运用一般有几种形式：

(1) 统计指标本身的对比。凡是以百分比的形式表示的统计指标，如机械完好率、利用率等，本身就是具有对比的具体属性，在一定意义上已经可以直接反映出某种问题。

(2) 同一指标的前后对比。把同一统计指标在不同时期的统计结果相互对比，可以反映出发展变化的情况或趋势，并可从中得出某种结论。如后期与前期的对比(今年与去年的对比，本月与上月的对比等)，现在与历史最高水平的对比，后一种对比往往切中要害，更具说服力与指导性。

(3) 与某一客观标准相对比。这也是一种常用的方法，这个客观标准可以是国家的规定或上级下达的指标，也可以是其他部门或国外同类参考性能指标。通过对比分析，找出差距，作为改进工作的目标。总结自己取得优势的原因，为保持并扩大优势指明方向。

(4) 不同类统计指标之间变化规律的对比。通过对不同类指标之间的内在联系及相互间互为影响的变化规律，找出彼此的影响因素，以便更深层次揭示管理或使用中存在的问题或矛盾。

3. 施工机械统计分析的计算方法

1) 各项统计及计算方法

(1) 施工机械数量、能力统计。

机械设备的数量和能力是机械设备统计的基本数据，是计算和分析施工企业机械装备程度及完好利用程度的基础。

① 机械设备实有台数。它是表示机械设备实物数量的主要依据，是统计施工企业在报告期内(通常指期末最后一天)列为国家固定资产的在册机械台数。

$$期末实有机械数 = 期初实有机械数 + 本期增加数 - 本期减少数$$

实有机械台数按技术状况可以分为完好、在修、待修、待报废等。

② 机械设备实有能力。反映施工企业(通常是期末)所拥有的各类机械设备能力的总水平。它是指各种机械设备能够承担工程量的能力。

机械设备能力一般是根据机械工作装置的容量或动力部分的功率来计算的。

某类机械设备能力 = 每种机械设备平均台数 × 该种机械设备单台设计能力

$$机械设备平均台数 = \frac{报告期每日拥有的机械设备实有台数之和}{报告期日历日数}$$

③机械设备的总功率。它是报告期末最后一天机械设备的总功率,可以间接反映施工企业机械设备的装备程度。

机械设备总功率是按标定能力或额定能力计算的,单位是 kW(1kW 按 1.36 马力计算),但不计算变压器、锅炉的能力。

④机械设备的总价值。指本单位自有的全部筑路机械设备的总价值。为了计算方便,一般采用报告期末最后一天机械设备的总价值。

机械设备的价值按原值和净值计算。原值反映机械的重置价值。净值是反映全部机械设备实际的价值,从某种意义上说,它可以反映机械的新旧程度。现行制度规定采用净值来计算机械设备的技术装备率,因为它比较符合实际。

(2)机械设备装备程度统计。

在机务统计中,技术和动力装备率是反映施工企业技术装备程度的指标,而装备生产率是反映企业装备净值与产值的比值,是考核施工企业占有机械设备在施工生产中创造产值大小的指标。

①技术装备率。

$$全员或工人技术装备率(万元/人) = \frac{报告期末自有机械设备净值}{报告期末全员或工人人数}$$

从上式看出,技术装备率是指每人所分摊的机械设备价值的多少,用来说明技术装备程度的高低。也可以用以下公式计算:

$$全员或工人技术装备率(万元/人) = \frac{报告期末自有机械设备总台数}{报告期末全部职工数}$$

$$全员或工人技术装备率(万元/km) = \frac{报告期末自有机械设备净值}{报告期末养护里程}$$

②动力装备率。

$$动力装备率(kW/人) = \frac{报告期末自有机械设备动力数}{报告期末全员或工人人数}$$

从上式看出,动力装备率是指每个人所分摊的机械设备动力数多少,来说明装备程度的高低。也可以用下式计算:

$$动力装备率(kW/km) = \frac{报告期末自有机械设备动力数}{报告期末养护里程}$$

(3)机械设备完好情况统计。

机械完好率是反映机械完好状况的主要目标。它可以按机械设备台数计算,也可按机械台日数计算。

①机械数量完好率。

$$机械数量完好率 = \frac{报告期末完好机械台数}{报告期末实有机械台数} \times 100\%$$

②机械台日完好率。

$$机械台日完好率 = \frac{报告期制度台日数内完好台日数 + 节假日加班台日数}{报告期制度台日数 + 节假日加班台日数} \times 100\%$$

日历台日数,是指报告期内全部机械台数(不管机械的技术、工作状况如何)乘以日历日数之积。

节假日台日数,是指报告期内全部机械台数(不管机械的技术、工作状况如何)乘以国家规定的节假日数之积。

制度台日数,是指报告期内全部机械台数(不管机械的技术、工作状况如何)乘以制度日数(日历日数减节假日数)之积,或用日历台日数减节假日台日数求得。

完好台日数,是指报告期内日历(或制度)台日数内处于完好状况下的机械台日数。包括修理不满一日的机械,不包括在修一日以上、待修、送修在途的机械。

(4)机械设备利用情况统计。

机械利用率指标用来反映和考核企业机械设备的实有利用情况,也是企业的主要技术经济指标之一。

①机械台日利用率。

$$机械台日利用率 = \frac{报告期内制度台日是实作台日数}{报告期内制度台日数} \times 100\%$$

实作台日数,不论该机械在一日内实际运行参加生产时间长短,均称为一个实作台日。机械台日利用率可理解为机械的出勤率。

②机械台时利用率。

$$机械台时利用率 = \frac{报告期实作台时数 + 节假日加班台时数}{报告期制度台时数 - 节假日加班台时数} \times 100\%$$

(5)机械设备效率统计。

①机械效率。

机械效率是指机械设备额定能力与完成产量的比值。它反映企业机械设备的工作效率,也就是实际干了多少活,这是机械设备各项指标中的一个主要目标。

$$机械效率 = \frac{报告期内机械实际完成总产量}{报告期内机械平均总能力}$$

对不能按能力和产量计算效率的机械,可按台班计算。即:

$$机械效率 = \frac{报告期内机械实作台班数}{报告期内机械平均总台数}(台班/台)$$

②机械完成产量定额率。

$$机械完成产量定额率 = \frac{报告期内某种机械平均台班实际产量}{某种机械台班定额产量} \times 100\%$$

③装备生产率。

装备生产率是指施工企业机械设备的净值与机械年度完成总工作量之比,也就是企业占有机械设备净值一元能完成机械年度工作量若干元,反映企业的机械设备投资在施工生产中创造价值的大小。

$$装备生产率(元/元) = \frac{机械年度完成的总工作量}{机械设备的净值}$$

装备收入率(或利润率)是每元机械装备每年创造的收入(或利润),能更准确地反映机械的经济效益。

$$装备收入率(或利润率,元/元) = \frac{年机械收入(或利润)}{机械装备净值}$$

$$机械化程度 = \frac{利用机械完成的实物工程量(或工作量)}{全部工程量(或工作量)}$$

$$综合机械化程度 = \frac{\sum 各项工程利用机械完成的实物工程量 \times 各该项工程定额工日系数}{\sum 各项工程已全部完成的实物工程量 \times 各该项工程的定额工日系数} \times 100\%$$

2)机务统计的基础工作

机械设备统计的基础工作包括原始记录、统计台账、统计报表。

(1)原始记录。

为了全面完成和超额完成各项技术经济定额和指标,必须加强对原始记录的统计与管理。原始记录的填写要求准确、及时、完整。原始记录是机务管理的工作基础,是用经济手段管理机械设备的依据,是统计质量的决定因素,是开展劳动竞赛的依据,在施工机械管理中有着重要的作用。

原始记录包括以下几个方面:

①属于机械设备固定资产的原始记录。固定资产验收单(表4-17)、固定资产调拨单(表4-18)、固定资产交接单(表4-19)、机械设备报废申请单(表4-20)。

固定资产验收单 表4-17

供货单位:_____								字第　　号	
合　　同:_____			购进或拨入: 年 月 日					合同号	
名称				形状特征			编号		
规格型号				新旧程度		%	存放地点		
产地厂牌			出厂日期		设计使用年限		基本折旧率		
单位	数量	单　价	原　价	已 提 折 旧	运 杂 费	总　价	原始单据
		百十万千百十元角分	千百十万千百十元角分	百十万千百十元角分	万千百十元角分	千百十万千百十元角分	
附注	附件:						
				申请款或托收　号 ¥:_____			

固定资产调拨单　　　　　　　　　　　　　　　表 4-18

拨入单位：					年　月　日					（　）固调字第　号		
供货单位：										（　）固验字第　号		
名　称	规　格			单位	数量	原值	折旧	净值	出厂日期	新旧程度	编　号	备　注
	型号	功率	吨位	容量								
合计金额(大写)												

固定资产交接单　　　　　　　　　　　　　　　表 4-19

调动依据：			交接日期　　年　月　日			
统一编号	设备名称	生产厂家	规格型号	出厂日期	出厂编号	主机厂型
交接情况：						
项目 技术状况	发动机部分	机身部分	底盘部分	工作装置部分	仪表、电路部分	附件及随机工具
接机单位：	接机负责人：	接机经手人：	交机单位：	交机负责人：	交机经手人：	备注：

机械设备报废申请表　　　　　　　　　　　　　表 4-20

填报单位：　　　　　　　　　　　　　　　　　年　月　日

设备名称		统一编号		型号规格	
出厂年月		已使用年限		设备原值	
已提折旧		设备净值		存放地点	
设备现状及报废原因					
鉴定小组鉴定意见					
二级机构审批意见					
一级机构审批意见					
备注					

②属于机械设备使用的原始记录。机械设备运转及交接班记录(表 4-21)、工程施工日报表(表 4-22)。

机械设备运转及交接班记录 表 4-21

年　　月　　日

作业层名称：					
单位工程名称：			分项工程名称：		
日期		运转时间		当班司机	
工作内容					
机械状况			日常维护内容		
交接时机械状况					

工程施工日报表（机械） 表 4-22

项目名称：　　　　　编号：　　　　　机械名称型号：

设备名称	单　位	工作地点、桩号	工作内容	工作量(大写)

③属于机械设备维修的原始记录。维护修理记录、大修记录鉴定单、维护修理任务单、修竣验收单。

(2)统计台账。

统计台账是大量分散的原始记录的汇总,是编制报表及核算工作的综合性登记表,主要有以下几种:

①机械设备明细台账(表4-4)。

②机械设备登记卡片。

③机械设备运转台账。

④机械设备(工具)维修、维护记录台账(表4-23)。

机械设备(工具)维修、维护记录台账 表 4-23

维修维护部门：　　　　　　　　　　编号：

序号	设备名称	设备编号	规格型号	单位	数量	维修日期(领料单日期)	修竣日期	确认人	签收人	机械设备报修、维修维护记录单编号
填写人：			维修维护部门负责人：							

(3)统计报表。

统计报表是机务统计中反映情况、积累资料的重要方法,主要报表有:

①机械设备车辆使用情况报表(表4-24、表4-25)。

②主要施工机械设备实有、完好情况表(年报)。

③技术装备情况汇总表(年报)(表4-26)。

机械设备综合月报表　　　　　　　　　　　表 4-24

填报单位：　　　　　　　　　年　月　日　　　　　共　页　　　第　页

设备名称	规格型号	制度台日	完好台日	工作台日	完好率(%)	利用率(%)	核算情况(盈、亏)(元)	使用地点	备注

单机(车)核算表　　　　　　　　　　　　　表 4-25

填报单位：　　　　　　　　　年　月　日　　　　　共　页　　　第　页

统一编号	设备名称	收入		支			出				总计超(-)节(+)(元)	备注
		收入金额	不变费用(元)		燃料消耗		维修费(元)	维护费用(元)	人工费用(元)	其他支出(元)	支出合计(元)		
			折旧费	大修费	数量(kg)	金额(元)							

二〇＿＿年技术装备情况汇总表　　　　　　　表 4-26

单位名称	设备实有数量	所有设备价值(万元)		所有设备功率(kW)		职工实有人数		技术装备率(按净值)元/人		动力装备率(kW/人)	
		原值	净值	总功率	施工机械功率	全部职工	其中工人	全部职工	其中工人	全部职工	其中工人

④机械设备保修计划表。

⑤机械设备保修完成情况表。

⑥机械事故表(月报)。

3)机务统计分析

通过机务统计,收集和整理企业有关机械设备经营活动的一切详细资料,这只是统计工作的第一步,更重要的是通过这些数字资料来说明企业机械设备经营活动的基本情况及其发展变化的规律性,作为指导机务工作的依据,为此就要进行统计分析。

机务统计分析的任务,主要是将统计中反映出来的各项技术经济指标的完成数与计划数进行比较,全面检查各项计划的执行情况,研究和分析机械设备在一切活动中的成绩和薄弱环节,摸清客观规律,揭露矛盾,找出差距,提出解决问题的办法,据以指导和改进企业工作。

机务分析的内容有：

(1)根据工作时间、完成产量——分析利用率、效率；
(2)根据使用情况——分析机械化程度；
(3)根据完好情况——分析不完好的因素的比例和原因；
(4)根据装备情况——分析机械设备技术状况变化情况；
(5)根据维修完成情况——分析机修单位生产能力和停修期、质量、费用等；
(6)根据机械事故情况——分析产生事故的原因；
(7)根据机械使用情况——分析各种油料、材料消耗情况和装备构成；
(8)根据机械完成指标好坏——分析操作人员政治思想和技术能力的情况。

统计分析工作又可分为综合分析和专题分析。

综合分析：是对统计资料全面的分析研究，用以说明机械设备经营活动的基本情况、发展趋势及规律性。如全面分析机械完好率、利用率、效率的完成情况，可研究挖掘机械潜力。这种分析的内容涉及范围宽、指标广、因素多，一般隔一定时期进行一次。

专题分析：主要对某项专门问题进行集中而深入地分析。如可以把机务管理中存在的某个关键问题（如机械事故增多、修理质量下降等）、典型事例（先进事物、薄弱环节）或中心工作等作为分析内容。这种分析的内容涉及面较窄，指标较少，它的特点是灵活多样、一事一议、简便易行，可根据需要经常进行。

四、经济核算

机械设备的经济核算是一个单位管好、用好机械设备的有效措施。通过对机械设备的经济核算，不仅可以反映出一个单位设备管理的经营水平和经济效益，而且可以从中找出管理工作中的薄弱环节，采取相应的改进措施，以加强机械的管理工作。

机械设备经济核算与经济活动分析相适应，采取收支对比、前期和后期对比的分析方法，找出节约或超支的原因，适时地采取相应的措施，改进公司的管理水平，并借以评定公司、班组、单机的工作，研究各种因素对工作的影响程序。

实行绩效经济核算，必须具备的基本条件有：
(1)要有一套必要的、科学的机械经济技术定额标准。
(2)要有正确的计量保证。
(3)要有完整、可靠的原始记录。
(4)要建立经济责任制。
(5)根据需要配备相应的专职、兼职核算人员。

任务五　运用机械设备检查与评价方法

一、机械设备检查

1. 机械设备检查的分类

机械设备检查分日常检查、定期检查和年度检查。检查时需要投入一定的人力和时间，并成立检查组。

1) 日常检查

日常检查一般在施工季节按月进行,主要把握机械的运行性状态。通过听、看、查、问、试的形式,对操作和保修人员平时的维护和小修工作进行监督,促使驾驶员自觉地贯彻执行维护制度,合理地使用机械,保证施工不受影响。

2）年度检查

年度检查指需要每年进行一次的,自上而下逐级开展的全面性检查和评比活动,通常在年中或年末进行。它是积累机械技术状况动态数据和经营绩效资料的重要工作,通过检查不仅要发现问题,及时纠正问题,更重要的是要达到交流经验,表彰先进,从而达到提高机械设备管理水平的目的。

3）定期检验

定期检验是一种按规定周期(一般每隔1~4年)在非施工期机械保修工作完成以后分期分批进行的机械检验和操作人员审验工作。其目的是使机械设备在下一个施工期开始之前,能够具有良好的技术状况,提高机械设备完好率,保持与提高机械操作人员的技术素质。定期检验一般要综合或结合机械的技术等级评定、考核评比和操作人员的定期审验工作进行。

定期检验合格的机械,其技术状况原则上应达到二级以上(含二级)水平。定期审验合格的操作人员,应该经过培训并且通过考核。对定检合格的机械和定审合格的操作人员,由机械管理部门在机械运行证和机械操作证上分别加盖定期检、审验合格章。

2. 机械设备检查的主要内容

(1)检查基层单位机械管理工作总的面貌,机械队伍职工思想教育情况。

(2)检查各级机管机构、人员配备、规章制度的建立与执行情况。

(3)检查主要机械设备的使用、维护、修理情况以及三率指标的完成情况。

(4)检查技术档案以及其他技术资料的管理和使用情况。

(5)检查经济核算建立、推广及实际效果。

(6)检查机械人员技术培训、技术考核及操作证制度的贯彻执行情况。

(7)检查养修计划的执行、维护修理质量、修旧利废和配件管理情况。

(8)检查机械设备的挖潜、革新、改造情况。

(9)检查"红旗"设备评比的效果。

(10)检查节约能源的措施、办法和效果。

二、机械设备评比

开展"红旗"设备评比活动,是发动群众管好、用好机械设备,提高机械完好率的一条很好的途径。通过评比可以充分调动广大职工参加机械管理的积极性,增强对机械设备使用、维护和修理的责任心,从而延长机械使用寿命,减少事故,充分发挥机械效能,提高经济效益,并保证公路建养工作的顺利完成。

1."红旗"设备参评条件

(1)年度使用时间达到机械年度工作台班定额80%以上的设备,完成任务好,做到优质、高产、安全、低耗。

(2)技术状况好,年度检查和定期检验评定为一级设备。

(3)实行定机、定人、定岗位责任的大中型筑养路机械设备。
(4)建立明确的经济责任制,实行单机或班组核算考核的机械。
(5)能认真贯彻执行机械操作规程、维护修理规程。
(6)机械履历书、台账、卡片、技术资料齐全,能按时认真填写记录,并进行考核。
(7)本年度无安全事故发生。

不具备参加"红旗"设备评比的设备有:一年内封存或停用六个月以上的设备;发生过机械事故,且时间未满一年的设备。

2."红旗"设备评比标准

"红旗"设备评比采用百分制记分方法,以各分项评分累加的方式积分。评分项目分为4类:完成任务、技术状况、使用维护、安全,每项又分若干个细目。每月评一次,每个评选周期内均分在90分以上的机械设备,可评为"红旗"设备。具体评比标准见表4-27。

"红旗"设备月检记录　　　　　　　　　　　　　　　表4-27

设备名称		主司机或机长		工作台时	
型　号		机上人员		合计得分	
自编号				评委签名	
项　目	检查内容	应得分(分)	扣分内容	扣分(分)	实得分(分)
完成任务 (15分)	是否完成产值、无亏损	4			
	燃油消耗 (与定额比较)	4			
	维修费用控制	3			
	服务质量 (与工程人员的配合)	3			
技术状况 (50分)	发动机	15			
	传动系	6			
	行走系	6			
	转向系	5			
	制动系	8			
	其他装置是否齐全	10			
使用维护 (20分)	是否定人、定机、定岗位责任	3			
	是否遵守操作规程作业	5			
	报表是否填写齐全、准确,按时上交	3			
	例保工作是否经常化	6			
	机械外表、操作室卫生状况	3			

续上表

安全 （15分）	有无上岗证件、 安检合格证	10				
	有无机械责任事故、 人身事故	3				
	能否按时参加技术、 安全培训	2				

被授予"爱机标兵"、"先进生产者"等荣誉称号的操作人员，必须从"红旗"设备的操作人员中评比产生。被评为"红旗"设备的操作人员或机组人员应给予年度奖励；对连续三年获得"红旗"设备的操作人员，应评为"优秀设备操作能手"，并发给证书。同时，应授予"红旗"设备标牌和证书，并存入技术档案。

三、机械技术状况分级的评分方法

综合机械各总成的外观状况、磨损程度和磨损对性能的影响程度3个方面的因素，以累加评分的方法对各总成的技术状况作出等级评定，具体方法见表4-28。

评定总成技术状况分级的累加评分法　　　　　　　　表4-28

技术状况评定因素及其标准			评定结构的综合					
外观状况及其分值	外观状况				好		中	差
	分值				0		1	2
磨损程度及其分值	轻	1			0		1	2
	中	2			1		2	3
	重	3			2		3	4
合并以上两项评定结构的分值			0	1	2		3	4
磨损对性能的影响程度及其分值	小	1			0	1	2	3
	中	2		0	1	2	3	4
	大	3		1	2	3	4	5
合并以上三项评点结构的分值			0	1	2	3	4	5
总成技术状况的定性描述			完好	良好	一般	可以	不良	停机
分级				一级	二级	三级	四级	

整机技术状况的等级分为一级、二级、三级和四级。各级的评定应采用加权综合的评定方法，见表4-29。表中的加权系数可根据企业的具体情况，采用专家评估的方法确定。

四、机械设备技术等级评定标准

1. 机械设备外观

装置是否齐全、外部和隐蔽处是否清洁、有无油漆脱落、有无锈蚀、有无油气液渗漏、紧固件情况和随机运行记录是否齐全等。评定标准按程度分好、中、差三级。

2. 磨损程度

各部分配合间隙情况，如连接部位有无松旷，发动机有无烧机油和窜油现象，液压马达和液压缸有无爬行、停滞和明显的冲动现象;有无敲击、冲击等杂音、噪声,其程度如何;各部分温度、压力情况,有无过热、油压和气压过高或过低现象等。按程度分轻、中、重三级。

评定整机技术状况分级的加权综合评定法　　　　　　表4-29

序号	总称名称	加权系数 W_1	机械技术状况评定方法
1	发动机	25	①加权综合评定法采用下列算式: $M_P = 100 - \sum P_i W_i / 5$ 式中:P_i——按表4-26方法对各总成的评定分值(0~5分); W_i——各总成权数,$\sum W_i = 100$; M_P——整机技术状况评定分值(0~100分)。 ②技术状况分级采用下列界限: $M_P \geq 90$ 一级 $90 > M_P > 75$ 二级 $75 > M_P > 60$ 三级 $M_P < 60$ 四级
2	传动系	20	
3	行驶系	5	
4	转向系	5	
5	制动系	5	
6	操控系统	20	
7	工作装置	5	
8	电气设备	10	
9	驾驶室等	5	

3. 磨损对技术性能影响程度

按程度分小、中、大三级。影响程度小,属于机械性能应基本达到设计要求,减载、降低能力均不超过5%,操控系统可靠、灵敏;影响程度中等,属于技术性能降低在10%以内,操控系统大部分可靠、灵敏;影响程度大,属于性能基本达到降低在10%以内的要求,但操控系统大部分不可靠、不灵敏。

应该说明的是,四级设备有时也指失修设备,即设备失去正常生产能力而没有及时修理恢复的设备。主要有以下几种:

(1)纳入年度大修计划,因故不能按计划检修的机械。

(2)虽未到大修周期,但发现设备有重大缺陷和隐患,如果带病工作,不能安全运行的机械。

(3)发生重大机械事故,机械已遭到严重损坏,不能及时修复的机械。

五、机械技术状况评定的内容

1. 发动机部分

发动机动力性能良好,运转平稳,无异响,能正常起动、熄火;发动机的安装牢固可靠,连接部分无松动、脱落、损坏。点火系、燃料系、润滑系、冷却系的机件齐全,性能良好,安装牢固;线路、管路无漏电、漏水、漏油、漏气现象。

2. 传动系

离合器分离彻底,接合平稳,不打滑,无异响,符合技术要求;变速器、变速杆位置适当,自锁、互锁可靠,变速器、分离器不缺油、不漏油、无异响,变速器的油温符合原厂规定;万向节、传动轴、中间支承、传动链条运转平稳、螺栓齐全,装配角度正确,润滑良好,行驶中不抖动、无异响;主传动器、差速器、差速锁装置工作正常、不松动、无异响,半轴螺钉齐全、紧固,驱动桥不漏油。液力和液压传动机构中的液力变矩器、液压油泵和液压马达应工作正常、无异响、无过热及渗漏现象,具体标准参照液压及其控制系统部分。

3. 行驶系

机(车)架无变形、开裂或锈蚀现象,螺母、螺栓、铆钉无短缺、松动、锈蚀;钢板弹簧片整齐,卡子齐全,螺栓牢固,与转向桥、驱动桥和机(车)架的连接紧固;减振器性能良好,前后桥无变形、裂纹,轮胎符合安全技术规定;履带及各部的连接部位应牢固,运转正常,履带连接部位的销卡应齐全,传动轴、轮、链节磨损不超限,各部结构件应完整、无变形、工作灵敏可靠。

4. 转向系

转向装置安装牢固,转向轻便灵活,行驶时无轻飘、摆振、抖动、阻滞及跑偏现象,转向机构无缺油、漏油现象,固定托架必须牢固,转向垂臂、横直拉杆等转向零件不得拼凑焊接,无裂纹、变形;球形节、转向主销、衬套配合松紧适度,润滑良好,液压转向助力器的工作油压符合原厂规定值,且系统无漏油现象,工作状态良好可靠。

5. 制动系

制动装置必须机件齐全,安装牢固,工作可靠、平稳,不漏油、漏气,踏板自由行程、制动力、制动距离、制动跑偏等应符合要求;制动控制阀性能可靠、反应灵敏;制动液充足,气压正常,驻车制动锁止装置灵敏可靠。

6. 液压及其控制系统

液压系统要保持清洁,管路及管接头畅通、无松动,密封良好,无堵塞及渗漏现象,与其他机件不磨碰;液压油黏度适当,且需定期更换,液压油应经常保持至标准油位;在额定工作压力下,液压油泵、液压马达应工作正常、无异响、无过热及渗漏现象;液压分配器,如:液压电磁阀、系统调节阀、分配阀等应配合良好,工作可靠,反应灵敏,无泄漏;安全阀动作应灵敏可靠,调整元件齐全有效;各操作手柄(杆)无变形,轻便灵活,工作可靠;系统中的工作部件在额定速度范围内不应有爬行、停滞和明显的冲动,符合产品出厂规定;升降、倾斜油缸应密封良好,无裂纹和泄漏现象,油缸应达到额定的工作压力和动作时间,倾斜油缸应灵活可靠,升降油缸应能平稳地升降。

7. 工作及附属装置

各类专用机械的工作装置(叉、铲、斗、吊钩、滚筒、轮链、轴、销等)及结构件(门架、护顶架、臂架、支承台架等)应完整、无变形,连接配合良好,工作灵敏可靠;附属装置应齐全、完整、工作可靠、性能良好;引进或国产自动和半自动控制设备,其自控元件、仪表等工作可靠,符合出厂要求。

8. 灯光电路部分

蓄电池安装牢固,电解液密度和液面高度符合要求;发电机安装牢固,各机件运转正常灵活;照明灯、信号灯、报警灯、顶灯、尾灯、制动灯、仪表灯、门灯等应齐全,工作应正常可靠,开关启闭自如;喇叭工作可靠,音量符合有关规定;所有电器导线均须捆扎成束,布置整齐,接头牢固并有绝缘封套;各种仪表、报警指示器等自动化装置性能可靠,指示数值准确无误。

9. 驾驶室和机身部分

驾驶室内通风、保暖、风窗玻璃、除霜、遮阳等设施完整,工作可靠。驾驶室和车身应周正,蒙皮平整,漆面整洁,喷字清晰、颜色防掉,不锈污;门锁、风窗玻璃和后视镜安装齐全,位置角度适宜;蓄电池箱、燃油箱、液压油箱托架无严重腐蚀、变形,且安装牢固。

任务六 市政、高速公路养护机械设备的管理

一、市政、高速公路养护机械的选型

市政、公路养护部门机械设备,除了一些自制设备外,主要来源便是购置与调拨。选型是机械管理中最初的工作。设备的可靠性、高效性很大程度反映于设计制造初始阶段的工作质量,因而选型的恰当与否,直接影响到今后的机械使用与管理。养护机械应依据工况、作用、可行、系列化、对比优选、群体决策、管理制度配套等原则,按日常养护机械、面层养护机械、材料储供和装载运输机械几个类型配备,把重点放在日常预防性养护、路面病害处治和压实的机械化上,提高路面维修养护的质量和效益,使材料运输、混合料搅拌、路基路面压实、路面挖补和摊铺等主要工序首先实现机械化。同时,逐步提高路面清扫、路肩清理、公路绿化和抢险救护的机械化水平。

1. 选型前应做好的工作

(1)收集机型资料。对收集的资料进行比较,选择功能、质量和价格达到相对最优的机械。

(2)研究工作特点。所选机型必须适用,或能与某一特定的公路养护项目密切结合,充分发挥机械效能。防止对养护作业特点了解不深,研究不透,仓促确定所购机型,以致机械设备购买后不适用,造成浪费。

(3)引进机械设备要考虑本单位的实际水平,包括使用、维修、配件供应能力、利用效率等内容。

2. 选型要考虑的因素

(1)先进性。应具备技术先进、结构合理、操作简便、耗能量低等性能。

(2)经济性。所谓经济性,一是指购价低廉,特别是选购国外产品,更要多方了解比较;二是指机械设备本身应具备结构紧凑、质量轻、体积小、能降低安装使用方面费用。

(3)可靠性。是指精度、准确度的保持性,零件的耐用、安全可靠性等。

(4)环保性。超过国家规定的噪声和排污标准的,不能购买。

(5)维修维护费用低,维修维护费用占机械使用费支出的比重较大。为节约维修费用,要选购结构简单,零件组合合理,维修时零部件易于采购,通用化、系列化、标准化程度高,零件互换性强的产品。

(6)灵活性。要能适应不同的工作条件和环境,操作灵活,能适应多种作业需要。

(7)配套适用性。一是机械设备本身的配套,二是机械设备的组合作业配套。在辽宁的高速公路,机械化养护工作开展很快,目前基本实现了公路养护机械化,尤其是日常养护小型设备的投入,例如清扫车、车载式剪草机、绿篱机、护栏抢修车等设备的引进,减少了职工的劳动强度,达到了安全、快捷、高效、经济的目的。在高速公路养护实现机械化后,减少了养护工上路作业人数,增加了安全系数,提高了养护工作的效率,并且为公路养护市场化工作的推进打下了良好的基础。

二、市政、高速公路养护机械使用特点

(1)市政、高速公路养护作业内容繁杂琐碎,养护机械种类、型号相应增多,且以中小型机具为主。有相当部分的机具国家没有定型产品,产品的通用化、标准化、系列化程度不高,零配件供应不足,严重影响了养护机械完好率、使用率的提高。

(2)高速公路养护作业线长、点多、面广、量大。大部分养护机械分散在相对独立的养护工区,距离较远,各种运行记录收集不及时、准确,给管理工作带来很大困难。

(3)养护机械的工作条件恶劣。

①养护机械露天作业,日晒、雨淋、风吹、雪打、高湿高热、低温冰冻、尘土飞扬,多工作于条件较差的场所,待管养路段情况复杂多变,使机械的零部件易产生早期的损坏。

②受工作地点限制,机械设备失修失保。有时为了抢工期,拼设备的情况还是相当普遍,这不仅影响设备的完好率,还大大降低了设备的使用寿命。

③养护机械应急任务多,利用率低。

④使用天数少,高速公路养护受季节和天气的影响,造成机械设备忙闲不均,在施工季节、除雪防滑、防汛抢险时要确保公路安全畅通,设备都是超负荷运转,工期过去,设备大多闲置不用。

⑤部分机械工作效率低。养护中作业车辆单程放空车、养护机械大多数时间消耗在往返于驻地和作业点之间的路上,实际有效工作时间短。比如一台载质量为10t的水车,在浇灌路中央隔离绿化带时,一车水,基本能浇200m左右,耗时15min左右,其余的时间就是消耗在往返于作业点和取水点。

三、市政、高速公路养护机械的管理

市政、公路机械设备是安全、优质、高效、低消耗地完成生产任务的劳动手段,对工作质量、效率起决定性作用,但再先进的设备也要有人去使用、管理。因此先进的机械管理能发挥机械的作用,而落后的管理则不能发挥机械应有的作用,有时甚至阻碍效益的提高。机械化养护是一个复杂的系统工程,因此,现代化的机械设备,必须有先进的科学管理才能发挥其威力,否则再先进的设备也可能成为包袱或者废铁。

1. 积极推进养护机械设备动态管理

高速公路养护工作具有点多、线长、面广的行业特点,工作流动分散,生产单位繁杂,养护机械设备必须适应高速公路养护作业要求安全、高效、及时、季节性、作业点分散不定等特点,在机械使用及维护维修中须根据季节变化和养护作业计划,合理安排工期并制订维修维护计划。养护机械设备经常互相调配,因流动作业而进行频繁地移位,这就给管理和核算带来了一定难度。仅仅依靠原有的静态管理习惯模式,靠单一的过账设卡,求得账、卡、物相符,已远不适应市场经济发展的需要。因此必须实行机械设备动态管理办法,强化对公路机械的管理和核算,所谓公路机械设备动态管理就是通过采取一系列技术、经济、组织措施,做到对机械的选型、购置、安装、使用、保修、改造、更新直至报废的全过程进行全面综合的跟踪管理,通过对机械的合理配置和使用,达到机械设备使用寿命最长、周期费用最经济、机械综合效能最高的目标。

2. 加强机械设备的集中管理,完善设备租赁制度

机械设备的管理,应坚持集中统一管理的原则,避免多头管理在交通安全、机械事故维修管理等工作中造成责任不清,互相推诿扯皮现象的发生。设备管理部门建立设备租赁制度并组织实施,按照优化配置动态管理原则调配设备,协调各方面的关系,实现生产养护设备的高效利用机制,提高机械设备的使用率。

3. 实行机械设备维修集中统一管理制度

加强设备维修管理。合理的维护机械设备是机械设备动态管理的重要环节,维护设备时不仅仅要着眼于设备的性能,更要考虑设备经济效能。还应选择有实践经验、责任心强的人员管理。选择信誉好、实力强的专业维修厂,对设备进行维护和维修,这样才能提高设备的完好率和利用率。

四、建立机械设备技术档案制度、加强设备基础管理

机械设备动态管理要求对每台机械设备都要建立技术档案。单机技术档案实行集中管理,分级负责,机械设备到货后,应根据合同及随机技术文件或调拨单等进行验收,分类与编号,建账立卡,建立单机技术档案。建档内容包括验收、维修、运转、消耗和改造资料等。这好比是机械的病历卡,便于维修维护人员尽快准确地对机械的整机性能和"病情"作出判断,便于施工和维修服务,这样才能掌握驾驭机械的主动权。

五、积极完善"三定"制度,加强设备使用管理

坚持定机、定人、定岗位责任的原则,坚持操作证制度,并将设备的效益与操作手的经济利益联系起来,对重点设备和多班作业的设备实行机长制和严格的交接班制度。在设备动态管理中求得机械操作手和修理队伍的相对稳定。

1. 以人为本的养护机械管理

在一定意义上可以说,管理的核心问题是对人的管理。人在管理活动中是最活跃的要素。首先在管理活动中人是管理者,同时也是被管理者;其次,管理中的计划、组织、协调、控制等过程,必须依靠人才能实现,再好的制度,没有人执行也是一纸空文。在机械化的作业中还需要具有较高技术水平和经验的人。因此,管理活动的核心是调动人的积极性。

(1)激励的原则。首先要制订激励的原则,建立明确的奖惩制度提高人员的工作积极性、创造性,让操作人员有参与管理的机会,增强主人翁责任感。

(2)管理层级对应原则。为了使养护机械管理具有最佳的稳定结构,必须建立清晰的管理层次,并尽可能使各级管理人员的责、权、利相一致,提高管理工作效率。

(3)信息管理原则。利用管理信息及决策系统,选择多种方案,进行评价。咨询的目的是充分利用专家的智慧和经验,帮助管理者决策,以使决策的风险或失误减少到最低的程度,避免资源的浪费。

2. 养护机械的效益管理

养护机械化管理的基本目的在于以最少的投入和资源消耗,获得最大的社会经济效益,高效、优质、低消耗地完成养护生产任务。所谓效益管理,即要求各项管理活动始终围绕这一根本目的。为此,在管理工作中,必须遵循下述各项原则。

（1）价值分析原则。价值分析的原则是指，必须用价值指标，即社会经济效益，作为评价养护机械化管理水平的根本指标，不能仅用完好率、利用率等指标进行评价。由于公路的社会公益性质，公路养护机械化管理的价值原则，应当是在满足公路养护作业要求的前提下，尽可能节省总的资源消耗。

（2）可行性研究的原则。在进行机械设备引进、更新及改造等重大决策之前，必须进行可行性研究，提交可行性研究报告。可行性研究的作用在于为决策提供定性和定量分析依据，降低决策风险。

（3）整体优化原则。养护机械化管理的整体优化原则是指，通过全面综合性的管理，使机械设备的品种结构和作业效益在总体上达到最优，追求整体效益。高速公路养护机械设备与管理，是全过程和全方位的综合性管理。管理部门加强养护设备生产要素的优化配置，使用管理和经济核算，可以促进机械设备与公路养护两者管理效益的共同提高，这是加强高速公路养护设备有效管理、提高经济效益的根本保证和有效途径；是高速公路大发展环境背景下，提高养护机械设备综合管理水平的有益探索。

项目五 工程机械经营与租赁管理

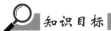

1. 解释工程机械整机经营策略、工程机械设备租赁管理、工程机械备件经营模式、机械设备技术服务的意义、工程机械租赁经营。
2. 描述工程机械经营与使用管理的意义、工程机械业务承揽促进活动的内容和意义、工程机械租赁经营的内容。
3. 识别工程机械整机经营目标市场的确定、工程机械备件经营店址选择的依据、工程机械租赁经营的类型与特点。

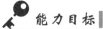

1. 初步具备进行工程机械整机、备件经营的能力。
2. 具有机械维护维修、租赁的能力。
3. 能够进行工程机械业务承揽的活动。

任务一 学习工程机械设备经营管理方法

一、工程机械设备的日常管理

（1）贯彻落实公司设备管理定期考核制度,加强自有设备管理充分利用公司设备租赁平台,加强内部闲置设备调配工作,按规定及时上报机械设备月报表,对企业内部设备进行跟踪维修、维护,确保设备的完好率,提高自有设备利用率。

①完善激励制度,实行台班费与机手(台班)补助相挂钩。在日常设备管理中,为了提高内部机械设备的使用率,公司逐步完善激励制度,实行"多劳多得、不劳不得",用经济手段提高机械设备的使用率,盘活企业内部资产,优化资源配置。

②加强机械设备的日常维修管理。机械设备的成本很大一部分取决于设备的日常维修管理,日常维修管理工作到位了,可以减少因维修机械而消耗的配件费、材料费、人工费等。所以,公司机械设备部制定了《机械设备维修维护台账》、《机械设备维修维护计划》,对机械设备进行定期的维护,确保机械设备的正常运行。

③加强机械设备配件的管理。

a.领导重视,派专人进行库存管理,建立健全完整的配件申请、批准、领用制度,严格执行以旧换新,杜绝跑冒滴漏,堵塞漏洞,加大机械配件的管理力度。

　　b.配件的合理库存、保管。积极做好机械配件的库存量的核定,积极掌握易损配件的基本价格,保证所购配件的价格在合理的范围内。配件入库后,分类进行摆放,保证库房内的空气流通、干湿度适当,做好防盗、防火、防水工作,确保配件的使用性能。

　　④加强机械设备的安全管理。坚持"安全第一、预防为主、综合治理"的方针,树立"安全就是效益"的思想观念,对特殊工种上岗前进行三级安全教育培训,加强日常班组班前班后安全教育,建立安全生产教育台账,做到持证上岗,杜绝违章作业。施工过程中,制作安全宣传标语、彩旗,规范施工现场机械设备安全操作行为,进行安全生产警示。

　　⑤加强机械设备日常燃油管理。制定机械统一燃油工票,对所有内部机械设备的单机耗油量进行控制。施工现场燃油工票实行工长、驾驶员双重签字制,这样有效地加强了机械设备燃油现场管理,杜绝了燃油的人为浪费现象,大大节省了能源消耗,降低了机械设备使用成本。

　　⑥加强机械设备操作、维修人员专业技术教育培训。随着机械设备不断更新换代,技术含量也越来越高,它要求管理者要有全新的思想。因此,施工企业要采取"请进来、集中培训"的方法,组织由设备管理、维修、操作人员共同参加的专题讲座,有重点地开展多种形式的岗位技术培训工作,及时交流和推广先进经验和维修、使用技术,以点带面,逐步提高操作人员和维修人员的专业技术素质和实际操作技能。

　　(2)结合工程实际,动态管理外租设备。

　　①加强进场机械设备的动态管理。各项目经理部工程量大,工序繁多,工程所需外租设备品种多、数量大。为此,项目部要根据工程所需设备情况,对租赁设备进行动态管理,对所属设备及外来设备做到心中有数,全面掌握开工前项目部设备的数量、动态、能力、技术状态情况,加强现场的使用管理和台班台时的确认。

　　②实行"定额"施工,最大限度地提高机械设备使用率。工程开工前,项目部结合现场施工实际情况,依据设计图纸对在建工程量进行仔细核定,然后层层分解施工任务,向各施工班组下达月、周、日施工任务书。要求每一个班组要合理组织机械、人力进行"定额"施工生产,要确保按质按量地完成当天施工任务,可大幅度提高机械设备的使用率。

　　二、工程机械设备经营管理上存在的不足

　　1.要进一步落实内部机械设备的维修维护工作

　　(1)由于机械设备维护措施还未能有效地落实,设备维修往往局限于"事后维修","预防维修"意识不够重视。所以,对设备故障及劣化现象要做到早期发觉、早期预防、早期修理,避免造成人力、物力、财力不必要的浪费。

　　(2)一定程度上还存在机械设备"维修浪费"的现象,尤其对于进口件或价值较高的零配件,进行修旧利废工作重视程度不够。维修工把换下的可以修复的零件,经过研磨、修整或更换一部分易损件后,使其恢复使用性能,这样有利于节约资金。但在日常工作中,个别维修人员为了贪图方便,对一些仍有很大修复价值的旧件不加以修复利用,任凭其主观随意地报废,更有甚者,不考虑其他设备的整体性能,采取"拆东墙补西墙"的做法,得过且过。

2. 外租设备的管理亟待加强

按小时或台班外租的设备和按方量租赁的设备,既要考虑施工现场的实际情况,又要考虑操作的可执行性。为此,对于外租设备的管理,还需进一步探索制订更加行之有效的办法。

三、工程机械设备经营管理的改进完善

内部出租与外部租赁相结合的综合管理模式,将机械设备的所有权与经营权相分离,遵循市场经济规律,实行机械管理市场化运作机制,使设备的经济效益与内、外部设备租赁的管理相联系。

1. 提高了内部机械设备的使用率

内部设备出租办法的实施,堵塞了机械设备台班管理漏洞,使以往内部设备计费方式从"干与不干,干多干少"的"大锅饭"式,逐步转变成"按工作量、工作实际时间"的"定额"式。计费方式的转变,有利于企业用经济手段遏止个别机械设备闲置不用的状况,盘活设备的利用率,减少了机械设备因闲置而老化、提前报废的情况,最大限度地节约了资源,提高了企业的经济效益。例如有的施工公司机械设备完好率达到97%,使用率达到98%,实现了机械设备管理的新突破。

2. 提高了企业机械设备的维修维护意识

实现对专业机械设备的有效管理,一切按规定办事,有据可依,有利于强化机械设备的维护和维修,杜绝重使用、轻维护、拼设备的短期行为,解决了施工部门与机械管理部门的矛盾,提高了机械管理人员的积极性、责任心,提高了对机械设备维修维护的重视程度。

3. 积极拓展外部市场,实现了设备内外收入的双赢

通过对机械设备的统一管理,调剂了施工中机械设备的配属问题。在施工高峰期,能迅速组织设备参与建设,避免了重复购置设备带来的成本提高。在施工低潮时期,积极拓展外部市场,把闲置的机械设备转租出去,增加经济收入。同时以租代养,避免出现设备不被重视而放松管理和维护的现象。

任务二 区分工程机械整机、零备件经营管理

一、工程机械整机经营

1. 工程机械整机经营的市场基础

随着社会分工不断细化,在工程机械营销市场上,大多数产品都不是由生产者直接供给用户的。在生产者和用户之间有大量具有不同名称和功能的中介机构,通过中介机构的工作,可以大大提高生产者和用户之间的交易效率和技术服务水平。中介机构按所有权的不同。可以分为3类:

(1)经销商,指在商品流通过程中,先取得商品所有权,然后再出售商品的中介机构。

(2)代理商,指在商品流通过程中,中介机构参与寻找用户,有时也代表生产者与用户谈判,但不取得商品的所有权,也无需垫付商品资金,他们的效益是按商品销售量,抽取一定比例佣金的中介机构。如销售代理商、采购代理商、经纪人等。

(3)辅助机构,指在商品流通中,不参与商品交易谈判,也不取得商品所有权,只起到辅助作用的中介机构。如配送中心、运输公司、仓库、银行、广告公司等。

2. 工程机械整机经营策略

工程机械整机经营策略是为实现经营目标,将与之相关的各种可控因素进行组合和运用,从而达到最优。

影响经营目标实现的因素是多方面的,归纳为产品、价格、地点和促销。在经营活动中,经营策略往往是产品、价格、地点和促销四种因素的综合运用。

(1)产品,指经营者为实现经营目标,通过目标市场提供给用户需求的有形和无形产品。包括品种、规格、质量、包装、商品、品牌及各种服务等因素的组合运用。

(2)价格,指经营者依据生产者提供的指导价格来实现经营目标。包括基本价格、优惠价格、付款方式等因素的组合运用。

(3)地点,指经营者合理选择销售渠道和组织产品实体流通的方式来实现经营目标。包括设置二级代理、布置销售网点及存放、运输等因素的组合运用。

(4)促销,指经营者利用各种信息传播手段,协助生产者提高产品无形资产价值,刺激购买欲望,促进产品销售来实现经营目标。包括广告、上门推销、公共关系、举办技术交流会、展览会等因素的组合运用。

3. 工程机械整机经营目标市场的确定

目标市场是经营者识别各个不同的购买群体的差异,有选择地确认一个或几个群体作为自己的目标市场,发挥自己的资源优势,满足其全部或部分需要。目标市场的确定包括市场细分、目标市场选择和市场定位。

1)市场细分

(1)市场细分的依据。

①用户的要求。不同的用户追求的目标不同,有的追求进口、名牌,有的追求质优价廉,有的追求操作维护简单等。经营者为满足用户不同的需求,应运用不同的经营组合,提供给用户满意的产品。

②用户规模。按用户需求量大小来细分市场。

③用户分布。按用户地理分布来细化市场。

(2)市场细分的步骤。

通过调查、分析和评估来确定市场细分。

2)目标市场选择模式

(1)市场集中化。经营者选择一个细分市场,集中力量为之服务。市场集中化使经营者了解该市场的需求特点,能实施针对性的产品、价格、渠道和促销策略,从而获得强有力的市场地位和良好的声誉,但同时隐含较大的经营风险。

(2)产品专业化。经营者选择几个细分市场,每一个对企业的目标和资源利用都有一定的吸引力,但各细分市场彼此之间很少或没有联系。这种模式能分散经营风险,即使某个细分市场失去了吸引力,经营者还能在其他细分市场盈利、市场专业化,集中代理或经销一种产品,并向所有顾客销售这种产品。

(3)选择专业化。经营者专门服务于某一特定用户群体,尽量满足他们的各种需求。

(4)完全市场覆盖。经营者力图用各种产品满足不同顾客群体的需求,即以所有的细分市场为目标市场。一般只有实力强大的公司才能采用这种模式。

3)目标市场定位策略

(1)填补策略,指经营者将自己定位在目标市场目前的空缺部分。该策略能避开竞争,获得进入某一市场的先机,从而建立起对自己有利的市场地位。

(2)并存策略,指经营者将自己定位在现有竞争者附近,力争与竞争者满足同一个目标市场,服务于相近的顾客群。

(3)取代策略,指将竞争对手赶出原来的位置,自己取而代之。这是一种竞争性最强的目标市场定位策略。

二、工程机械备件经营

1. 备件经营模式

工程机械备件经营的基本模式为单独店铺经营,随着经营规模的扩大,逐步发展为连锁经营、特许经营、直邮经营、电视电话经营、网络经营、广播、报纸、杂志等其他媒体的经营模式等。

(1)连锁经营模式。这种模式是经营同类商品的若干公司,以一定的形式组成一个联合体,通过公司形象的标准化、经营活动的专业化、管理活动的规范化以及管理手段的现代化,复杂的经营活动在职能分工的基础上实现相对的简单化,独立的经营活动组合成整体的规模经营,从而实现规模效益。该模式目前已成为国际上普遍采用的经营模式之一。

(2)特许经营模式。这种模式是特许人和受许人之间的契约关系,对受许人经营中的如下领域,经营诀窍和培训,特许人有义务提供或保持持续的兴趣;受许人的经营是在有特许人所有和控制下的一个共同标记、经营模式和过程之下进行的,并且受许人从自己的资源中对其业务进行投资。

(3)直邮模式。这是经营者用邮寄的方式,直接向消费者投机直邮广告或产品目录,以此宣传产品和公司,达到刺激用户用信件、电话或传真方式订购产品,或向直邮公司资讯的目的。

(4)电话电视营销模式。通过电话网络实现与客户的双向沟通的经营模式称为电话营销模式。电视不仅是传播新闻与各种信息的媒体,在产品营销中心也发挥着重要的作用,利用电视广告促进产品销售的营销模式称为电视营销模式。

(5)网络营销模式。这是指利用互联网进行产品营销的一种电子化商务活动。现在,网络营销模式不仅仅限于生产商为用户提供产品和服务,还包括生产商为用户提供产品和服务,还包括生产商与生产商、生产商与用户、产品购买、产品促销、商务洽谈、信息咨询、广告发布、市场调查、电子付款、账目结算、售前售后服务、技术协作及网上服务的全方位商业交易活动。它使经营活动的内容增加到商业、服务业和技术领域,经营活动范围扩大到全世界,经营活动时间延长到每天24h。

2. 店址的选择

在总结备件经营成功经验时,许多备件公司都认为:重要的原因之一是开店地址是否合适。

1)商圈分析

商圈是指店铺吸引用户的地理区域,是店铺的辐射范围,它是由核心商圈、次级商圈和边缘商圈构成。一般情况下,核心商圈的用户占到总用户的55%~70%,是距离店铺最近、用户密度最高的区域;次级商圈的用户占到用户总数的15%~25%,位于核心商业圈的外围,用户相对分散;边缘商圈包括了所有剩余用户,用户最分散。

商圈分析的内容包括:

(1)人口规模及特征。

(2)劳动力资源保障。

(3)供货来源。

(4)促销活动。

(5)经济发展情况。

(6)竞争情况。

(7)店铺区位的可获得性。

(8)相关法律法规。

2)店址的选择

经过商圈分析后,就可在商圈中选择区域作为店址。店址的选择一般考虑下列因素:

(1)步行交通:人员流量及类型。

(2)车辆交通:车流量及交通状况。

(3)停车设施:停车场的数量、质量,离店铺的距离,员工停车等。

(4)运输:离高速公路、城市主干道的距离,运输的有效性及搬运装卸的方便性。

(5)同类店铺的构成:数量,规模等。

(6)特定地点:可见度,店铺地形,建筑物的形状、大小、建筑年代等。

(7)开店条件:自建与租赁条件、营运和维持成本、税收、区域规划等。

(8)确定区位和地点。

任务三 选择工程机械租赁经营方式

租赁是一方当事人将自己的财物提供给对方使用、收益,对方当事人为此支付租金的业务。把自己的财产交给他人使用的一方为出租人,使用他人财产并支付报酬的一方为承租人,支付的报酬为租金。双方就这一法律关系达成的协议就是租赁合同。

以企业组织为界限,租赁划分为外部租赁和内部租赁两种形式。外部租赁也称社会租赁,一般又分为经营性租赁和融资性租赁两种类型。内部租赁是经济责任制和经济核算制在企业内部的一种表现形式,其作用是要明确机械单位与工程单位之间,部门与企业之间的责、权、利关系。

一、工程机械租赁企业管理系统

1. 工程机械产品租赁背景

近年来,随着现代企业制度的逐步建立,科学管理受到普遍重视。受到全球经济一体化的挑战,越来越多的企业领导认识到信息化建设的迫切性。我国的租赁业大部分是从小的租赁站发展来的,目前租赁业中,中小型租赁站还占相当比例。而中小型的租赁站因其设备数量有限、人员少、管理人员文化基础较差等原因,大部分业务通过手工操作,管理水平较低。管理水平的低下又反过来限制了企业的竞争力,制约了企业的发展。

强化企业内部管理是工程机械租赁企业做大、做强的关键之一。吸取现代化的管理理念,采用现代化的办公手段,实现办公自动化,是提高企业管理水平的根本途径。实施工程机械租赁办公自动化可以减轻管理人员的工作强度,及时了解设备的状况、租出状况及租费等核心信息,提高管理效率,规范管理,堵塞漏洞,提高经济效益和工作效率,全面提高企业竞争力,规避市场激烈竞争下的企业风险,在一定程度上提升了租赁企业的生存和发展空间。

通过应用计算机网络技术,可以使各部门的信息从滞后走向及时,只要租赁业务一发生就可以使相关数据进入集中的数据库中,进行实时存储和处理,使信息的获得更及时、更迅速。通过应用计算机相关技术,还可以使信息更真实、更完整,信息被软件程序加以处理,有效地防止了工作中的差错。使用计算机,还可以大大提高工作效率,节约成本,使信息处理的工作量成倍地减小。

2. 工程机械产品租赁理念

经济全球化时代,信息管理对于企业的重要性更加凸显。信息不完整,反馈不及时,都可能导致企业决策失误,各种管理的指令与策略难以有效执行,使企业逐步走向倒退甚至衰败。因此,企业迫切需要整合人力、物力、制度、流程,使企业真正融为一体,帮助企业实现财富增值。

工程机械租赁企业管理系统基于多年的调研开发经验,秉承"管理科学化,流程标准化,服务规范化"的理念,以资源、合同、财务为核心,为工程机械租赁企业提供全面、完整、实时的电子化信息,帮助企业走上信息化、正规化、国际化的道路。

3. 工程机械产品租赁特点

(1)功能丰富:包含了合同管理,租赁管理,财务管理,丰富的财务报表,各种信息一目了然。

(2)操作便捷:通过点击鼠标,即可得到丰富的报表信息。

(3)流程简单:无需专业的财务知识,经过简单的培训即可熟练使用。

(4)数据安全:采用客户端/服务器模式,数据库保存在服务器上,提高了数据安全性。

(5)安装方便:软件客户端安装过程仅需要数分钟。

(6)权限控制:采取功能级别的权限控制。

(7)数据导出:生成的报表数据,均可以导出。

4. 工程机械产品租赁管理系统

工程机械管理应用系统以工作流平台为业务处理的基础,实现计划、采购、库存、租赁、维护、检修业务流程的电子化、自动化处理,实现所有业务数据的共享和业务流程的有效监控。

系统中的业务功能以设备的生命周期为主线展开,逐级支撑扩展,形成一个阶梯层次的业务模型,从而在实现设备闭环管理的同时,达到管理、控制和优化的目标。

系统的总体结构如图5-1所示。

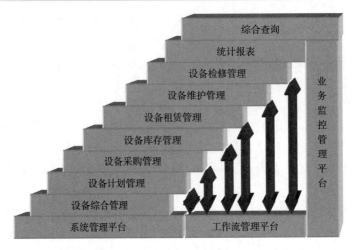

图 5-1　设备租赁管理系统功能结构图

通过系统中对于设备管理的信息处理,系统实现以每个设备的闭环的生命周期监控。设备的价值只有在使用中才能体现出来,闭环的周期管理能够使设备处于最佳的流动状态下,即能保证设备运行状态,同时使设备周转于最优的运行环节链中,如图 5-2 所示。

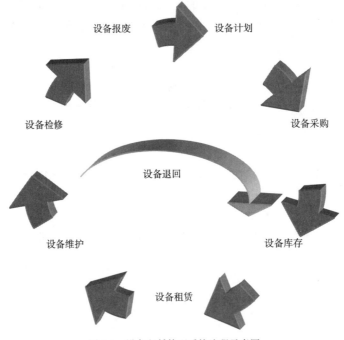

图 5-2　设备租赁管理系统流程示意图

二、经营性租赁

经营性租赁是指机械出租人与机械承租人之间就机械租赁业务订立租赁合同,由出租人向承租人出让机械的使用权,并按合同收取一定的租金,租赁期满后,由出租人收回机械的租赁形式。

经营性租赁适用于技术更新快、技术性强或利用率不高的机械设备。经营性租赁对于只在相对短期内需要一种机械的承租人是有相当吸引力的。这种租赁机械的形式适合于公路建筑施工企业采用,可减少企业固定资金占用,提高机械利用率。

经营性租赁的主要特点是:

(1)承租人承租的目的在于获得机械的使用权,机械的保修、技术指导等专门性技术服务,由出租人负责,出租人保留机械的所有权。

(2)经营性租赁的租金单价相对于融资租赁要高。因为经营性租赁的租期较短,一般不超过一年,有的甚至几天或几小时,出租人承担机械陈旧过时的风险责任较大。

(3)经营性租赁的出租人可以利用专业化、规模化和品牌化经营的优势,提高机械的利用率。出租人在购买机械时,因为数量多,也可以获得购买折扣、节省维护和修理费用,从而使租金降低的空间更大,价格定位上更具竞争力。

三、融资性租赁

1. 融资性租赁的概念与特点

融资租赁亦称作金融租赁,是指出租人购买承租人选定的技术设备或其他物资,将之作为租赁物出租给承租人,承租人按约定条件取得租赁物的长期使用权,支付租金,租赁期届满后,承租人按约定留购、续租或退还租赁物的一种租赁方式。

融资租赁是一种以融物代替融资、融物与融资密切相关的信用形式。它由出租人出资购买设备,而承租人只需交付约定租金即可享有机械设备使用权,如同出租人向承租人提供了购买所需机械设备的全部信贷。因此,融资租赁具有浓厚的金融色彩,是一种具有分期付款销售商品性质的借贷活动。

融资性租赁,一方面可以减少企业的资金占用,对于缺乏资金的企业来说,融资性租赁可以从租赁机械所获得的收益中逐年分期偿付租赁费用,不失为一项灵活的筹措长期资金的办法;另一方面,融资租入机械必须在一个较长时期中支付租金,增加了承租人的经济责任,促使企业提高租入机械的使用效益。在我国,融资性租赁业务是由国家批准的租赁公司及其他金融机构办理的,其他企业不能从事此项业务。

融资性租赁具有以下特点:

(1)涉及三方当事人——出租人、承租人和供货商。出租人与承租人之间签订租赁合同,出租人与供货商之间签订买卖合同,但选定机械则需要承租人与供货厂商洽谈。如果出租人资金不足,还需要与金融机构签订贷款合同。

(2)由于拟租赁的机械是由出租人完全按照承租人的要求和选择去融资购买的,所以出租人对机械的性能、物理性质、机械缺陷、延迟交货以及机械的维修维护等均不负责任,承租人不能以上述理由拖欠或拒付租金。

(3)出租人可在一次租期内完全收回投资并盈利。基本上出租的机械只租给一个特定的用户使用。租期一般为3~5年,有的可达10年以上。

(4)为保障出租人与承租人双方的利益,在租赁合同期内,双方均不得中途解约,只有当机械毁坏或被证明已经丧失使用效力的情况下才有可能终止合同。由于出租人已为机械垫付了资金,合同的终止以出租人的利益不受损失为前提。

(5)租赁机械的所有权与使用权相分离,在法律上所有权属出租人,在经济上使用权属承租人,承租人应当在使用期间定期维修并妥善保护其所租赁的机械。

(6)在租赁期满时,承租人一般对机械有留购、续租和退租3种选择,并有选择优先权。

融资性租赁是在现代化大生产、信用制度和投资预算技术高度发达的条件下,产生的一种最为复杂的融资和贸易方式、一种新型的信用方式和投资方式。它已成为企业进行机械更新、技术改造的重要手段。

2. 工程机械融资租赁项目策划

工程机械设备的租赁特性大都是通用设备,而且操作起来不是很难,因此人们以为只要把设备租过来用就是了,还需要什么策划?这种想法很单纯,说明对中小企业融资租赁的内涵理解的还不透彻,对其租赁的模式给企业带来的好处还了解不深。同时还说明设备制造企业的服务意识还不到位,没有把租赁纳入现代营销体系。当一个用户带着部分现金到你的营销门店时,你该怎么办?是因为他资金不足就拒之门外,还是热情地把他请来商量如何充分地利用这部分现钱满足客户的需求。既然进入你的门槛就是对你的设备有兴趣,此时他们还对几种品牌在脑海中挑选,客户购买或使用你们设备的意愿并不很强烈。这时你就要通过介绍你们的设备和服务,沟通了解客户的真实想法:是要买一台新设备,还是要买一台翻新设备,或者是买一台二手设备;对设备是要临时使用,长久使用还是阶段性使用;要立即拥有设备的物权,还是将来拥有,或者是不想拥有,也可能是犹豫不定。

这时我们就要根据客户的需求和财力来设计营销方案,这就是我们所说的策划,实际上是一种精细服务。如果客户是为现金采购而来的,可以根据财力选择购买新、翻新或二手设备,不管哪种方式都要保障设备的质量、售后服务,保证设备的维修与维护,因为这是我们服务收入的一部分。有人纯粹为了租赁而来,只要有足够的保证金,并通过信用评级,就可以把设备拉走租用,用完还回来就是了。对于我们的客户,不一定非要销售我们的设备,销售我们的服务也可以给我们带来可观的收益。

还有一部分客户是想通过分期付款的方式采购新机、二手或者是翻新的设备。对于这种方式,我们可以向客户说明,分期付款是可以的,但在全部款项没有付清之前是不可以获得设备的所有权,但这并不影响客户对设备的占有、使用和收益的权利,客户照样可以提取折旧,利息可以摊入成本。当然前提是要付一定的租赁保证金和承担个人无限连带还款责任。所有的租金都偿还完毕时,再将设备的所有权转移给客户,这就是中小企业融资租赁。

对于一个精明的客户,我们还可以问他当中小企业融资租赁期结束时,是否一定要转移租赁物件的所有权。如果客户想长期使用你们最新的设备而又不愿付太多的租金时,当他们认为设备的先进性又落后了,不想最终拥有时,我们就可以采用经营性租赁方式。这种方式很像传统的出租服务,客户可以把租金全部摊入当期费用。唯一不同的就是租赁期结束时是按照事先约定的价格由客户挑选:续租、退租还是留购。其租赁费用要远低于传统租赁,而且所付的租金都作为客户的业绩(每还一期租金,就扣除部分设备购置成本)保留下来,使得最终处置设备时能获得一个很透明、公平的、低廉的价格。

四、内部租赁

企业内部租赁制与社会租赁制虽然都是以收取台班租赁费作为提供机械服务的前提,但它们在责、权关系方面有着根本的不同。

社会租赁制中出租方与承租方分属于两个独立的企业系统,除了等价交换的经济关系以外,不存在其他任何额外的义务,双方属于是一般意义上的甲乙方关系。

而内部租赁制则不然,作为出租方的机械单位和作为承租方的施工单位,均属于一个企业系统。首先,机械单位的职责是为本企业的施工生产服务的,它承担着按批准的施工生产计划,向施工单位供应施工所需机械设备的义务。按台班收取费用不过是双方用经济约束的方法提高机械使用效益的一种手段,与承担的义务相比处于从属地位。其次,机械单位又是本企业的一个组成部分,各级机械单位都要对上一级机构负有完成各项技术经济指标的义务,包括国家现行的完好率、利用率、机械效率指标以及流动资金占用额、降低成本指标等。机械单位是在上述两个原则的基础上以内部租赁为手段实行独立核算的。

此外,社会租赁一般只需根据单项需要签订临时或长期的机械供需协议,协议执行结束之后,双方一切责权利关系也随之终止。而内部租赁则不然,双方需根据企业施工生产的年、季和月度计划建立长期的经济关系,把机械单位和施工单位必须面向生产,并将企业施工服务的宗旨用经济合同的形式固定下来,这是内部租赁的最基本特点。

当然,企业也应该为机械单位和施工单位在资源配置上提供市场化服务,也就是使内部管理市场化。

五、关于经营性租赁合同

签订机械经营性租赁合同一般可以参照有关的合同文本格式(参见附件1)。企业应视具体情况,对合同条款做相应的调整。实践中应注意把握合同的以下一些主要条款内容。

(1)合同当事人及合同签订的日期、地点。此条款为合同的说明条款,应当写明合同当事人双方——出租人、承租人的名称或姓名、主营业场所或住所,目的是要明确谁是合同的主体,订立人是否具有订约资格和能力,合同履行的地点等。

(2)标的物及其数量和质量。它是合同当事人双方权利、义务的指向。数量和质量是确定标的物的最基本条件,应当写明租赁机械的名称、制造厂家、出厂日期、规格、型号,以及技术性能等。

(3)租金及其支付。包括租金总额、租金计算方法和租金支付方式。

(4)履行的期限、地点和方式。

(5)违约责任。

(6)其他条款。如:机械调运往返运费的分担和运输途中出现机械事故的责任分担;停机费作为机会成本,其费用标准的确定;租赁机械在机械化列组中与其他机械生产能力匹配关系的确定,明确台班产量标准;燃、润料及配件的责任分担;驾驶员配备的责任分担,以及人数和工资标准的确定;租赁机械在施工现场的安全和保管责任的承担等。

任务四 学习业务承揽及外部沟通

一、业务承揽战略

1. 业务承揽管理

所谓业务承揽管理一般意义上是指通过决策、计划、执行和控制,来谋求创造、建立及保持业务承揽者与目标买主之间互利的交换,以达到业务承揽者的目标。从企业运作过程的角度来看,企业业务承揽管理主要着眼于运作活动中的输入出问题。输入的主要信息是有关企业既定市场的各种问题,如市场的一般状况、社会的需求、对企业及其产品的印象,以及产品是否应作适当的变化等。在输出方面,营销管理提供的是有关企业销售的各种支持,如:何处、何时、何价以及如何投标,工程产品的目标客户是谁,如何让目标客户知道并进一步了解本产品等。对于任何一个企业,其资源还应包括已有的或可获得的市场,但这一资源是不能进入企业的内部循环的,可以进入企业内部的只有有关市场的各种信息,所以我们也可换一个角度将企业营销管理看成是企业运作的输入输出端管理器,负责收集信息,处理信息和对企业的运作做出适当的调整,以求企业的运作能更好地与其环境相一致。承揽合同书见附件2。

2. 营销战略

在市场竞争日益激烈的今天,企业要在产品竞争方面实施差异化竞争战略,已越来越困难。大多数企业都采取差异化战略,则实际上其产品的差异化优势已不明显甚至已不复存在,因此,很多企业开始转向寻求非产品的差异化竞争优势。这种非产品的差异化优势,主要体现在企业的沟通、寻求合作和强化企业形象3个方面。

首先,企业将自身及其以往做过的工程业绩的信息传递给客户,需要通过一定的渠道来实现。这一渠道就是企业与客户间的沟通渠道。在市场竞争全方位展开的今天,沟通竞争,也是企业争取客户、占领市场的一种重要形式,沟通渠道差异化,也是企业形成非产品的差异化竞争优势的另一重要途径。沟通竞争策略,是企业的广告竞争策略、营业推广策略、人员推销策略及公共关系策略的组合。这些策略的制订,同样要建立在分析、对比竞争对手的基础上,要以强化企业的促销竞争能力、强化企业形象竞争能力和竞争优势为目的。

其次,企业制订合作竞争策略的目的,是要形成和保持企业的市场占有率,以提高企业的营销竞争能力。这种因合作而产生的差异化优势应体现在这样几个方面:

(1) 通过分包工程使企业拥有比竞争对手更低的成本,形成价格竞争优势。

(2) 通过组成联合体使企业拥有更多的市场参与机会。一方面它可以大大加强企业的营销竞争力,另一方面还可以形成一种进入壁垒,排斥竞争对手的渗入与模仿。

(3) 企业通过分包和联合体的渠道可以接触更多的业主和投资人,为强化企业形象创造有利条件。

最后,企业需要构建企业识别系统(即 CIS)。它是树立企业良好形象,加强形象竞争力的一种重要形式。有学者认为,在形象竞争未导入企业之前,企业竞争能力主要包括产品力和销售力,而在导入了 CIS 竞争之后,企业形象力就成为企业竞争能力的一个新的、更有力的组成,企业竞争由此也进入了一个新的竞争阶段。CIS 竞争策略的制订,以企业整体为竞争标的,涉及企业的经营理念、企业文化、组织结构、管理、经营领域、社会责任等诸多方面,以建立整体形象的差异化竞争优势为目的。CIS 策略的实施,可以增强企业的凝聚力,强化企业的产品竞争力和营销竞争力,从根本上提高和保持企业的整体竞争力。

二、企业的外部沟通

公路建筑施工企业的沟通渠道涉及公路及其他行业主管部门、商业和社会各有关方面。

要承揽一项工程,需要熟悉相关部门的职责和业务范围,熟悉有关的法规和规定。要明确办事的程序,也应讲究办事的方法。要想以最低的代价使要办的事情按要求的目标及时办妥,做起事来就应该既要符合有关法规,又要适应社交的习惯;既要办好事,还要树立良好的企业形象,做到原则性和灵活性的完美结合。

1. 企业与业主和监理的沟通

首先应该明确的是,良好的客户关系的基础是企业向客户提供的工程产品、服务的质量和价值,以及企业表现出来的责任心。企业声望与工程产品价值密切相关,而良好的沟通就是连接两者的桥梁。最终决定一个企业组织成败的是客户。企业要是能在客户中树立良好的形象,必然会从中受益,而这离不开与客户的良好沟通。

在招投标过程中,企业应与招标方(包括招标代理或业主)进行接触,在投标前走访相关人员。当然,最好能在以往的业务中建立起良好的合作关系。

在工程施工过程中,承包商要主动搞好与业主及其工地代表和雇员的关系,搞好与监理工程师的关系,应树立服务对象或客户至上的观念,这对于保证工程进度和质量,避免损失、增加效益都是至关重要的。因为,就商业关系而言,业主犹如买方,承包商犹如卖方。从合同关系上看,虽然业主和承包商在法律上是平等的,彼此都是独立的。但是,由于招标时合同条款都是由业主制定的,企业要投标就得承认这些条款,从而也就处于被动适应的地位。

在执行合同时,一方面要严格按合同条款办事,尽到自己应尽的义务,接受有关部门和监理的监督管理,把工程搞好;另一方面当利益受到损害时,注意不要一味迁就退让,要敢于据理力争,该索赔时就提出索赔。同时,也要加强联系,增进了解,只有这样才有通融的余地,不至于事事诉诸条文,造成互相扯皮的局面。

2. 企业与地方官员和当地群众的沟通

公共土木工程往往与群众生活密切相关,当地官员一般都十分支持和关心工程的进展情况,这有利于承包商赢得社会各方面的支持。施工企业一进入工地,应及早拜会当地官员,熟悉各有关机构和部门,多交朋友,以便及时了解各方面对施工的意见和要求。

3. 企业与供应商的沟通

企业的相互依赖性是现代经济社会的特点之一,与供应商之间进行有效的沟通也逐渐成为企业管理沟通中的重要一环。在许多情况下,宽松的供货条件可以使企业节省大笔资金。如果供货商能保质保量,按时向企业提供钢材、水泥和沥青、砂石等材料,企业便可以节省场地费用的支出,省去二次搬运费用的支出等。因此,企业在解决施工和供应问题上,应同供应商建立密切的合作伙伴关系,公平对待供应商代表,保持友好往来。

项目六 工程机械使用与备件油料管理

知识目标

1. 解释机械设备合理使用的标志、机械配套、确定备件储备品种的原则和方法、备件库存管理的内容、备件库组织形式与要求。

2. 描述机械安全操作规则、机械施工操作规程、施工组织设计与机械合理使用的关系、机械需要量计划、备件的 ABC 管理、备件库存资金的核算。

3. 识别机械使用制度、备件技术资料的内容、备件的储备形式、备件的储备定额、机械常用油料的管理方法。

能力目标

1. 能够按照机械化施工操作规程安全操作机械。
2. 进行备件管理操作。

任务一 明确工程机械使用制度与操作规程

一、筑养路机械使用制度

1．"三定"制度

机械设备的使用管理必须贯彻"管用结合"、"人机固定"的原则，实行定人、定机、定岗位责任的所谓"三定"制度。"三定"制度的实施，首先要保持人机关系在较长时间内的稳定性，这样有利于增强操作人员的责任心。职责明确可以促使操作人员主动钻研技术，提高操作水平，减少故障和机械事故的发生，延长机械使用寿命，提高设备完好率。

对多人操作、多班作业的机械设备，应选定一人为机长，建立机长责任制。机长选定后，由上级机械管理部门任命，要保持相对稳定，不要轻易变动。

岗位责任制还需要与经济责任制结合起来，实行单机和机组经济核算制。目前采用的形式有"包机制"和"双包制"。"包机制"就是把机械设备的使用、管理和经济责任等，采用合同的形式由操作人员承包下来。在"包机制"的基础上，又发展了一种"双包制"，即由操作人员和养修人员共同作为责任方，签订"双包"合同。

2. 交接班制

所谓交接班制,就是进行多班制作业时,班组或操作驾驶人员之间的工作交接制度。它是机械使用责任制的组成部分。机械设备多班作业时,为了互相了解情况,防止机械损坏和物件丢失,保证施工任务连续进行,必须履行交接班手续,即认真填写好施工机械运行日记表,其具体格式可参阅《公路筑养路机械管理制度》或《公路筑养路机械机务管理手册》。当班人与接班人需在施工机械运行日记表上签字,当各班人员不能见面时,应以交接班记事为凭。

交接班内容如下:机械使用时间、地点;每班作业时间、待工和检修时间、完成产量;安全情况;机械设备运转使用情况,如各种仪表指示是否正常、有无异响、渗漏;油料消耗;维护、小修情况和存在的问题等。

施工机械的运行日记,是机械设备使用的原始记录,应保存备查。机长应经常检查运行日记填写情况和交接班制度执行情况,并作为操作人员日常考核的依据。

3. 操作证制度

为了促进工人学习技术的热情,考察和巩固技术培训的成果并保证设备的安全运行,企业结合技术培训,实行技术考核及发放操作证制度,以便从组织措施上进一步保证机械设备的安全运行,有关内容如下:

(1)凡是具有机动性或涉及作业安全性如高空、水下和升降作业等的机械设备,其驾驶和操作均应实行操作证制度。操作人员必须通过技术考核,取得操作证后方准单独驾驶或操作该种机械进行施工作业。技术考核应由公路局或公司(或工程局)一级主管部门会同技术、教育、工会和安全等部门负责组织实施。

(2)对操作证实行定期审验制度,应通过理论和实践培训考核的方式,对操作人员进行继续培训。考核合格者方可通过操作证的定期审验,定期审验视具体情况每1~4年进行一次。对发生机械事故的操作者,应根据情节轻重、责任大小,决定是否通过定期审验、是否收回当事人的操作证。

(3)为了培养一专多能型人才,鼓励一个人同时拥有几个机种的操作证。

(4)操作证的式样可参阅本书项目二中的图2-1。

二、机械安全操作规则

1. 安全操作规则

(1)机械设备应按其技术性能要求正确使用,缺少安全装置或安全装置已失效的机械设备不得使用。

(2)严禁拆除机械设备上的自动控制机构、力矩限制器等安全装置,严禁拆除监测、指示、仪表、报警及警示装置。上述装置的调试及维修应由专业人员负责进行。

(3)机械设备操作人员必须身体健康,新学员必须在师傅指导下进行操作,不准操作与操作证不相符的机械设备。

(4)机械作业时,操作人员不得擅离工作岗位,不准将机械设备交给非本机操作人员操作。严禁无关人员进入机械作业区和操作室内。工作时,思想要集中,严禁酒后操作。

(5)操作人员及配合作业人员在工作中必须按规定穿戴劳动保护用品,长发不得外露。

高空作业时,必须系安全带。

(6)对于违反安全操作规程的指挥调度行为,操作人员有权拒绝执行;任何组织或个人不得强迫操作人员违章作业。

(7)机械设备必须按要求配备经公安消防部门鉴定合格的消防用品。

(8)机械设备应按《公路筑养路机械保修规程》的规定,按时进行维护,严禁机械设备带病运转或超负荷运转。

2. 特殊作业环境下的安全操作规则

(1)机械设备调运途中,应查明行驶路线上的桥梁的承载能力及隧道、跨线桥的通行净空,确保机械设备安全通行。

(2)机械设备在道路上和公共场所作业时,应布置施工作业区,并设置施工警告标志;夜间作业时,作业区内应有充足的照明。

(3)机械设备不得靠近架空输电线路作业,如限于现场条件,必须在线路近旁作业时,需采取安全保护措施。机械设备工作装置运动轨迹范围与架空导线的安全距离应符合有关规定。

(4)下挖工程中,施工作业区域内有地下电缆、光缆及其他管线时,应查明位置与走向,用明显记号标示,严禁在离上述管线2m距离以内作业。施工前,应征得有关主管部门的同意并取得配合,方可施工。施工中,如发现有危险品、可疑物品或其他建筑设施时,应立即停止下挖,报请有关部门处理。

(5)在有碍机械设备安全及人身健康的场所作业时,机械设备应采取相应的安全措施。操作人员须配备适用的安全防护用具。

三、机械施工操作规程

1. 作业前的准备规程

(1)在施工作业前,施工技术人员应向操作人员作施工任务及安全技术措施交底;操作人员应熟悉作业环境与施工条件,服从现场施工管理人员的调度指挥,遵守现场施工安全规则。

(2)严格执行工作前的检查制度。需要检查的项目包括:机械设备作业场地周围有无妨碍工作的障碍物;机械油、水、电及其他保证机械设备正常运转的条件是否完好;安全和操纵机构是否正常可靠;指示仪表、指示灯显示是否正常可靠;油温、水温是否已达到正常使用温度等。

2. 工作中的操作规程

(1)严格按照机械设备使用说明书或相关的规定,按程序和要求起动、操作或驾驶设备。

(2)严格执行工作中的观察制度。其具体观察的内容包括:工作场地有无异常变化;机械指示仪表、指示灯有无异常;工作机构、操纵机构有无异常;工作质量是否符合工程技术要求等。

(3)配合作业的人员,应在机械设备回转半径之外工作。如需进入机械设备回转半径之内时,必须停止机械设备回转并可靠制动,机上、机下人员密切联系。

3. 作业后的操作规程

(1)严格按照机械设备使用说明书或相关的规定,按程序和要求关闭设备。

(2)严格执行工作后的检查维护制度。具体内容包括:检查工作机构有无过热、松动或其他故障;按照保修规范或使用说明书的要求进行例保作业;做好次日或下一班的准备工作。

(3)机械设备在施工现场停放时,特别是在急弯、陡坡、视距不良等地段,必须注意选择好停放地点,注意交通安全,关闭好驾驶室(操作室),并拉紧驻车制动器手柄。坡道上停机时,要打好掩木或石块。夜间应有专人看管。

具体机种的较为详细的操作要求,请参阅交通运输部公路管理司颁布的《公路筑养路机械操作规程》。

任务二 判定工程机械合理使用的标志

一、机械设备合理使用的标志

施工机械使用管理的总目标是要达到合理使用的目的。所谓合理使用主要有3个标志:即高效率、经济性与无不正常损耗。

1. 高效率

高效率含义是指在单位时间内(年、季、月或台班)机械实际完成的产量与其生产能力(或产量定额)的比值。该比值越大机械效率越高,它是衡量机械生产技术性能是否得以充分发挥的指标。在综合机械化组列中至少应使主要机械设备能够达到高效率。机械设备如果长时间处于一种低效率运行的状态,如大机小用、待工停机和返工等,就是产生不合理使用的主要表现。高效率与机械的合理配套和施工的合理组织等密切相关。

2. 经济性

经济性的含义比高效率还要广一些。其衡量标准的基本含义是单位实物工程量的机械使用费或使用成本的高低,该值越低,经济性越好。我们在"确定施工方法"的内容中已经了解到,机种、机型和机械配套因素("三机"因素)是决定经济性的先天性因素;而决定经济性的后天性因素,则主要是指与施工组织相关联的机械效率因素。从理论上讲,对于一个具体的工程项目来说,当工程地质条件、工期、预算和工程技术标准,以及劳动组织、生产组织与合理使用材料及某种机械配合条件等因素一定时,总存在一个与之相对应的最为经济的"三机"的组合方案可供选择。有时对于一个既定的工程项目,即使选用的机械设备或综合机械化组列已经达到了比较理想的效率指标,但不一定符合经济性的要求。如所谓"小马拉大车"的情况,此时即使效率达到百分之百,也仍然达不到经济性的要求,而只能把它看成是效率的浪费,其原因便是"三机"的组合方案先天不足。

3. 无不正常损耗

即使机械设备的操作、维护、维修、管理等都到位,也无法避免正常的磨损及损耗。但应该避免或杜绝不正常的损耗现象。所谓不正常损耗主要是指由于使用不当或缺乏应有措施而导致机械设备出现的早期磨损、过度磨损和事故损坏。不正常损耗是一种不合理使用现象。

以上便是考查或衡量施工机械设备是否做到合理使用的主要标志或条件。也只有在这三个条件全部满足以后才可以认为已经达到合理使用的较高水平,否则就不能认为其使用情况已完全合理。

综上所述,制约机械合理使用的因素众多,其中有施工组织设计方面的先天因素,也有施工过程的组织领导,以及各种技术服务措施等方面的后天因素。机械设备使用管理工作要求对所有这些因素都加以研究和分析。只有在施工组织设计阶段,选择最佳的施工方案和方法,选用好机种、机型及其配套组合;在现场施工过程中,领导有方,组织合理,指挥有效,再由技术熟练、责任心强的操作人员操纵驾驶机械,各方面的技术服务措施及实际运行工况符合规定的要求,最终才能全面地达到合理使用的目标。

二、施工组织设计与机械合理使用的关系

我们把施工组织设计因素称为机械合理使用的先天性因素。如果先天性因素存在着失误或差错,那么在施工阶段无论怎样加强组织管理、精心操作,都无济于事,所以做好施工组织设计是达到机械设备合理使用的先决条件。

经济性与高效率是两个不同的概念,不可混为一谈。它们之间既有内在联系,也有区别。前者往往包含后者,而后者又往往是前者的基础和支持,二者不能相互代替。例如对一个工程量较大的土方工程而言,若采用为数众多的小型机械进行施工,即使在经济上是很不合理的,也并不妨碍机械效率的发挥。所以在研究施工组织设计与合理使用之间关系的时候,应首先进行施工方案的经济性计算或比较,然后在此基础上再研究高效运行的问题。

1. 机种因素对单位工程量成本的影响

对于一些常用的机械设备,长期的实践及测算已积累了丰富的经验资料,并且总结出一套公认的最佳经济运行条件。凭借这些资料,可不必逐项计算,就能基本上确定经济有效的施工方案,使单位工程量成本达到最低。例如能够承担土方挖、运、填工程的机械或机械组合形式有很多,推土机、铲运机、挖掘机、装载机和自卸车等都可作为选择对象。若不考虑经济运行条件,几乎每种机械都能广泛地用于各种场合;但若要讲求经济性与机械效率,那么每种机械都各自有其适用的场合,都各有其要求的匹配关系。因此,要根据工程量的大小、工期限制、技术标准、工程性质、地形条件和自有、租赁机械配置情况等综合考虑才能选定。

例如,推土机的运距最大不要超过100m。若推运Ⅰ~Ⅱ级土壤,则以30~45m运距内生产率为最高,地面坡度以水平行驶及稍带下坡为宜,一般禁止上坡作业。另外,推土机的履带对40~60m以内的土层有较好的振动压实效果,所以又可以作为附带完成浅层碾压的工具。

再如采用铲运机作业,它可以独自完成土方的挖、装、运、卸及粗平压实任务,是一种效率很高的土方机械。运距在100~2000m范围内,其经济效果比使用推土机、装载机、挖掘机及自卸汽车都要好,尤其是用在大面积的场地平整、道路建设等方面效率更为显著。据统计,美国全年的土方工程量,平均有40%是用铲运机来完成的。但是铲运机又有自身所限制的使用条件,首先要求土质最好是土壤或亚黏土,不太硬而又有一定的黏性,这样切下来的土可以成片成卷地堆进铲斗里,充分利用了铲斗容积。太黏的土虽可装得很满,但不容易卸下来;没有黏性的纯砂,则铲不进去,使铲斗的利用率很低,这些都会影响铲运机效率的发挥。其次要有合适的地形及充分的回旋余地。最适宜的地形是起伏不大的丘陵地带,行驶坡度不大于10°的地区。至于经济运距,则与铲斗容量有很大的关系,铲斗容量越大,经济运距也就越长。

对于工程量不大,使用推土机、铲运机不能发挥效率的土方工程,可以选用小型轮胎式挖掘机或装载机加小吨位自卸汽车比较经济合理。

2. 机型因素对单位工程量成本的影响

机型决定机械设备的生产能力,生产能力又对单位工程量成本产生影响。一般而言,如果某机种存在运距因素并符合其适用范围,则当工程量达到一定规模时,机械生产能力越

大,它的单位工程量成本就越低。以 1992 年颁布的《公路工程预算定额》(表 6-1 中的"基价"取自 2008 年修订颁布的基价表)中关于"自卸汽车配合挖掘机运土"为例,说明机型与单位工程量成本的关系,见表 6-1。

自卸汽车配合挖掘机运土　　　　　　　　表 6-1

工作内容:①装、运、卸土;②空回　　　单位:1000m³ 天然密实土

顺序号	项目	单位	代号	自卸汽车装载质量(t)							
				4 以内		8 以内		12 以内		15 以内	
				第一个 1km							
				压实厚度 15cm	每增减 1cm	压实厚度 15cm	每增减 1cm	压实厚度 15cm	每增减 1cm	压实厚度 15cm	每增减 1cm
				51	52	53	54	55	56	57	58
1	稳定土混合料	m³	—	(153.00)	(10.20)	(153.00)	(10.20)	(153.00)	(10.20)	(153.00)	(10.20)
2	4t 以内自卸汽车	台班	647	3.42	0.23	—	—	—	—	—	—
3	8t 以内自卸汽车	台班	649	—	—	2.22	0.15	—	—	—	—
4	12t 以内自卸汽车	台班	651	—	—	—	—	1.44	0.10	—	—
5	15t 以内自卸汽车	台班	652	—	—	—	—	—	—	1.28	0.09
6	基　价	元	999	1012	68	913	62	858	60	920	65

从表 6-1 中可以看出,当运距为 1km,自卸汽车完成 1000m³ 天然密实土的运输,载质量为 10t、12t 和 15t 以内自卸汽车的单方成本分别是:6.48 元/m³、5.39 元/m³ 和 5.62 元/m³。

3. 机械配套因素

公路工程机械化施工,是由多种机械协同作业的,在同一工程中如何发挥多种作业机械的最大效率并产生良好的经济效益,是机务管理人员的重要研究课题之一。尤其是高等级公路机械化施工的机械配套,由于机械施工工艺和工程质量标准要求的提高,更需要有与之相适应的机械配套方法。根据施工条件,对施工机械进行优化选择和配套组合,使其发挥最佳效能,并取得良好的经济效益,是机械配套的主要目的。

任务三　能够编制工程机械需要量计划

一、机械配套

1. 机械配套的基本要求

(1)各机械的技术规格必须满足既定工程的技术标准要求。

(2)在工艺允许的条件下,尽可能采用大型机械,并保证为其安排足够的工程量。

(3)在工期限制条件下,机械的性能状态储备应满足施工的需要,特别应具有良好的可靠性。

2. 机械配套的基本原则

(1)选好既定工程的主导机械。所谓主导机械,是指在机械组合中起主要作用的机械。主导机械决定着施工方式、方法、施工质量和进度,并且在很大程度上决定着机组生产效率的发挥,这是因为主导机械承担着施工过程中关键工序的施工任务。其他机械必须围绕主导机械进行配套,应把配套机械的生产能力略大于主导机械生产能力作为基本匹配原则。

例如通常将自卸车车箱与挖掘机或装载机铲斗的容积比控制在 3～5 范围内进行匹配，便可以满足这一要求。

（2）减少配套机械的数量。配套机械的数量越多，机组的工作效率就越低。如果 A、B 两台机械的工作效率分别为 0.9，则配套后的工作效率就成为 $0.9 \times 0.9 = 0.81$。从可靠性上看，如果配套机械中有一台发生故障，则整个工程就可能停工，而配套机械的数量越多，则停工的可能性就越大，可靠性就越低。因此，配套机械的数量，在满足工程正常施工的前提下，应尽可能地减少。

（3）各配套机械的工作能力尽量相匹配。在流水作业中，各机械的工作能力应保持平衡，如果工作能力互不匹配时，就会存在某些机械无法充分发挥其工作能力的问题。

（4）为避免因为一台机械因故障而停工时，造成机组作业全面停止。配套机械尽量有一定的储备，或组织平行作业法进行施工，以便在作业区、段间进行调配。

（5）在组织平行作业法进行施工时，可以考虑机型配套的系列化，生产能力大小搭配，以发挥不同规格机械的效率。在各机械组合、施工作业区或作业面之间进行调配，可以防止"大马拉小车"或"小马拉大车"的情况发生。

（6）同一工程应尽量使用相同品牌和型号的机械，以便于养修和管理。

二、机械需要量计划

目前，公路建筑养护施工企业广泛推行项目管理，各项目经理部根据机械化施工组织设计确定的机种机型和机械数量，如表 6-2 所示给出的形式，需要在企业一级管理层面上进行机械资源的汇总、协调和配置。因此，机械部门或单位需要编制机械需要量计划，一般分为年、季、月度机械需要量计划。当自有机械不能满足需要时，还要编制租赁机械计划，具体形式见表 6-3。

拟投入某合同工程的主要施工机械表　　　　　　　　表 6-2

机械名称	规格型号	额定功率(kW)或容量(m^3)或吨位(t)	厂牌及出厂日期	数量				新旧程度(%)
				小计	其中			
					拥有	新购	租赁	
1								
2								
…								

主要施工机械需要量计划表　　　　　　　　表 6-3

序号	工程机械名称	规格型号	最大需要量(台)			使用时间（用横线标志起止时间，横线上标出台数）					
			拥有	租赁	小计	1月	2月	3月	4月	5月	6月
A1	挖掘机	PC220	1	1	2						
A2		CAT320B	2	1	3						
…					5						
B1											
…											

任务四 完成工程机械备件仓库管理工作

一、备件技术管理

备件技术管理工作应主要由备件技术人员来做,其工作内容为编制、积累备件管理的基础资料。通过这些资料的积累、补充和完善,可以掌握备件的需求,预测备件的消耗量,确定比较合理的备件储备定额、储备形式,为备件的生产、采购、库存提供科学、合理的依据。

1. 备件技术资料的内容

备件技术资料的内容如表6-4所示。

备件技术资料内容　　　　　　　　　表6-4

类　别	技术资料名称和内容	资　料　来　源	备　注
备件图册 维修图册	机械备件零件图 主要部件装配图 传动系统图 液压系统图 轴承位置分布图 电气系统图	1. 向制造厂索取; 2. 自行测绘; 3. 设备使用说明书中的易损件图或零件图; 4. 向描图厂购买; 5. 机械行业编制的备件图册; 6. 向兄弟单位借用	1. 外来资料应与实物进行校核; 2. 编制图册的图纸应在图纸适当位置标出原厂图号
备件卡片	机械备件卡(自制备件卡、外购备件卡) 轴承卡 液压元件卡 皮带链条卡 电气备件卡等	1. 备件图册; 2. 设备使用说明书; 3. 机械行业有关技术资料; 4. 向兄弟单位借用; 5. 自行测绘、编制	
备件统计表	备件型号、规格 统计表 备件类别汇总表	1. 备件卡; 2. 备件图册; 3. 设备说明书; 4. 同行业互相交流; 5. 设备台账; 6. 机械行业有关资料	

注:

1. 汇总表一般应按国家物资供应目录进行分类,如轴承(向心球轴承、向心球面球轴承、向心短圆柱滚柱轴承等)、皮带、链条、皮碗油封、液压元件(泵类、阀类等)等统计汇总。

2. 关于备件卡:五个复杂系数以下的设备或不需要大修的设备可不编制备件卡;如果编制备件卡的设备占全部生产设备的比重较小,根据备件卡整理出的汇总表(主要指配套产品如轴承)就不能正确反映备件拥有量,故要求整理这些备件汇总表时,应考虑备件卡的设备数量要占应编设备台数(或复杂系数)的75%以上;各类备件卡和汇总表所列备件,应按顺序排列,以便查找。

2. 确定备件储备品种的原则和方法

1) 确定备件储备品种的原则

确定备件品种的确是一项技术性和经济性很强的工作。确定的基本原则是:从企业实

际出发,满足设备维修需要,保证设备正常运转,减少库存资金。一般下列各类零件可列入备件储备范围内:

(1) 各种配套件,如滚动轴承、皮带、链条、皮碗油封、液压元件和电气元件等。

(2) 设备说明书中所列出的易损件。

(3) 传递主要负载而自身又较薄弱的零件,如小齿轮、联轴器等。

(4) 经常摩擦而损耗较大的零件,如摩擦片、滑动轴承、传动丝杆副等。

(5) 保持设备主要精度的重要运动零件,如主轴、高精度齿轮和丝杆副、蜗轮副等。

(6) 受冲击负荷或反复荷载的零件,如曲轴、锤头、锤杆等。

(7) 制造工序多、工艺复杂、加工困难、生产周期长、需要外单位协作或制造的复杂零件。

(8) 因设计结构不良而故障频率高的零件。

(9) 在高温、高压及有腐蚀性介质环境下工作,易造成变形、腐蚀、破裂、疲劳的零件,如热处理用底板、炉罐等。

(10) 生产流水线上的设备和生产中的关键(重点)设备,应储备更充分的易损件或成套件。

由于各企业的生产性质及具体情况不同,当地维修备件市场供应情况的不同,致使同一机型的设备在不同企业中应储备的备件品种也不完全相同。因此,企业的备件管理工作者除在确定备件储备品种时应考虑上述备件储备原则外,还应结合本企业的实际,不断积累资料,总结经验、并考虑以下因素:

(1) 企业的产品类型及设备的加工对象,生产性质和使用特点。这些都关系到零件的使用寿命。

(2) 企业设备的拥有量和设备的开动台时及工作环境。新设备多的企业,备件储备品种应逐步从少到多。

(3) 使用、维护条件、修理技术水平及地区供应情况。机修加工能力强的企业,从经济角度出发,应尽量减少储备品种和数量;同时,要充分利用地区的有利供应条件和协作能力,能购到的不自制,能及时外购的,不储备或少储备。

(4) 设备在生产中的作用。重点设备及停工损失很大的设备,其备件应优先储备,储备品种也应适当增加。

(5) 同型设备的数量。若企业中同型设备较多,在已经掌握了零件的磨损规律和技术资料比较齐全的情况下,为减少大修预检工作量和时间,可适当扩大备件的储备品种。

(6) 零件的通用化程度。生产厂家不同、出厂年月不同、机型不同的设备,凡能通用或互相借用的零件,应统一考虑,以减少备件的储备品种。

(7) 同时投产设备的数量。企业的设备很多是同时投产的,当设备使用到一定年限时,某些零件将会出现同时达到磨损极限的情况,即出现消耗高峰,在此之前,应适当增加备件的储备品种和储备量。

2) 确定备件储备品种的方法

(1) 根据零件结构特点、运动状态的结构状态分析法。结构状态分析法就是对设备中各种结构和运动状态进行技术分析。判明哪些零件经常处在运动状态,其受力情况,容易产生哪类磨损,磨损后对设备精度、性能和使用的影响,以及零件的结构、质量、易损等因素。再与确定备件储备品种的原则结合起来综合考虑,确定出应储备的备件项目。

(2)根据维修换件情况的技术统计分析法。技术分析法就是对企业日常维修、项修和大修更换件的消耗量进行统计和技术分析(需较长时间的积累准确资料),通过对零件消耗找出零件的消耗规律。在此基础上,与设备结构情况、确定备件储备品种原则结合起来进行综合分析,确定应当储备的备件品种。

(3)根据同型号设备备件手册(机械行业出版资料或行业经验汇编)的参考资料比较法。

这种方法适用于一般普通设备,可参看机械行业发行的备件手册、轴承手册和液压元件手册等技术资料,结合本企业实际情况,再结合前两种方法确定本单位的备件储备品种。

3. 备件的储备形式

根据备件的性质,按储备形式分为以下五种。

(1)成品储备。在设备修理中,有些备件要保持原来的尺寸,如摩擦片、齿轮、花键轴等,可制成(或购置)成品储备,有时为了延长某一零件的使用寿命,可有计划有意识地预先把相关的配合零件分成若干配合等级,按配合等级把零件制成成品进行储备。例如,活塞环与缸体及活塞的配合可按零件的强度分成两三种不同的配合等级,然后按不同配合等级将活塞环制成成品储备,修理时按缸选用活塞环即可。

(2)半成品储备。有些零件必须留有一定的修理余量,以便拆机修理时进行尺寸链的补偿。如轴瓦、轴套等可以留配刮量储存,也可以粗加工后储存;又如与滑动轴承配合的淬硬轴,轴颈淬火后不必磨削而作为半成品储备等。

半成品备件在储备时一定要考虑到最后制成成品时的加工工艺尺寸。储备半成品的目的是为了缩短因制造备件而延长的停机时间,同时也为了在选择修配尺寸前能预先发现材料或铸件中的砂眼、裂纹等缺陷。

(3)成对(套)储备。为了保证备件的传动和配合,有些机械备件必须成对制造、保存和更换,如高精度的丝杠副、蜗轮副、镗杆副、螺旋伞齿轮等。为了缩短设备的修理停机时间,常常对一些普通的备件也进行成对储备,如车床的走刀丝杠和开合螺母等。

(4)部件储备。为了进行快速修理,可把生产线中的设备及关键设备上的主要部件,制造工艺复杂、技术条件要求高的部件或通用的标准部件等,根据本单位的具体情况组成部件适当储备,如减速器、液压操纵板、高速磨头、金刚刀镗头、吊车抱闸、铣床电磁离合器等。部件储备也属成品储备的一种形式。

(5)毛坯(或材料)储备。某些机械加工工作量不大及难以预先决定加工尺寸的备件,可以毛坯形式储备,如对合螺母、铸铁拨叉、双金属轴瓦、铸铜套、皮带轮、曲轴及关键设备上的大型铸锻件,以及有些轴类粗加工后的调质材料等。采用毛坯储备形式,可以省去设备修理过程中等待准备毛坯的时间。

根据库存控制方法,储备形式有下列两种:

(1)经常储备。对于那些易损、消耗量大,更换频繁的零件,需经常保持一定的库存储备量。

(2)间断储备。对于那些磨损期长、消耗量少、价格昂贵的零件,可根据对设备的状态检测情况,发现零件有磨损和损坏的征兆时,提前订购(生产),作短期储备。

4. 备件的储备定额

1) 储备定额的概念和意义

确定备件的储备定额,是备件管理的一项重要工作。储备定额是编制设备维修各类备件计划的基础资料,是指导备件生产、订货、采购、储备,以及科学、经济地管理库房的依据。从广义上讲,储备定额是指企业为保证生产和设备维修,按照经济合理的原则,在收集各类有关资料并经过计算机和实际统计的基础上所制定的备件储备数量、库存资金和储备时间等的标准限额。其分类如图6-1所示。

图6-1 储备定额分类

狭义的备件储备定额指备件卡中所列的各类备件的储备量定额。它是备件技术管理的一项重要工作。

2) 备件储备量定额的计算

(1) 备件储备定额计算公式的意义。

经常储备哪些备件取决于备件的使用寿命,而储备多少,则取决于备件的消耗量和企业的机修能力和供应周期。确定备件储备量定额时,应以满足设备维修需要、保证生产和不积压备件资金、缩短储备周期为原则。一般可按下式计算:

$$储备量(D) = \frac{系数(K) \times 备件拥有量(E) \times 供应周期(Z)}{平均使用寿命(C)}$$

由于零件的使用寿命(C)不易掌握,一般以实际消耗量(M)代替。

即:

$$M = \frac{E}{C}$$

这样上述公式可变为:

$$D = K \times M \times Z$$

式中,备件平均使用寿命(C)是指同种单个备件从开始使用到不能使用为止的平均寿命时间,以月计算。计算C值需不断积累备件的实际消耗情况并密切结合企业的实际情况。备件拥有量(E)是指本企业所有生产设备上所装同一种备件的数量(不是指库存数量)。系数K,一般取值为1~1.5,它随管理、制造、维护水平、备件质量和地区协作等条件的优劣而定。

自制备件的拥有量 = 单台设备装有的相同自制备件数 × 同型设备台数

外购备件的拥有量 = 设备备件卡或说明书等资料中统计的单台数字 × 同型设备台数

备件消耗量(M),指在一定时间内同种备件的实际消耗件数,可用一个大修周期的实际平均消耗量来代替理论上的消耗量。

供应周期(Z),对自制备件是指从提出申请到成品入库所需的时间,对外购备件则是指从提出申请至到货入库的时间。

系数(K),根据企业的设备管理与维修水平,备件制造能力及制造水平,地区供应及协作条件等确定,条件好的用小数,条件差的用大数。

(2)自制备件最大、最小储备量和订货点的确定。最小(低)储备量(D_{min})是备件的最低储备限额,最大(高)储备量(D_{max})是备件的最高储备限额。它要求考虑到最经济的加工循环期,经济合理地组织生产批量。一般,最大储备量不应超过一年半的消耗量。订货点($D_{订}$)是指库存备件使用到需要补充订货的储备量。

(3)外购备件储备定额的确定。

外购件储备定额的计算公式为:

$$D = K \times M \times Z$$

式中:D——外购备件合理储备定额;

K——系数(一般取1.1~1.4);

M——外购备件月平均消耗量;

Z——供应周期(一年订货一次为12,半年一次为6,一季一次为3,进口备件为24)。

凡是能修复使用的外购备件应按下式计算:

$$合理储备量 = M \times 修复周期$$

3)确定备件储备定额应考虑的其他因素

(1)备件生产、供应方式转变的影响。随着备件管理逐步由集中生产、集中供应向市场化转变,外购备件的数量必将增大,供应周期则会更趋缩短,因而在确定储备定额时,企业应根据本地区备件货源情况、质量信息、参考上述公式,确定合理经济的储备定额。

(2)设备使用连续性的影响。例如,两班或三班生产,备件的使用寿命较一班制生产要缩短1.5~2年。

(3)关键设备的备件、不易购得的备件及有订货起点的特殊备件,可适当加大储备定额。

二、工程机械备件仓库管理

备件的库存管理是一项复杂而细致的工作,是备件管理工作的重要组成部分。制造或采购的备件,入库建账后应当按照程序和有关制度认真保存、精心维护,保证备件的库存质量。通过对库存备件的发放,使用动态信息的统计、分析,可以摸清备品配件使用期间的消耗规律,逐步修正储备定额,合理储备备件。同时,在及时处理备件积压、加速资金周转方面,也有重要作用。

1.备件库存管理的内容

1)备件入库要求

入库备件必须逐件进行核对与验收。

(1)入库备件必须符合申请计划和生产计划规定的数量、品种、规格。

(2)要查验入库零件的合格证明,并做适当的外观等质量抽验。

(3)备件入库必须由入库人填写入库单,并经保管员核查。

备件入库上架时要做好涂油、防锈维护工作。备件入库要及时登记,挂上标签(或卡片),并按用途(使用对象)分类存放。

2)备件保管要求

(1)入库备件要由库管人员保存好、维护好,做到不丢失、不损坏、不变形变质、账目清楚、码放整齐(三清、两齐、三一致、四号定位、五五码放)。

(2)定期涂油、保管和检查。

(3)定期进行盘点,随时向有关人员反映备件动态。

3)备件发放要求

(1)发放备件须凭领料票据。对不同的备件,厂内外要拟定相应的领用办法和审批手续。

(2)领出备件要办理相应的财务手续。

(3)备件发出后要及时登记和销账、减卡。

(4)有回收利用价值的备件,要以旧换新,并制订相应的管理办法。

4)备件处理要求

(1)由于设备外调、改造、报废或其他客观原因所造成的本企业已不需要的备件,核发时按要求加以销售和处理。

(2)因图纸、工艺技术错误或保管不善而造成的备件废品,要查明原因,提出防范措施和处理意见,并报请主管领导审批。

(3)报废或调出备件必须按要求办理手续。

2. 备件库组织形式与要求

1)备件库的组织形式

由于企业的生产规模、管理机构的设置、生产方式以及企业拥有备件的品种、数量的不同,地区备件供应情况的不同,备件库的组织形式也应有所不同。机械行业企业内部大致可分为综合备件库、机械备件库、电器备件库和毛坯备件库等。

(1)综合备件库。综合备件库将所有维修用的备件如机床备件、电器备件、液压元件、橡胶密封件及动力设备用备件都管起来,做到集中统一管理,避免分库存放,对统一备件计划较为有利。过去,采用这种形式的企业较多,有大型企业,也有中、小型企业。但由于备件品种较多,合管起来易与企业的生产供应部门分工不清,容易造成相互扯皮和重复储备现象。

(2)机械备件库。机械备件库只管机械备件(齿轮、轴、丝杆等机械零件),其形式较为单纯,便于管理,但修理中常需更换的轴承、密封件、电器等零件,维修人员需到供应部门领取。

(3)电器备件库。电器备件库储备全厂设备维修用的电工产品、电器电子元件等。储备的品种视具体情况而定,多数企业一般不单独设电器备件库,而由厂生产部门管理。

(4)毛坯备件库。毛坯备件库主要储备复杂铸件、锻件及其他有色金属毛坯件,目的是缩短备件的加工周期,以适应修理的需要。如果只有少数毛坯备件,一般可不设毛坯备件库而由材料库兼管。

总之,备件库的组织形式应根据企业的特点和客观实际情况适当选择设置。

2)备件库房及其要求

备件库房的建设应符合备件的储备特点。备件库房要求具备以下条件:

(1)备件库的结构应高于一般材料库房的标准,要求干燥、防腐蚀、通风、明亮、无灰尘,有防火设施。

(2)备件库房的建造面积,一般应达到每个修理复杂系数(包括机械、电器)0.02~0.04m²。

(3)配备有存放各种备件的专用货架和一般的计量检验工具,如磅秤、卡尺、钢尺、拆箱工具等。

(4)配备有存放文件、账卡、备件图册、备件订货目录等资料的橱柜。

(5)配备有简单运输工具(如脚踏三轮车等)以及防锈去污的物料,如器皿、棉纱、机油、防锈油、电炉等。

3. 备件的 ABC 管理

备件的 ABC 管理法是物资管理中 ABC 分类控制法在备件管理中的应用。它是根据备件品种规格多、占用资金多和各类备件库存时间、价格差异大的特点,采用 ABC 分类控制法的分类原则而实行的库存管理办法,具体分类如表6-5和图6-2所示。

备件的 ABC 管理参考表　　表6-5

备件分类	品种数占库存品种总数的比重(%)	价值占库存资金总额的比重(%)
A 类	10 左右	50~70
B 类	25 左右	20~30
C 类	65 左右	10~30

对不同种类、不同特点的备件,应当采用不同的库存量控制方法。

A 类备件的特点一般为储备期长(周转速度慢)、重要程度高、储备件数较少(通常只有一、二件)、采购制造较困难而价格又较高的备件。对 A 类备件要重点控制,应在保证供应的前提下控制进货,尽量按最经济、最合理的批量和时间进行订货和采购。可采取定时、定量进货供应,保证生产的正常需要。对 B 类备件的控制不如 A 类那样严格,订货批量可以适当加大,时间可稍有机动,对库存量的控制也可比 A 类稍宽一些。C 类物资由于其耗用资金不太大而品种较多,为了简化物资管理,可按照计划需用量一次订货,或适当延长订货间隔期,减少订货次数。

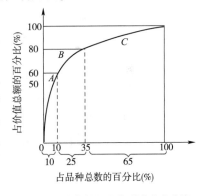

图6-2　各类备件的品种、价值分布曲线

4. 备件库存资金的核算

备件资金是企业用于采购或制造设备维修备件所占用的资金,也称备件储备资金,属于企业流动资金的一部分。

备件库存管理是物资运动与资金运动的统一。备件资金是在维修工作周而复始的运动中发生的,因此应按照经济规律和价值形式进行管理。

1)备件资金的核算方法

企业根据本身的实际情况,如生产任务量、全厂设备配置状况、设备新度、磨损情况、维修能力(包括自制备件能力)和供应协作条件等确定。

同时,要注意对储备资金定额不断修正,以便较合理地确定企业的备件储备资金。目

前,核定企业备件储备资金定额的方法有以下几种:

(1)按备件卡规定的储备定额核算。其计算方法来源于备件卡确定的储备定额,故其合理程度取决于备件卡的准确性和科学性。

(2)可按设备原购置总值的1%~2%估算。其计算依据为企业的设备固定资产原值,这种方法计算简单。但与企业的生产实际情况,特别是设备的利用、维修和磨损情况联系较差,缺乏科学基础。

(3)按照典型设备推算确定。这种方法计算简单,但准确性差。设备和备件储备品种较少的小型企业可采用此种方法,并在实践中逐步修订完善。

(4)根据上年度的备件储备金额,备件消耗金额,结合本年度的设备维修计划,确定本年度的储备资金定额。

(5)用本年度的备件消耗金额乘预计的资金周转期,加以适当修正后确定下年度的备件储备金额。

上述(4)、(5)两种方法一般为具有一定管理水平、一定规模和生产较为稳定的企业采用,否则,误差较大会影响企业的生产和设备管理工作。

2)备件资金的考核

(1)备件储备资金定额。

备件储备资金定额是企业财务部门给设备管理部门规定的备件库存资金限额。

(2)备件资金周转期。

减少备件资金的占用和加速周转具有很大的经济意义,也是反映企业和供应备件公司备件管理水平的重要经济指标,其计算方法为:

$$资金周转期(年) = \frac{年平均库存金额}{年消耗金额}$$

备件资金周转期应在一年左右,周转期应不断压缩。若周转期过长造成占用资金多,企业便需对备件多的品种和数量进行分析、修正。

(3)备件库存资金周转率。

备件库存资金周转率用来衡量库存备件占用的每元资金实际用于满足设备维修需要的效率。其计算公式为:

$$库存资金周转率 = \frac{年备件消耗总额}{年平均库存金额} \times 100\%$$

(4)资金占用率。

资金占有率用来衡量备件储备占用资金的合理度,以便控制备件储备的资金占用量,其计算公式是:

$$资金占用率 = \frac{备件储备资金总额}{设备原购置总值} \times 100\%$$

(5)资金周转加速率。

$$资金周转加速率 = 上期资金周转率 - 本期资金周转率/上期资金周转率 \times 100\%$$

为了反映考核年度备件技术经济指标的动态,备件库每年都应填报年度备件库主要技术动态表,以便总结经验,找出差距,改进工作。

任务五　正确选用工程机械常用油料

施工机械使用的油脂有燃料油、润滑油、液体传动油、润滑脂和特种油液等。正确选用油的牌号对充分发挥施工机械的技术性能,减轻零部件的自然磨损,降低使用费用,提高经济效益有着十分重要的意义。

一、燃料油

燃料油主要是柴油和汽油,道路施工机械主要使用柴油,所以这里仅讨论柴油。

柴油有重柴油与轻柴油之分。重柴油主要用于中、低速柴油机,轻柴油一般用于高速柴油机。施工机械使用高速柴油机作动力,必须以轻柴油作燃料。

国产轻柴油按其凝点分为 0 号、-10 号、-20 号、-35 号和 -50 号共 6 种。

1. 柴油机对轻柴油的要求

(1) 燃烧性能。柴油的燃烧性能用十六烷值表示。十六烷值越高,燃烧性能越好,但如果值过高则会使柴油机油耗明显增大。柴油机转速越高,要求柴油的燃烧时间越短,应使用十六烷值高的柴油,否则会使柴油的燃烧恶化或燃烧不完全。

(2) 供给和喷雾性能。供给和喷雾性能实际上是柴油的低温流动性和雾化性。它们直接影响着供油和喷雾的状况,而决定这个性质的主要因素是柴油的黏度(柴油的流动难易和稀稠程度)、浊点、凝点和冷滤点(三者反映柴油低温下的流动性能和过滤性能)。

(3) 水分和机械杂质。水分和机械杂质也是评定柴油供给性能的指标。柴油中的水分在 0℃ 以下容易结冰或生成小颗粒的冰晶,会冻结油管或堵塞过滤口,造成供油中断或供油不畅。同时,水分与柴油燃烧形成的氧化物生成硫酸,腐蚀机器。此外,还会加剧燃油系精密机件的磨损或引起卡塞,导致供油压力降低、雾化性能变坏或不能供油。国家标准对油品生产所含的水分和机械杂质作出了严格规定。

(4) 腐蚀性。柴油中含有的硫分、碱分、水分、灰分和残炭等杂物,都会对发动机的零件产生腐蚀作用,其中以硫分影响最大。使用硫分较多的柴油,不但增加发动机的腐蚀,而且由于含硫油料燃烧后生成硬质积炭,还会增加机械磨损。

(5) 柴油的闪点和燃点。闪点表示油料的蒸发倾向和安全性指标。燃点是油料蒸汽与空气的混合气,在引火后能继续燃烧不熄火的最低温度。

2. 轻柴油的选用

原则上要求柴油的凝点应略低于当地最低气温,以保证在最低气温时不致凝固。各号轻柴油适用的气温范围如下所述。

(1) 10 号。适用于有预热设备的高速柴油机,且在全国低海拔地区夏季使用。

(2) 0 号。适合于最低气温在 4℃ 以上的地区使用:供全国各地 4~9 月份使用,长江以南地区冬季使用(但气温不得低于 4℃)。

(3) -10 号。适合于最低温度在 -5℃ 以上的地区使用:供长城以南地区冬季使用和长江以南地区严冬使用。

(4) -20 号。适合于最低气温在 -5 ~ -14℃ 的地区使用:供长城以北地区冬季使用和长城以南、黄河以北地区严冬使用。

(5) -35号。适合于最低气温在 -14 ~ -29℃的地区使用:供东北和西北地区严冬使用。

(6) -50号。适合于最低气温在 -29 ~ -44℃的地区使用:供高寒地区严冬使用。

不同牌号的轻柴油,可以混合使用,以改变其凝点。在缺乏低凝点轻柴油时,可以用凝点稍高的柴油掺入适量煤使用,但柴油中不能加入汽油。如当地只有较高凝点的柴油时,可通过预热及加温措施使用。

二、润滑油

1. 内燃机油

1) 内燃机油的分类

根据我国石油产品及润滑剂国家标准规定,内燃机油属 L 类(润滑剂及有关产品)中的 E 组。内燃机油(E 组)按特性和使用场合分为:

(1) 汽油机油,如 EQB、EQC、EQD、EQE 和 EQF 等。

(2) 柴油机油,如 ECA、ECB、ECC 和 ECD。

2) 内燃机油的牌号和规格

内燃机油的牌号和规格由质量等级和黏度等级两部分组成,质量等级用字母表示,黏度等级用数字表示。

柴油机油按质量等级分为 CA、CB、CC 和 CD 四级。CA 组用于缓和到中等条件下工作的轻负荷柴油机,CB 级用于缓和到中等条件下工作的使用含硫燃料的轻负荷柴油机,CC 级用于中等负荷条件下工作的轻度增压柴油机,CD 级用于高速、高负荷条件下工作的增压柴油机。

内燃机油按黏度分级,冬用机油按 -18℃时的黏度分为 5W、10W、15W、20W(W 指低黏度),春季、夏季用机油按 100℃时的黏度分为 20、30、40、50 共 4 个等级。对 -18℃和 100℃所测的黏度值只能满足其中之一者,称为单级油;同时能满足两个温度下黏度要求的机油称为多级油。如 5W/20、10W/30、15W/30、20W/30 等,分母表示 100℃黏度等级,分子表示低温黏度等级(以 W 表示)。

3) 内燃机油的选用

(1) 选用的一般原则。

在保证液体润滑的条件下,尽量选用黏度小的润滑油,这样能减轻摩擦和磨损、节油、冷却和清洁作用好。

(2) 柴油机油的选用。

① 按施工机械使用说明书提供的质量等级和黏度牌号选用柴油机油。

② 根据施工机械负荷和使用条件选择柴油机油的质量等级(表6-6)。

国产柴油机油的质量等级　　　　表6-6

质 量 等 级	使用性能说明
CC	中等及重载荷柴油机使用,用于中等及苛刻条件下工作的非增压或低增压柴油机,该油在低增压柴油机中使用;有防止高温沉积的能力,可替代 CC 级以下柴油机油
CD	重载荷柴油机使用,用于要求严格控制磨损和沉积物的高速大功率增压柴油机,具有防止轴承腐蚀、抗高温沉积等性能,广泛适用于燃用各种优质、劣质燃料的增压柴油机;油品符合 APICD 级油使用性能要求,可替代 CC 级柴油机油

续上表

质量等级	使用性能说明
CD-Ⅱ	重荷载二行程柴油机的使用,用于要求严格控制磨损和沉积物的二行程柴油机上,油品符合 API C33-Ⅱ和 CD 级油作用性能要求
CE	重荷载柴油机的使用,用于增压重载荷柴油机的低速、高荷载和高速、高荷载工况下,油品符合 API CC,CD 级油使用性能要求
CF-4	用于 1990 年以后生产的苛刻条件柴油机,比 CE 级油有更好的改善油耗及活塞积物的性能,也可用于推荐用 CE 级油的柴油机,符合 API CF-4 级油使用性能要求

③根据气温选择柴油机油的黏度牌号,气温高时选黏度较大的机油,气温低时选黏度牌号中带有"W"字样的机油,"W"前数字越小的机油具有越好的低温流动性。黏度等级的选用还要考虑到柴油机机况,新机选用黏度较小的机油;旧机选用的黏度等级应比它在新机时高一档为好。

2. 车辆齿轮油

1) 车辆齿轮油的分类、牌号和规格

(1) 车辆齿轮油的分类。我国车辆齿轮油分为 CLC、CLD 和 CLE 共 3 个使用级,分别相当于 GL-3(普通车辆齿轮油)、GL-4(中负荷车辆齿轮油)和 GL-5(重负荷车辆齿轮油)。

(2) 车辆齿轮油的牌号。我国车辆齿轮油分为 70W、75W、80W、85W、90、140 和 250 共 7 个黏度牌号。

(3) 车辆齿轮油的规格。车辆齿轮油的规格由使用级和黏度牌号组成。

CLC 级普通车辆齿轮油:适用于中速和负荷比较苛刻的变速齿轮箱和螺旋锥齿轮驱动桥。按黏度分为 80W/90、85W/90 和 90 共 3 个牌号。

CLD 级中负荷车辆齿轮油:适用于高速冲击负荷和低速高扭矩条件下工作的各种齿轮传动。按黏度分为 90、85W/90、140 和 85W/140 共 4 个牌号。

CLE 级重负荷车辆齿轮油:适用于高速冲击负荷和高速低扭矩、低速高扭矩条件下工作的齿轮传动,CLD 无法满足的、在苛刻条件下工作的双曲线齿轮传动。根据暂行技术要求,按黏度分为 75W、90、140、80W/90、85W/90 和 85W/140 共 6 个牌号。

2) 选用原则

(1) 车辆齿轮油的选定需从质量等级和黏度牌号两方面考虑,缺一不可。

(2) 确定车辆齿轮油质量等级的最主要依据是车辆使用说明书,其次是依据有关用油手册进行查询。

(3) 车辆齿轮油的黏度牌号选择主要是根据车辆使用地区的环境温度来确定。

(4) 齿轮油质量等级和黏度牌号的选择分别见表 6-7 和表 6-8。

国产车辆齿轮油质量等级选择表   表 6-7

齿形齿廓	齿面荷载	车型及工况	国产油品质量等级	API 分类标准
双曲线	压力<2000MPa,滑动速度 1.5~8m/s	一般	CLD	GL-4
双曲线	压力<2000MPa,滑动速度 1.5~8m/s	拖挂车山区作业	CLE	GL-5
双曲线	压力<2000MPa,滑动速度 1.5~8m/s 油温 120~130℃	不限	CLE	GL-5
螺旋锥齿	—	国产车	CLC	GL-3
螺旋锥齿	—	进口车或重型车	CLD	GL-4

几种黏度牌号的选择　　　　　　　　　表6-8

黏度牌号	使用环境温度(℃)	黏度牌号	使用环境温度(℃)
75W	-40 ~ +20	90	-10 ~ +40
80W/90	-30 ~ +40	140	0 ~ +45
85W/90	-16 ~ +40		

三、液体传动油

1. 液压油

液压油是液压系统传递动力的介质,也是相对运动零件的润滑剂,它除了传递动力外,还具有润滑、冷却、洗涤、密封和防锈等用途。液压油具有抗乳化性、消泡性、抗压缩性等使用性能。

液压油分石油基液压油和水基(难燃)液压油两大类。石油基液压油可分为普通液压油、专用液压油、抗磨液压油和高黏度指数液压油等。

目前,除大型锻压设备上应用水基乳化液外,一般液压设备都采用石油基液压油,工程机械的液压传动大多采用普通液压油和抗磨液压油。

选用液压油时应考虑使用条件、油泵类型、液压机构的结构、工作压力、工作温度和气温等因素。

(1) 普通液压油有 Y_A-N46、Y_A-N68、Y_A-N150 等牌号。它适用于环境温度为 0~40℃ 的各类中、高压系统,适用工作压力为 6.3~21MPa。

(2) 抗磨液压油有 Y_B-N32、Y_B-N46、Y_B-N68 等牌号。它适用于环境温度为 -10~40℃ 的高压系统,适用工作压力可大于 21MPa。

(3) 抗凝液压油有 Y_C-N32、Y_C-N46、Y_C-N68 等牌号。它适用于环境温度为 -20~40℃ 的各类高压系统。

(4) 机械油有 H_J-10、H_J-30、H_J-40 等牌号。可用作液压系统的代用油,适用于工作压力小于 6.3MPa 的系统,适用的环境温度为 0~40℃。

2. 液力传动油

在液力传动系统中,工作油液不仅用来作为传递能量的工作介质,还兼作润滑传动零件及液压部件的冷却。因此,液力传动装置的可靠性和耐久性,在很大程度上与所采用的工作油液有关。

国内生产的液力传动油按 100℃ 运动黏度不同分为 6 号和 8 号两种。6 号液力传动油是以 HU-20 汽轮机油作为基础油,然后加入增粘、降凝、清净分散、抗磨、抗氧化、防锈、抗泡沫等添加剂制成;工程机械、重型载重(自卸)汽车、内燃机车等的液力传动装置传递功率大、作业条件恶劣,负荷变化大而频繁,一般使用 6 号液力传动油。8 号液力传动油是以低黏度精制馏分油作为基础油,然后加入增粘、降凝、抗磨、抗氧化、防锈、抗泡沫等添加剂制成,适用于轿车、轻型载重汽车的液力自动变速器系统。

使用时,要严防水、杂质混入油液中;6 号与 8 号液力传动油也不能混装混用。

四、润滑脂

润滑脂(俗称黄油)是在润滑油(基础油)中加入稠化剂、稳定剂等制成。按加入稠化剂(皂基)的不同分为钙基、钠基、钙钠基、锂基以及二硫化铝润滑脂等。润滑脂常温下为黏稠的半固体油膏,一般润滑油占80%~85%,它的梯度决定了润滑脂的润滑性。稠化剂是动、植物油(如钙皂、钠皂等),它的作用是增加油的稠度。

1. 润滑脂的牌号

(1)钙基润滑脂。钙基润滑脂按针入度分1、2、3、4、5共5个牌号,号数越大,针入度越小,脂质越硬,滴点越高。该脂具有良好的抗水性,遇水不易乳化变质,广泛应用于在潮湿环境下工作或易与水接触的各机械零部件的润滑。由于滴点为75~100℃,故使用温度1号、2号不大于55℃,其余不大于60℃。

(2)复合钙基润滑脂。复合钙基润滑脂按针入度分为1、2、3、4共4个牌号。它具有良好的机械和胶体安定性,耐高温和极压性能好,滴点为180~250℃。有良好的抗水性,一般适用于较高温度范围和负荷较大以及经常在潮湿环境下工作的滚动轴承的润滑。由于该润滑脂有低分子酸(醋酸)的存在,放在常温和高温条件下,表面易吸水硬化,不宜长期储存。

(3)钠基润滑脂。钠基润滑脂按针入度分为2、3、4共3个牌号。它具有很强的耐热性,可以在120℃高温条件下长时间使用,在熔化时不会降低其固有的润滑性能;已熔化的钠基润滑脂在冷却后能重新凝成胶状,搅拌后可继续使用。对金属的附着力强,可用于振动较大、温度较高的滚动或滑动轴承(如轮毂轴承、纹盘、制动装置等)的润滑。该脂遇水极易乳化变质,故不能用于易与水接触或经常在潮湿条件下工作的各部件的润滑。

(4)钙钠基润滑脂。钙钠基润滑脂又称轴承润滑脂,按针入度分为1、2两个牌号。该脂的特点介于钙基润滑脂和钠基润滑脂之间,其耐热性优于钙基润滑脂,而又不如钠基润滑脂;抗水性优于钠基润滑脂而又低于钙基润滑脂;具有良好的输送性和机械安定性,滴点在120℃左右,适用于工作温度在100℃以下易与水接触条件下机件的润滑。

(5)锂基润滑脂。锂基润滑脂按针入度分为1、2、3共3个牌号。其特点是滴点较高(不低于180℃),使用温度范围较广(-30~150℃),具有良好的低温性、抗水性以及机械和胶体安定性;使用周期长,可代替钙基润滑脂、钠基润滑脂和钙钠基润滑脂等,而且性能优于上述各种润滑脂,广泛应用于工程机械的各类轴承和摩擦交点处的润滑。

2. 润滑脂的选用

由于润滑脂的种类、牌号较多,而且性能也有较大的差异,所以选用润滑脂应根据工程机械各部件所处的环境温度、运动速度和承受负荷等因素综合考虑。

(1)温度。若机件工作时温度过高或接近润滑脂的滴点,会导致润滑油基础油蒸发、流失严重而失去润滑性能;若环境温度过低,则润滑脂会失去流动性,使机件运动阻力增大,加速机件的磨损。选用润滑脂时,其滴点应高于最高工作温度30℃左右,凝点应低于最低环境温度10℃左右;冬季应选用针入度大的润滑脂,而夏季则相应降低一些。

(2)黏度。润滑脂黏度会随剪切速度而改变,机件运转速度越高,润滑脂所承受的剪切力越大,有效黏度下降也越多。同时,转速越快,摩擦点的温升也越高。由于润滑脂的散热性较差,若温升过高会导致润滑脂的寿命缩短,加速机件的磨损。

(3)负荷。重负荷条件下(大于 5×10^3 MPa)应选用稠化剂含量较高即针入度小的润滑脂;如果负荷过大则应选用加有极压添加剂的润滑脂,如二硫化钼润滑脂、锂钙基润滑脂、复合钙基润滑脂等;中、小负荷条件下应选用中等黏度的矿物油作为基础油,如钙钠基润滑脂、锂基润滑脂、钠基润滑脂等。

(4)环境条件。若机械经常在潮湿、与水接触或污染严重的环境下工作时,应选用抗水性能好的润滑脂。如钙基润滑脂、锂基润滑脂、复合钙基润滑脂等,以及加有防锈添加剂的润滑脂(如氟碳润滑脂、二硫化钼润滑脂等)。

项目七 工程机械维护管理

知识目标

1. 解释工程机械维护。
2. 描述工程机械维护的目的,工程机械维护的分类及其作业内容,工程机械维护的基本要求。
3. 识别工程机械维护的作业方法,工程机械维护管理的内容。

能力目标

1. 制订工程机械年度、季度、月度维护计划。
2. 组织实施工程机械维护作业。
3. 组织完成工程机械维护作业的质量检验与验收。

任务一 明确工程机械维护的目的、内容及分类

一、工程机械维护管理的作用

1. 工程机械维护的概念与重要性

工程机械在长期作业过程中,由于零件磨损和腐蚀、润滑油减少或变质、紧固件松动或位移等原因,从而引起机械设备的动力性、经济性和安全可靠性等性能的降低,燃料消耗增加,甚至因故障或损伤而导致整台工程机械失去工作能力。针对这种变化规律,在零件尚未达到磨损极限或发生故障之前,采取相应的预防性措施,以降低零件的磨损速度,消除产生故障的隐患,保证机械设备正常工作,延长其使用寿命。

所谓工程机械维护就是定期地对工程机械各部分进行清洁、润滑、紧固、检查、调整或更换部分零件。因此,工程机械维护可以理解为保证工程机械的技术完好状况而进行的各种技术作业的总称。

2. 工程机械维护的目的

(1)使工程机械经常保持完好状态,随时可以启动运转或工作。
(2)在合理运用的条件下,不致因中途损坏而停机,保证作业时间,提高作业效率。
(3)在使用过程中不致因机件事故而影响安全生产或行驶。

(4) 使工程机械各总成、零部件的技术状况保持均衡,达到最长的大修间隔期。

(5) 使燃润料、轮胎及零配件达到最低消耗。

二、工程机械维护分类

工程机械的技术维护分为例行维护、定期维护和特殊维护3类。

1. 例行维护

例行维护又称日常维护,是工程机械每班出车前、工作中、收车后所要求进行的维护工作。重点是清洁、润滑、检查和紧固。

例行维护是维持工程机械正常运转最重要的技术措施之一,也是实现工程机械安全生产、满负荷工作的必要条件。例行维护由工程机械驾驶操作人员按规定完成。因此,操作人员的责任心、素质和技术水平就决定了例行维护的质量。

2. 定期维护

工程机械使用到规定的台班、工作小时或里程(即一定的间隔期)后所要求进行的维护,称为定期维护。

根据机械零件的磨损规律,通过大量的试验数据,应用统计方法,计算出各种零件或配合件的正常使用寿命,再根据不同使用寿命将零件划分为几个组,使各组零件的寿命间隔成为简单的倍数关系,结合工程机械的作业条件、维修技术、经济等因素,从而得出工程机械的各级维护间隔周期。

定期维护按间隔时间长短,可分为一级维护、二级维护和三级维护。从我国公路施工与养护单位开展技术维护工作的实际条件与可能出发,交通运输部颁布的《公路筑养路机械保修规程》规定:对大中型工程机械(含进口机械)一般应采用三级维护制。即一级维护(国产机械间隔200工作小时,进口机械间隔250工作小时)、二级维护(国产机械间隔600工作小时,进口机械间隔1000工作小时)和三级维护(国产机械间隔1800工作小时,进口机械间隔2000工作小时);对于一些小型工程机械(如小型水泥混凝土搅拌机、振捣器、夯实机等),可采用二级维护制(一级维护间隔600工作小时,二级维护间隔1200工作小时);对于技术密集、重要的大型和进口设备,还应参照生产厂家提供的使用维护说明书要求进行维护。

(1) 一级维护:重点内容是润滑、紧固、检查各有关部位,清洁"四滤"(空气、机油、燃油、液压油)。

一级维护是在例行维护的基础上进行的,由操作人员按规定时间、作业项目进行。一级维护的主要作用是维持机械设备完好状况,确保两次一级维护间隔中工程机械能正常运转。

(2) 二级维护:重点是检查、调整。除要完成一级维护的全部内容外,还要从外部检查发动机、离合器、变速箱、传动机构、转向和制动机构、工作装置、液压系统以及电气系统等的工作情况,必要时进行调整,排除所发现的故障。

二级维护的主要作用是保障工程机械各总成、零部件具有良好的工作性能,确保两次二级维护间隔期中工程机械能正常运行。二级维护要求由专职的维修人员负责进行,但工程机械操作人员须随机参加维护。

(3)三级维护:重点是检查、调整、消除隐患,平衡各部机件的磨损程度。除要完成二级维护的全部作业内容外,还要对影响使用性能的主要部位及有故障征兆的部位进行诊断检查、检测以及必要的更换、调整、排除故障等工作。但是,三级维护只按维护范围要求打开有关总成的箱盖,检查其内部零件的紧固、磨损及有关间隙位置情况,以发现和消除隐患为目的,实行不解体检测来检查排除故障,而不像大修那样大幅度拆换和修理。

三级维护要求由专职的维修人员负责进行,本机操作人员也必须随机参加并配合进行,以便了解和提供工程机械的技术状况。

对工程机械定期分级维护必须做到:

①按时——按照规定时间进行维护,一般延后或提前的时间不应超过维护周期的10%。

②按级——按规定工作小时间隔进行分级维护,不应跨越维护级别。

③按项——各级维护必须按规定的作业项目进行,维护结束前应认真检查,以防遗漏。

④按质——必须按规定的技术标准和程序进行维护,采取先进的检测手段,保证维护质量,杜绝维护事故。

3. 特殊维护

在特定情况下进行的维护,称为特殊维护。包括走合维护、换季维护、转移前维护、停用维护和封存维护等。

(1)走合维护。走合维护是为了防止新机或大修后的工程机械在使用初期发生严重早期磨损而进行的一种维护工作。对要求走合维护的工程机械,应按一定的要求逐级递增负荷及转速,并全面检查润滑、紧固情况,观察整机各部状况,发现异常及时解决。

走合维护的重点是更换各部润滑油、润滑各部位、紧固各连接螺栓。新机或大修后的工程机械必须经过走合维护后才能投入使用。

(2)换季维护。换季维护是指在用工程机械每年入夏或入冬前进行的一种适应性的维护工作。一般在4月中旬与10月上旬进行(全国各地可根据入夏或入冬的早晚确定具体时间)。换季维护的重点是燃润系统、液压和液力系统、冷却系统和启动系统等部分。换季维护可结合定期维护进行。

(3)转移前维护。这是流动性较大的施工单位常进行的一种工程机械维护工作。通常在一项工程完工后,机械设备虽未达到规定的维护周期,但为实现从一个施工点到另一施工点的顺利调运,并迅速投入施工生产,需对工程机械进行全面的检查、紧固和调整等工作。

(4)停用维护。停用维护是指工程机械由于季节性等因素的影响,要暂时停用一段时间,但又不进行封存的一种整理、防护性维护。其作业内容以清洁、整容、配套、防腐为重点。

(5)封存维护。封存维护是为减轻自然气候对长期封存机械设备的侵蚀、保持机况完好而采取的一种防护措施。通常它附有一级或二级维护工作。封存工程机械应统一放置,要有专人保管并定期维护。启用前要进行检查和维护。

任务二 掌握工程机械维护的基本要求

一、工程机械维护的作业内容

工程机械种类繁多,结构性能差别很大,其维护项目和技术要求也有较大差异。因此,具体维护工程机械时,除按使用说明书、维修手册中的要求执行之外,还应依据交通运输部颁布的《公路筑养路机械保修规程》中相应的要求进行。根据工程机械技术状况变化的规律,经过多年实践得出工程机械维护的作业内容主要是清洁、紧固、调整、润滑、防腐,称为"十字作业"。此外,还有检查、加添等辅助作业内容。

1. 清洁

工程机械运行必然引起机械设备内外各系统、各部位的脏污,有些关键部位的脏污将使机械设备不能正常工作。为此,进行清洁作业不仅是保持机容整洁卫生的需要,更重要的是保证工程机械安全和正常工作的需要。

清洁作业中要特别注意做好发动机"三滤"和电气部分的清洁作业。发动机"三滤"的清洁对发动机的工作和寿命有很大影响。

(1)空气滤清器的清洁。

空气滤清器的作用主要是滤清进入汽缸的空气中的尘土。滤清器中尘土较多时,必须及时清除,在含尘量大的环境下作业时,须加强检查。

清洁空气滤清器时,必须注意空气滤清器及其到进气歧管之间进气管路的密闭,如有孔隙将使空气不经滤清进入汽缸,加剧磨损。

(2)机油滤清器的清洁。

机油在使用过程中,不可避免地被磨损产生的金属屑、自然界落入的尘土、杂质和燃烧物所污染;同时,机油本身由于受热氧化也会产生酸性物质和胶状沉积物。如不加以滤清,就会加速发动机零件的磨损、堵塞油路,甚至使活塞与活塞环、气门与气门导管等零件之间发生胶结,使发动机不能正常运转,并使机油的使用期缩短。机油滤清器的作用就是及时滤清机油中的机械杂质和胶状物质,保证机油和发动机润滑系正常地工作。

机油滤清器使用一定时间后,滤芯表面脏污越来越多,尽管滤清质量有所提高,但滤清阻力增大,油压下降,循环量减少,供油不足,不能保证发动机正常工作而加速磨损,甚至会有一部分机油通过旁通阀,不经滤清就进入发动机,形成磨料性磨损。为此,必须及时更换机油滤清器,以恢复机油滤清器的正常工作。同时注意检查机油杂质含量,以判断机件的磨损程度。

(3)燃油滤清器的清洁。

柴油发动机供油系统主要零件的加工精度很高,配合间隙非常精密。供油系统是否可靠耐用,主要取决于柴油的纯净程度。使用清洁的柴油可使精密零件的寿命延长30%~40%。柴油中含有杂质还可能加速汽缸的磨损,为此,除在加油时必须保持清洁外,还要定期放出柴油箱内沉淀的杂质,特别是要定期更换柴油滤清器;如不及时更换,会造成滤清效率下降或供油不足,使发动机不能正常工作。

(4)冷却系的清洁。

发动机水温经常过高时,应查明原因,如确系冷却系中生成水垢,就必须清洗冷却系并除垢。否则,发动机水温过高,功率下降,磨损加剧。因水道形状复杂,无法用机械的方法清除水垢,只能用化学方法进行清洗。清洗冷却系的工作通常结合进入夏季使用的维护进行。

(5)电气设备的清洁。

为保证电气设备正常工作,应经常保持发电机、启动机、蓄电池、调节器以及电气操作和电气控制部分等电气设备的清洁,定期清除整流子和碳刷上的碳粉,并按规定擦拭整流子,保持各电器触点的清洁。这对机械的安全正常工作是十分重要的。

2. 紧固

工程机械上有很多用螺栓固定的部位,由于工程机械工作时不断振动和交变负荷等的影响,有些螺栓可能松动。如不及时紧固,可能发生漏油、漏气、漏电、漏水等现象,有些关键部位的螺栓松动,轻者造成零件变形、移动和掉落,重者造成断裂或操纵失灵,甚至发生整机损毁或人身伤亡事故。

因此,对工程机械上的各部位螺栓必须经常检查,定期紧固。如发动机机座固定螺栓、风扇固定螺栓、前后钢板固定 U 形螺栓、横直拉杆及转向臂的各接头和各连接件的螺栓、传动轴连接螺栓、轮胎钢圈固定螺栓、驾驶室和货箱固定螺栓等,以及其他需要紧固的各部位都应按规定进行检查和紧固。有些用铆钉连接的部位,也应定期进行检查,发现松动及时处理。

3. 调整

工程机械上有很多零件的相对关系和工作参数需要及时进行检查调整,才能保证工程机械正常工作。如不及时调整,轻者造成工作不经济,重者导致工程机械工作不安全,甚至发生事故。调整的主要内容和部位如下:

(1)间隙方面。如各齿轮间隙、气门间隙、制动器间隙、火花塞间隙等。

(2)行程方面。如离合器踏板自由行程、制动器踏板自由行程等。

(3)角度方面。如供油提前角、点火提前角等。

(4)压力方面。如喷油压力、机油压力、空压机压力、液压系统工作压力等。

(5)流量方面。如供油量等。

(6)松紧方面。如风扇皮带、履带松紧等。

(7)轮胎换位。

(8)此外还有电压、电流、发动机怠速等参数,都需要及时检查调整。

4. 润滑

工程机械上凡是运动的部位都需要保持良好的润滑,才能保证机械正常工作。工程机械在使用过程中,技术状况变化的主要原因是磨损,而润滑是减轻磨损最有效的措施。

(1)发动机的润滑。发动机上有很多相对运动零件,大部分属于滑动摩擦,少部分属于滚动摩擦。其中最重要的是曲轴、凸轮轴和轴承的润滑。

(2)传动系统的润滑。为了减少磨损,提高传动效率,必须对传动齿轮、支承轴承和传动轴进行润滑。

(3)工程机械上各种滚动轴承、拉杆、滚轮、销轴等相对运动部位都需要润滑。进行维护作业时,必须按规定进行检查、加添和更换润滑脂。

5. 防腐

防腐就是要做到防潮、防锈、防酸,防止工程机械上的金属零件、橡胶和塑料制品、电气设备的锈蚀、老化。

(1)防金属零件锈蚀。常用涂油、喷漆等方法使金属表面结成一层保护膜。

(2)防非金属零件老化变质。常用方法是:尽量避免阳光照射、高温和粘上油污,防止零件接触有腐蚀性的气体以及解除停驶工程机械轮胎的负荷等。

二、工程机械维护的工艺要求

严格执行工程机械技术维护工艺是实现规范化作业要求、安全生产、避免零件损坏、确保维修质量、延长机械使用寿命的重要保证。所有工程机械维修人员必须严格遵守执行下列技术维护工艺。

(1) 拆装各零件,应使用专用工具,对主要零件的基准面或精加工面,不许敲击、避免碰撞、谨防损伤。如确需敲击,应使用铜质、橡胶类软质工具。

(2) 凡铝合金、锌合金、锡合金、电气零件,以及橡胶件、塑料制品、牛皮油封、制动器摩擦件、离合器片等,均不得用碱溶液清洗;液压系统中的密封圈、皮碗等橡胶件,清洗时,不许浸泡在易使其变质的溶液和油中,制动器摩擦片、离合器片不应接触油类。

(3) 凡经碱溶液煮洗的零件,均应用清水冲洗,然后用压缩空气吹干。

(4) 拆卸汽缸盖及进排气管,应在发动机冷态条件下进行(热车禁止拆卸),应避免汽缸盖变形,拧紧汽缸盖螺栓应按工艺要求进行,不得一次拧紧。

(5) 安装汽缸垫时,对于铝制的缸盖,衬垫光滑的一面应朝向缸盖;铸铁的缸盖,衬垫光滑的一面,应朝向缸体。

(6) 活塞连杆组合件装复,应采用热装,不许冷态击入,以防损伤变形。

(7) 调整曲轴轴承间隙,严禁用锉削主轴承盖和连杆轴承盖的方法进行调整。

(8) 更换机械上的各部位滚动轴承时,必须同时更换轴承套。

(9) 凡有规定拧紧力矩的螺栓、螺母,装配时,应按规定顺序和规定扭矩,分次均匀拧紧。

(10) 对不能互换、有装配规定或装有平衡块的零部件,在拆卸时应做好标记,不得错装。

(11) 重要安全机件的螺母锁销,应按规定锁紧,不许用铁丝、铁钉代替。

(12) 各部润滑油液,不许掺兑与原机不同的油品。

(13) 发动机大修或总成修理后,未行驶到规定走合里程或时间,不许拆去限速装置。

(14) 各零部件检验合格方可安装,不许将不合格的产品和不符合机械性能要求材质的配件凑合使用。

以上这些是工程机械的一般性的技术维护工艺要求,由于施工单位的机械种类繁多,结构差别较大,技术密集程度不一,所以,对它们维护的工艺便有不同的要求,可参照原机的维修手册进行。

三、工程机械维护工具及检测仪器的配备

要保证工程机械维护顺利进行,尤其是要保证维护的质量,除了维护人员有较强的责任心,按维护技术要求认真工作外,还必须配备一定的维护工具及检测仪器,在一定程度上讲,配备适当的维护工具、检测仪器,对维护质量起着决定性的作用。工程机械维护所使用的设备基本上分为两种类型,一种是工段设备,即为完成维护工艺而在工段上采用的辅助设备,如维护工作沟、总成拆装运送设备与工作台架等;另一类是工艺设备,即直接用来完成维护工艺所用的设备,如清洗机、拆装工具、检验仪器、试验台等。

四、工程机械维护的作业方法

维护工作存在大量的拆卸解体工作,因而需要安排对机械如何实施维护作业。机械技

术维护按照不同的组织形式有以下两种作业方法。

1. 就车维护法

其工作地点以施工现场为主,根据维护等级和需维护部位,按拆卸、清洗检查、装配3个基本工序进行。每个拆卸维护项目都要重复这种工序,因而,作业时间较长、工效较低,但需要维护人员少,占用的保修工具也较简单,适用于分散使用机械的单位。特别是要求工期较紧的公路工程,派驻在现场的保修小组,主要应采用这种维护方法;事先配备好专用工具及一些快速维护工具、材料及配件齐全也能改善工效低的状况。

2. 总成分工维护法

将所维护的机械分为若干总成,如发动机总成、离合器总成、变速器总成、后桥总成、液压系统、电气系统等,将维护人员按专业分组,同时进行。这种方法应以车间作业为主,并具有相应的维护条件,如专业保修人员、保修设备及工具等。

五、设置工程机械维护机构

为保证工程机械维护工作的正常进行,应根据机械设备的数量、类型配备人员和设备。

(1)各机械化施工公司须配备必要的维护人员和设备,设置工程机械维护班组,规模较大、机械设备较多的公司可设置维护车间。维护班组(车间)只承担维护和小修任务,不承担大中修任务。

根据维护班组(车间)的规模、机械类别、维护级别、维护间隔周期及工时定额等因素配备通用设备和专用设备。

(2)维护人员应按比例配备。各种土石方、压实、路面机械及其他大型工程机械,平均每台配备维护和修理人员0.5~1.5人,其他工程机械平均每台配备维护和修理人员0.2~0.3人。上述人员中的60%为维护人员(包括辅助工作人员)。

六、保证工程机械维护质量的措施

1. 编制维护工艺卡片

为了采用先进的维护工艺,统一操作方法,以保证维护作业的质量要求,维护机构要根据维护规程所列的作业项目和要求,结合本单位具体情况,编制主要机械的维护工艺卡片,以指导作业人员做好维护作业,保证质量要求。

维护工艺卡片的主要内容应包括:机械的名称、规格、型号、编号、维护级别;机械的技术状况和存在问题;维护作业项目和操作方法;作业的技术要求和质量标准;安全措施和注意事项以及规定的作业时间等。

2. 机械维护质量的分工要求

(1)机械管理部门应设专人对维护质量进行全面监督检查,对维护中的各项资料进行分析,掌握机械技术状况,为编制维护工艺总结经验积累资料。

(2)机械使用单位要负责编制维护计划,并对维护前和维护后的质量检验作出记录,同时要保证维护必需的物资供应。

(3)维护作业单位要在保证质量的前提下,按期完成维护任务,不影响施工生产需要。

(4)维护作业人员要对维护机械的质量全面负责,认真执行维护工艺卡片的要求。

3. 机械维护质量的检验

（1）机械维护必须坚持"预防为主，质量第一"的原则。严格按照规定的项目和要求进行维护，确保质量。不得漏项、失修，也不得随意扩大拆卸零件范围。

（2）必须坚持自检、互检和专职检验相结合的检验制度。凡由操作工进行的维护，应由承保人自检，班组长复检，专职人员抽检。凡由专业维护单位进行的维护，应实行承保人自检、互检、班组长复检、专职人员逐台检验和操作人员验收的制度。

（3）建立维护竣工合格证制度。维护单位对维护（二级及以上）竣工的机械，必须经过专职检验员检验合格，签发维护竣工合格证后才能出厂，并应对维护竣工出厂的机械实行质量保证（保证期为 5~10 天）。在保证期内因维护质量造成机械故障或损坏，应由维护单位负责修复。

（4）维护单位要创造条件，逐步实现检验仪表化，采用先进的检测诊断技术，使质量检验工作建立在科学的基础上，以提供可靠保证。

任务三 制订工程机械维护计划

工程机械技术维护工作是按维护间隔周期（即工作小时）强制进行的。首先要确定出何时进行哪一级别的技术维护（项目），即制订出工程机械技术维护计划，以便明确任务，安排维修力量，协调与生产方面的工作。

一、制订技术维护计划的依据

工程机械技术维护计划分年度计划、季度计划和月度计划 3 种。其中年度计划主要用来平衡各季度维护项目和维护次数；季度计划主要用来平衡每月维护项目和一般维护次数；月度维护计划则是确定各级维护进行的日期和停机日。

通过制订年度、季度和月度维护计划，可使有关管理人员合理安排维修力量、维护资金，做好配件供应计划；尤其重要的是使管理人员根据工程施工需要，重视机械设备维护管理，将使用与维护工作有机地结合起来。制订工程机械技术维护计划的依据如下：

（1）工程机械的年度、季度、月度工程使用计划。
（2）工程机械已使用工作小时数（实际使用小时数）或行驶里程。
（3）工程机械的技术现状和维护情况。
（4）现有维修力量（人员、检测仪器、经费等）。
（5）各种工程机械的维护间隔期。
（6）配件的供应情况（来源、质量、价格等）。
（7）施工环境（包括施工现场的地质、土质、气候条件等）。

只有综合考虑上述制订计划的依据，才能使工程机械维护计划更符合工程实际，才能易于实施。否则仅把工程机械维护计划提供出来，不考虑施工现场的客观条件，就不可能按计划实施，达不到机械状况好、施工成本低、生产效益好的目的。

二、制订工程机械技术维护计划的方法

由于工程机械品种、规格繁多，因此，分门别类编制每台工程机械的技术维护计划是一

项复杂、细致的工作,必须由专人负责编制、统计、检查,以防机械设备失去维护、遗漏维护和跨级维护。

1. 年度工程机械维护计划的制定

应根据下年度工程计划中使用的机型、台数以及计划使用的工作小时,先制作出一张工程机械各级维护进程表(表7-1);然后以每台机械已使用工作小时为起点,再加年计划使用工作小时后为终点,在进程表中查出该机械应进行的技术维护等级和次数,填入"年度工程机械技术维护计划表"即可。

例:某公司有一台ZL50E型装载机,2006年底已累计使用1600工作小时;2007年度计划使用1200工作小时。制订ZL50E型装载机维护计划时,首先按照维护计划等级规定制作出一张国产工程机械各级技术维护进程表(表7-1)。

工程机械各级维护进程表(0~4600工作小时区段)　　　表7-1

累计工作小时	50	200	400	600	800	1000	1200	1400	1600	1800	2000	2200
维护级别	走合维护	1	1	2	1	1	2	1	1	3	1	1
累计工作小时	2400	2600	2800	3000	3200	3400	3600	3800	4000	4200	4400	4600
维护级别	2	1	1	2	1	1	3	1	1	2	1	1

通过列表可以看出,在2007年ZL50E型装载机计划使用1200工作小时使用期内(即起点为1600h,终点2800h),需进行:一级维护,4次;二级维护,1次;三级维护,1次。

在确定了2007年内各级维护次数后,便可将有关参数填入2007年度工程机械技术维护计划表中,见表7-2。

2007年度工程机械技术维护计划表　　　表7-2

序号	机械名称	型号	统一编号	上年度累计使用工作小时(h)	本年度计划使用工作小时(h)	全年各级维护次数			备注
						一级	二级	三级	
1	装载机	ZL50E		1600	1200	4	1	1	

编制单位(盖章):　　　　　　审核:　　　　　　制表:　　　　　　日期:

2. 季度工程机械技术维护计划的制订

季度工程机械技术维护计划要求分月列出每台机械应进行的维护级别和次数。编制方法与年度维护计划相似。编制时必须掌握每台工程机械上季度底止已使用工作小时,然后根据各月份使用工作小时和该机型的技术维护周期小时(表7-1),将其填入表7-2中,即成季度工程机械技术维护计划表。

例:某公司的ZL50E型装载机,在2007年一季度底止已累计使用1880工作小时,第二季度计划使用520工作小时,各月使用小时分配如下:4月份计划使用:180工作小时;5月份计划使用:180工作小时;6月份计划使用:120工作小时。

试制订2007年第二季度ZL50E型装载机技术维护计划。

根据上述已知条件,结合表7-1可知:2007年第二季度该装载机需进行一级维护2次,二级维护1次,其中:4月份一级维护1次;5月份一级维护1次;6月份二级维护1次。

将上述结果填入表7-2中,即成季度机械技术维护计划表。

3. 月度工程机械技术维护计划的制订

根据本公司月份工程机械使用计划中的每台机械设备计划使用的小时数,以及该机械设备上月底累计工作小时数,即可编制"月度工程机械技术维护计划表"。该表应一式四份,操作人员、机械化施工项目部、维修人员及机械设备管理部门各一份。

月度工程机械技术维护计划的制订要注意协调使用与维护的工作安排,尽可能不因施工而推迟维护,也不因维护做得不好而影响工程机械的施工使用。编制月度计划的目的是为了统一计划使用维修力量,提前准备配件、材料等,缩短维护时间,减少对工程施工的影响。

任务四 实施工程机械维护

一、工程机械维护的原则

工程机械维护必须贯彻"维修并重、预防为主"的原则,做到"定期维护、强制进行",严格按照规定的维护范围、作业内容、指定的附加小修项目和技术要事进行维护,确保维护质量,不得漏项、失修,也不得随意扩大拆卸零件范围,以保障工程机械经常处于良好的技术状况。

一般情况下工程机械维护采用就机维护综合作业方式,规模较大、机械设备较多的单位可采用定位维护专业分工的方式。有条件的单位还可采用总成互换的维护方法。采用专业分工作业方式时,可实行定部位、定人员、定机具、定进度、定质量的五定责任制。采用综合作业方式时,也应根据情况实行必要的责任制度。

维护工作完成后,应进行检验,并将维护的主要技术资料、维护类别、起止时间、维护单位、主维护人、维护主要内容和质量检验情况登记在履历书和维护登记簿内。操作人员应随机参加维护,配合维护工人做好维护工作。一般情况下,操作人员应完成日常维护、一级维护的作业项目。

在维护工作和施工生产发生矛盾时,应积极进行平衡,既要坚持定期维护的原则,又要千方百计满足施工生产的要求,必要时可以采取缩短停保时间或在允许的范围内延期进行等办法处理。延期进行维护时,延长时间不得超过规定时间间隔的10%。工程机械的技术状况不能延期维护时,可利用机械的空闲时间分段进行维护,即将规定的维护项目分几次进行,这样既完成了规定的维护内容,又可不停机。

工程机械管理部门应负责组织领导和督促检查维护工作的进行,定期对维护资料进行分析,掌握工程机械技术状况变化的规律,找出使用和维护工作中存在的问题,采取措施,改进工作。

二、工程机械维护规程

目前,公路施工机械的维护管理实行的是预防性计划养修制度,也称计划预期养修制。在执行的方式上,机械维护保养实行强制维护制,即按规定的间隔周期强制进行。

工程机械维护规程是规定机械维护分级(或分类)、周期、作业项目(或部位)和技术要求的一项技术组织措施。尽管机械的使用说明书中有一些相关的规定,但面对种类繁多的施工机械,特别是经过大修的各类进口机械,要想使机械维护工作有序、有效、经济地运行,仍有必要制定统一的机械养修规程,以确保机械经常处于良好的工作状态,避免机械出现早期或过度磨损,以及不正常损坏的不合理使用现象的发生。

交通运输部工程管理司委托中国公路学会筑路机械学会,组织全国有关省、市、自治区及部直属有关单位编写的《公路筑养路机械保修规程》(以下简称保修规程),应该是筑养路机械操作人员、保修人员必须遵守的技术准则,是机械技术人员和管理人员必须掌握的技术法规,也是各级机械管理部门评定机械养修质量的依据。

1. 机械设备维护分级

保修规程规定,大、中型机械,一般采用例行维护及一、二、三级维护制;小型机械,采用例行维护和一、二级维护制。运输车辆采用日常维护、一级维护、二级维护制。

从维护的目的上看,还有下面几种形式的维护,它们在作业内容和要求上,均参照上述某一级维护进行。

封存和启用维护:指机械设备封存时或封存后启用时进行的维护。

走合维护:指新的或大修后的机械在投入使用初期所进行的一种磨合性维护。走合维护按走合期的规定进行。

换季维护:指机械在季节温度变换时所进行的一种适应性维护,其主要作业内容是换用适合不同季节温度的燃油、润滑油、润滑脂和液压油,采取防寒或降温措施。换季维护应结合定期维护进行。

2. 机械设备维护周期

各类国产机械设备的维护周期见表7-3。

国产机械设备的维护周期　　　　　表7-3

类别 \ 级别	一 级 维 护	二 级 维 护	三 级 维 护
大中型机械	200h	600h	1800h
小型机械	600h	1200h	无
运输车辆	一级维护	二级维护	无

一般情况下,凡构成固定资产的筑养路机械、车辆以及附属装置,其原值在40万元以上(含40万元)的属大型机械;原值在(5~40)万元的属中型机械;原值在5万元以下的属小型机械。具体的机械究竟属于哪种类型,可以通过该机械在保修规程中规定的维护周期看出。

各类进口机械原则上按随机维修说明书规定执行,但为统一起见,维护周期按国产机械所列周期执行,原说明书中对维护周期有明确要求的,均被列在技术要求及说明栏中加以说明。

例行维护或日常维护由驾驶员负责执行,一、二、三级维护或一、二级维护一般由专业维修工人负责执行。

3. 机械设备维护作业项目和技术要求

保修规程规定了机械设备维护的作业项目和技术要求。作业项目是指针对各总成如发动机、电器设备及仪表、液压系统、转向系统、制动系统、传动系统等,确定养护作业的具体内容。技术要求则是针对养护作业的具体内容,提出作业应该达到的质量技术标准。

例行维护或日常维护作业的中心内容是清洁、补给、安全检视和一般运行或行车故障排除。其他各级养护的作业中心内容,则是在例行维护或日常维护作业的基础上,进行润滑、紧固、检查和调整。它们之间的关系是:低级维护是高级维护的基础,高级维护的作业内容包含低级维护的作业内容。

三、下达工程机械维护计划

下达维护计划时,应注意以下方面:

(1)机械的技术维护计划,应和机械使用计划同时下达。

(2)技术维护计划应同时下达给机械使用部门和保修部门,月份维护计划还应抄送或通知操作人员、机械班组,以保证维护计划的落实。

(3)技术维护计划和施工或养护生产发生矛盾时,不可因施工或养护而挤掉维护工作,应本着既要坚持定期维护制度,又要满足施工或养护生产需要的原则处理。为此可提前或延期进行维护,但延长时间不得超过规定间隔期的10%。机械的技术状况确实较差,不能延期维护时,可利用机械的空闲时间,分时分段进行,即将规定的维护项目分几次进行,这样既完成了规定的维护内容,又不影响施工生产。

四、实施工程机械维护计划

(1)维护计划是组织机械按时进行维护的依据。机械使用单位在安排施工生产和机械使用计划时,必须安排好维护计划,并作为生产作业计划的组成部分。在检查生产计划执行情况的同时,要检查维护计划的执行情况,切实保证维护计划能按时执行。

(2)维护计划应按月度编制,由使用单位机械管理部门于月前根据每台机械已运转台时,结合下月需用机械的情况,按照维护间隔期确定每台机械应进行的维护级别和日程,经单位主管审定后下达执行。

(3)为保证维护计划的按时进行,机械使用部门应负责保证维护计划规定的所需作业时间,机械管理部门应保证机械计划工作日,操作和维修人员应按分工保证机械维护作业进度和质量。对拖延维护导致机械损坏者,要按机械事故处理。

(4)机械管理部门要检查督促维护计划的实施,在机械达到维护间隔期前,要及时下达维护任务单,通知操作或维修人员进行维护。如因生产任务原因需要提前或延期执行时,须经机械主管人员同意,但延期时间不应超过规定间隔期的10%。

(5)维护任务完成后,执行人要认真填写维护记录,二级以上维护作业完成后,由机械管理部门审查维护记录,并将有关资料纳入技术档案。

五、工程机械维护质量检验

工程机械维护必须建立专职检验和群众检验相结合的体制,坚持自检、互检和专职检验相结合的检验制度。

专职检验机构或人员负责维护、修理质量的检验工作,独立的维护班组(如维护车间)可设立专职或兼职的质量检验员负责工程机械技术维护质量检验工作。必须坚持由操作人员进行的维护(如例行维护、一级维护)应由操作人员自检,班组长复检,专职人员抽检;由专业维护人员进行的维护(如二级维护、三级维护)应实行维护人自检、互检,班组长复检,专职人员逐台检验和操作人员验收的制度。

通过维护后和进行维护前对维护项目的对比检查,结合工程检验可以较准确地判断维护质量。工程机械维护质量检验应贯彻维护前检查、过程检验和维护后验收的三检制度。二级维护以下的维护前检查和维护后验收,应进行原地检查和原地发动检查,必要时进行短途行驶检查。二级维护后应进行原地检查、原地发动检查和短途行驶检查,必要时进行负荷工作检查。一般情况下,不得进行解体检查。

工程机械维护质量检验应逐步实现检验仪表化,采用先进的检测诊断技术,使工程机械维护质量检验工作建立在科学的基础上,达到准确、可靠。

项目八 工程机械修理管理

知识目标

1. 学习工程机械修理管理的内涵及绿色维修、再制造技术。
2. 掌握工程机械修理的作用与分类，工程机械修理作业内容。
3. 识别工程机械总成、整机大修送修标志。

能力目标

1. 编写制订工程机械年度、季度、月度修理计划。
2. 组织实施工程机械总成、整机大修作业。
3. 组织完成工程机械修理作业的质量检验与验收。

任务一 明确工程机械修理的作用与修理方法

一、工程机械修理

1. 工程机械修理的基本概念

工程机械在使用过程中，由于受外界负荷及内外部因素的影响，机械的零部件必然会发生磨损、疲劳、变形、腐蚀和老化等现象，加强对工程机械进行维护，虽然能有效地减轻或减缓上述现象，但不能完全防止其产生。因此，随着工程机械使用时间的增加，机械设备的动力性能、经济性能和安全可靠性等技术性能必然会不断降低，最终将不可避免地产生各种故障，导致工程机械不能正常工作。

为了恢复工程机械的技术性能、使其能正常工作，必须对工程机械采取一系列的技术措施，这些为恢复已发生故障机械设备的技术性能而对其进行的拆卸、清洗、检验、修复、更换、装配、调试等一系列的技术措施即统称为工程机械修理。修理是恢复机械设备完好、保持机械设备技术性能指标的唯一手段，是机械设备管理中的一项重要工作。工程机械修理的对象是已产生或即将产生故障的工程机械设备，其目的是排除故障或故障隐患，使工程机械恢复正常的技术状态。

2. 工程机械修理的作用

（1）恢复机械设备的技术性能，保证工程机械正常工作。即使在正常使用、维护的前提下,任何机械设备都不可能永远保持正常的工作状态。随着时间的推移,组成机器的各零部件必然会发生磨损或其他变化;当一些零部件的磨损或变化超过了使用允许的限度时,就会导致机器不能正常工作,就必须修理。通过修理,恢复零部件的几何尺寸、表面粗糙度、理化性能和装配间隙等,使零部件、总成达到正常的技术指标、工作状况,才能恢复机器的性能指标并正常运转,才能有效地降低机械设备故障对工程施工的影响。

(2)延长机械设备使用寿命,降低工程建设项目成本,提高施工单位经济效益。任何机械设备都不能无限期地使用,都有规定的修理标志和相应的修理间隔期,达到修理标志就必须进行修理;否则,工程机械就无法正常使用,就会严重影响工程建设项目的工期和质量。一般情况下,在机械设备整个寿命周期中,可进行4次大修,加上新机出厂后的间隔期,共有5个大修理间隔期的寿命;除第一个大修间隔期是由工程机械生产制造企业决定外,其余的大修理间隔寿命都是通过大修取得。因此,在同样的使用、维护条件下,机械设备使用寿命的长短主要由大修质量所决定。

通常,一台机械设备如果未经过大修就报废,只能使用一个大修理间隔期,只达到规定使用寿命的1/4左右;但一台机械设备的一次大修费用约只占原值的1/3,可获得相当于新机3倍的使用寿命,可大幅度降低机械设备使用成本,节约资源。在满足工程项目建设速度、质量、安全、环保的前提条件下,合理延长机械设备使用寿命,可减少购置新机械设备的投资,降低工程建设项目成本,提高施工单位经济效益。

二、工程机械修理的作业方法与修复工艺

机械设备的修理方法因工程建设项目工期需要,零部件自身的材料、结构不同,零部件损伤的部位、形式、程序不同而异。总体而言,常用的主要有钳工和机加工修理方法、焊修、喷涂、电镀、黏结和压力加工6大类。

1.钳工和机加工修理方法

钳工和机加工修理方法是指利用钳工和机加工的方法来恢复零部件技术状况的修理方法。这类方法是各种修复工艺中性价比最好、实际修理中应用最多的一类方法,它包括更换新零部件(或新总成)法、调整法等6种作业方法。

(1)更换新零部件(或新总成)法。

已经磨损、损坏不可修复或不值得修复的零部件,可以用新的零部件替换。零部件的更换主要取决于两方面的因素:一是技术上的原因,二是经济上的原因。技术原因是指零部件磨损或损坏较严重,无法修复或修复后不能满足技术要求;如有的发动机曲轴可继续修磨、强度足够,但修复后与之配合的轴瓦尺寸超过允许限度,而买不到与曲轴轴颈相配的轴瓦。经济原因是指零部件修复后所耗用的成本比新零部件价值还高,不值得修复;如大修发动机时,活塞环必须全部更换而不进行修复。

在工程项目建设过程中,为了不影响工期,机械设备各总成产生故障后,施工单位通常采取新总成更换法进行修复。

(2)调整法。

调整法是一种最简便、最经济的方法,应优先采用。很多机械设备在设计制造时就考虑到一些部位的调整问题,例如柴油机的气门挺杆、高压泵的挺杆都可用改变螺丝和螺母的相

对位置维持规定的挺杆长度;又如螺旋锥齿轮的啮合间隙、锥形滚柱轴承的游隙调整等均采用调整法。

(3)换向换位法。

换向换位法指的是对于使用中仅是单边磨损或损伤具有明显的方向性零部件,如结构允许,可将其换个方向安装,以使零部件没有损伤或损伤很少的一面换到工作位置,从而恢复机械设备性能,使其正常工作的方法。

例如,履带式推土机,当其单边磨损到一定程度后,即可采用换向换位法将推土机左、右两侧的最终传动齿轮和驱动链轮变换安装,又如推土机铲刀的主刀板,当其单边磨损到一定程度后,也可采用换向换位法将推土机铲刀的每一块主刀板换向 180°安装,从而利用其未磨损的一面继续工作。

(4)修理尺寸法。

修理尺寸法是修理配合副零件使其恢复配合性能的一种修理方法。修理中,对于损伤超限的配合副零件,可对其中一件的配合(工作)表面进行机加工整形,以恢复其形状精度和表面质量,然后根据零件加工后的新配合尺寸及配合性质的要求,更换与之相配合的另一配合零件的修理方法即称修理尺寸法。修理后配合零件的尺寸与原来不同,这个新尺寸称为修理尺寸,修理尺寸与原尺寸的差值则称修理间隔。

例如,曲轴与轴承配合副,当磨损使配合间隙超限时,采用磨曲轴而更换相应尺寸轴承的修理方法;又如发动机缸体磨损后按修理尺寸镗孔,更换加大活塞的修理方法。

修理尺寸法的优点是能有效地延长配合副中贵重零件的使用寿命,但是由于配合尺寸的改变,破坏了零件的互换性,给机械设备的维修带来了很大的不便。为了解决零件互换性问题,各行业对于本行业较适合采用修理尺寸法修复零件的各级修理尺寸及级差做了明确的规定,并组织四次一定量的各级修理尺寸的配件,以满足维修需要。修理中仅需确定修理尺寸或修理级差即可。例如:曲轴轴颈的修理间隔一般为 0.25mm,最大允许修理量为 1.5~2mm;发动机汽缸孔的修理间隔一般也为 0.25mm,最大允许修理量为 1.5~2mm。

(5)附加零件(镶套修理)法。

附加零件法也是用于修理配合件的。对于配合零件,当其磨损超限时,可将零件配合表面机加工整形,并在原配合件中增加一个附加零件,以恢复原有的配合,称为附加零件法。

例如,气门座磨损烧伤后镶气门座圈,干式汽缸镶汽缸套等均属于附加零件(镶套修理)法。

附加零件(镶套修理)法的优点是可一次恢复很大的磨损,零件加工时不受高温影响,修复质量高,可多次更换附加零件,有效延长复杂零件的使用寿命。但其对零件强度有较大削弱,且往往受到零件结构的限制而难以实施,工艺也较复杂。

(6)局部更换法。

局部更换法是对于使用中仅局部损伤超限而其他部位完好的零部件所采用的一种修理方法。对于此类零部件的修理,可将其损伤严重部位去除,然后采用焊接、镶嵌、螺钉连接等方式重新连接上一个新的部分,以恢复零部件原有形状、尺寸及表面质量等。如大型齿圈的个别齿损坏超限时,采用的镶齿或镶齿扇的方法即是局部更换法。这种方法的优点是能有效地修复大型零部件的局部损伤,能节约大量金属材料,但其修复工艺复杂。

2. 零部件的焊接修复

零部件的焊接修复是将焊接技术应用于零部件的修理而产生的各种修复方法。其具体的方法种类较多，应用广泛，但从修理的内容和目的来看主要有以下两类。

（1）焊补各种金属零部件的裂纹、破损、断裂等损伤。焊补的目的是使零部件的破、裂、折断等处重新恢复原来的连接状态，并能承受足够的荷载，满足零部件的工作要求（如密封、防泄漏等）。采用的方法是通过各种焊接工艺在金属零部件的损伤部位形成一定的焊缝，利用焊缝金属使零部件间形成牢固的冶金连接，因而连接强度高，修理质量好。

由于工程机械基础件、结构件较多，且形状复杂、荷载重而多变、冲击荷载大，因此各种断裂部位较多。这些断裂部位都属于金属件，一般易于施焊，焊接后大多无需加工，且所需焊接设备简单，因此这种方法特别适合于工程施工现场维修。常用手工电弧焊和氧—乙炔火焰焊两种作业方法。

（2）堆焊是采用电弧或各种火焰将焊条（或焊粉）溶化堆敷在零件磨损表面，使其与零件基体金属熔接相连，从而在零件表面形成一层敷盖层，使零件磨损部位得以恢复的特殊焊接方法。

堆焊修复的优点是生产率高、可快速修复磨损量很大的零件，且修复堆焊层的硬度高、耐磨性好、与基体金属结合强度高；缺点是局部高温对零件的影响大，堆焊层内应力大、降低零件的疲劳寿命，且设备、工艺复杂，焊料品种多，难于配齐，因而影响其使用。此方法适用于要求具有较高耐磨性，且承受疲劳荷载较小的零件磨损的修复，如履带式机械行走机构零件的修复。

3. 喷涂

喷涂也是一种在零件磨损表面涂敷一层金属（或非金属材料）敷盖层，从而对磨损的零件进行恢复尺寸的修理方法。它是用高速气流将熔化的粉末材料或金属线材吹成雾状，并使之喷射向事先处理好的零件表面上，从而在零件表面形成一层金属敷盖层以修复磨损的零件。

喷涂修复的优点是零件受热影响小，能一次快速修复很大磨损，且修复层的耐磨性、磨合性均很好；缺点是涂层与基体金属结合强度低，且喷涂过程噪声大、金属损耗多、环境污染重。此方法适用于修复各种在润滑条件下工作的配合副轴颈的磨损，如发动机曲轴轴颈磨损后的修复等。

4. 电镀

电镀是利用电镀技术对零件磨损表面进行恢复尺寸的一种修复方法。其修复过程是将金属零件浸入到金属盐的溶液重，并将其作为阴极通电，在电场作用下溶液中的金属阳离子就会在零件阴极表面得到电子而结晶析出沉积到零件表面，从而形成镀层修复磨损的零件。

电镀修复的优点是金属修复层的强度、硬度、耐磨性、耐腐蚀性均较好，且镀层表面光滑平整，对基体金属无高温影响；缺点是镀层性能随镀层厚度增加而急剧下降，生产率低、对环境污染大，设备复杂。此方法适用于修复磨损量小（一般不超过 0.5mm）、加工精度要求高的零件，如液压元件的修复。

5. 黏结修复

黏结修复是利用化学黏结剂与零件表面产生物理化学等多种综合作用来将两个零件

(或破损件)牢固地黏结成一体的修复方法。在修理中主要用于:代替铆接来连接构件(如离合器摩擦片的黏结等);粘补破损的零件与裂纹(如缸体破裂的粘补等);黏结修复零件局部磨损(如液压缸活塞杆磨损粘补等)。

黏结修复的优点是操作简单方便,可用于任何材料间的黏结,接头部位应力分布均匀、耐疲劳性好,粘补处防漏、密封性好;缺点是抗冲击、弯曲、剥离的强度低,耐高温、抗老化性差。常用的黏结剂包括有机黏结剂和无机黏结剂两大类,有机黏结剂主要有环氧树脂黏结剂和酚醛树脂粘黏结,无机黏结剂主要为氧化铜与磷酸铝溶液配成的黏结剂,可直接从市场上选购成品使用。

6. 压力加工修理法

压力加工是利用外力作用使金属零件产生塑性变形,恢复零件的几何形状或使使零件非工作部位的金属向磨损部位移动,以补偿磨掉的金属,恢复零件工作表面原来的尺寸和形状的修复方法。

压力加工修理法的优点是省工省料,修复质量好,生产效率高,成本低;缺点是需要专用模具,应用受材料结构、性质限制。此方法适用于修复形状简单、材料塑性好的零件,如气门镦粗修复、连杆衬套挤压加工等。

任务二 识别工程机械修理分类及标志

一、工程机械修理的作业内容

工程机械修理的作业内容较多,主要是恢复零件的几何形状、几何尺寸、表面粗糙度、理化性能和装配技术条件。同时,包括对修理部位和规定的部位进行维护作业的全部内容。

修理时,必须按修理范围对需修部位进行解体、清洗和鉴定,保留免修范围的零件,修复可修、值得修复的零件,更换不可修、不值得修复的报废零件,按技术标准重新进行装配,然后试运转和整体检验,达到规定的性能参数后,方为修理完毕。

对可修、值得修复零件进行修复的工艺有"焊、补、喷、镀、铆、镶、配、涨、缩、校、粘、改"十二字修旧作业法。

二、工程机械修理分类

根据修理工程机械的内容、性质不同,划分为小修、项修、中修和大修。

1. 小修

小修是指工程机械使用过程中所进行的一般零星修理作业,排除由偶然因素引起的突发性故障。其目的在于消除工程机械在使用过程中,由于操作、使用、维护不良或个别零件损坏而造成的临时故障和局部损伤,以维持工程机械的正常运行。小修属于事后修理,一般在修理车间或施工现场完成。

2. 项修

项修是指工程机械在进行二级、三级维护或转移前维护过程中,根据维护前对工程机械运行情况或技术状态检测的基础上,针对即将发生故障的零件或技术项目而进行的事前单项修理作业。其目的是消除工程机械存在的故障隐患,更换损伤严重的零部件,平衡零部件的使用寿命,使工程机械在两次维护之间或转入新工地之后能维持正常的技术状态。项修的作业内容视修理项目不同而有较大区别,一般结合维护计划同时安排进行。

3. 中修

中修是指工程机械在两次大修之间,对一个或几个总成有计划进行的平衡性修理。工程机械经过一定时间的使用之后,有的总成磨损较慢,有的总成磨损较快,使工程机械不能协调一致地正常工作。为此,对工程机械部分总成进行大修,以调整各总成之间的不平衡状态,恢复工程机械技术性能。中修一般需有计划地安排在修理厂或工地修配车间进行。

4. 大修

大修是指全面恢复整机技术状况的修理。大修时要对工程机械进行全面的解体、清洗、检验、修理或更换损坏及磨损超限的零件,重点在于基础件、重要零件的修复与更换,并对外观进行整修。大修后的工程机械应达到新机械出厂时的技术性能指标,大修应根据工程机械的工作时间及技术检验结果有计划地安排进行,大修工作一般在修理厂内完成。

三、工程机械总成及整机大修标志

在工程机械运行过程中,应定期对工程机械技术状况进行检测,当发现其技术状况明显劣化,达到了工程机械总成或整机的大修标志时,需及时安排对工程机械进行大修。

1. 发动机大修的标志

发动机大修标志为下列4项之一:

(1)动力性显著降低,经调整后无明显提高。发动机功率较额定功率降低25%以上或移动式工程机械较正常情况下需降低一个挡位工作。

(2)汽缸磨损超限,汽缸压缩压力达不到额定压力的75%。

(3)机油消耗量显著增加,压力下降;燃油消耗量显著增加。

(4)发动机运转中连续发生敲缸、轴承响、活塞销响等异响。

2. 轮式底盘总成大修标志

(1)机架总成。主梁断裂、锈蚀、弯曲或扭曲变形超限,大部分铆钉松动或磨损,主要焊缝开裂,必须拆卸其他总成后才能进行校正、修理或重新铆接方能修复者。

(2)变速器总成。壳体破裂、轴承座孔磨损超限,齿轮或轴出现严重磨损需彻底解体修理者。

(3)驱动桥总成。桥壳破裂、变形,半轴套管座孔磨损超限,主减速齿轮严重磨损,需要校正或彻底修理者。

(4)转向桥总成。桥梁裂纹、变形,主销孔磨损超限,需要校正或彻底修理者。

(5)工作装置总成。主要零部件裂纹、变形,铰接销孔磨损超限,需要校正或彻底修理者。

3. 履带式底盘总成大修标志

(1)机架总成大修标志同轮式底盘。

(2)变速器总成(包括分动箱)。壳体破裂、轴承座孔磨损超限,齿轮及轴磨损严重,运转中有脱挡现象及不正常响声,锥齿轮磨损超限需修换者。

(3)转向离合器总成(包括制动器及液压助力器)。离合器外壳、压盘及分离杆破损、磨损、翘曲超限,摩擦片磨损、硬化、龟裂,制动带需重新铆接,液压助力器壳体、柱塞、油泵轴头、齿轮等磨损松旷致使操纵力增大至 80N 以上,离合器、制动器、助力器操纵机构零件磨损超限而无法使其正常结合需修理者。

(4)驱动机构总成。最终减速器壳体、主动接盘、驱动轮体破裂,各轴承座孔磨损超限,大部分花键轴、驱动轮、半轴磨损或变形断裂,减速器齿轮磨损松旷运转时有异响,各轴承、弹簧、护油圈磨损漏油有 50% 以上需修换者。

(5)行走机构总成。八字架变形、断裂,各轮组轮缘工作面磨损严重,轴套、轴、挡板松旷有 30% 以上需修换者。

(6)工作装置总成大修标志同轮式底盘。

4.液压系统大修标志

液压泵、马达壳体破裂,轴头磨损超限,内部零件磨损严重致容积效率下降超过 25% 或运转时产生异响必须解体修理,液压缸密封失效或磨损严重致外泄漏明显或液压缸沉降量显著增大,液压缸动作效率及作用力明显下降,液压系统管路及橡胶密封件老化破裂使系统多处泄漏无法正常工作,系统各阀类元件损伤超限致使系统压力、流量、方向控制准确性显著下降且调整无效需拆修或更换。

5.电动机、发电机大修标志

(1)在额定荷载下测量线圈温度超过规定值。

(2)线圈烧损、断路、短路。

(3)转子轴弯曲、松动、裂纹轴头磨损超限,滑环整流子烧损、磨蚀到极限,绝缘不良,铁芯嵌线槽内绝缘有枯焦脱出现象,碳刷架破损变形。

6.空气压缩机大修标志

(1)风量、风压显著降低,对阀及调节器调整后仍达不到额定参数,排气量比额定参数减少 25%。

(2)在没有外漏的情况下,机油消耗量增大,排气口有严重喷油现象。最后运转 30h 内的机油添加量超过定额 100%。

(3)在运转时,产生严重的异常响声。

(4)主要零部件磨损超限。

7.工作装置大修标志

(1)推土装置、松土装置严重变形或破裂。

(2)铲运斗框架或上梁严重变形,底板、侧板及推土板破裂。

(3)起重臂中心线偏移或挠度超过使用限度。

(4)挖掘斗、斗杆、动臂破裂、变形。

(5)平地机的牵引架、环齿圈、刮刀、松土器及其固定装置破裂、严重变形。

(6)工作装置严重变形、破裂,不能满足正常使用条件。

8.整机大修标志

工程机械整机大修标志为下列两条之一:

(1)发动机和机架总成同时达到大修条件。

(2)发动机和其他 1/2~1/3 总成同时达到大修条件。

四、工程机械修理计划的制订

在制订工程机械修理计划时,为了既保证工程机械能及时得到按需修理,避免过度修理或修理不足,同时又尽可能减少机械修理对工程施工的影响,减少停机时间,提高工程机械利用率,应注意以下几点:

(1)工程机械修理的作业内容、作业深度,除小修作业外,须依据对工程机械进行技术检测基础上的综合技术评定来确定,以做到按需修理。

(2)在确定修理作业内容时,应考虑工程机械的使用环境、负荷程度、运行总时间及维护水平等因素后综合评定。

(3)对于作业量及作业难度较大的项修、中修及大修,应尽可能安排在工程施工淡季,以减少停机修理对工程施工的影响。

(4)工程机械的检测维修必须配备足够的技术力量及检修设备,并严格按照检修计划与技术标准进行。

任务三 组织实施工程机械大修

一、工程机械修理工艺与劳动组织

1. 工程机械大修工艺过程

工程机械大修工艺过程是指工程机械在大修理期间,从工程机械的入厂检验交接直至修理竣工出厂的整个工艺过程。工程机械大修的基本工艺过程分为就机修理工艺与总成互换修理工艺两大类。

(1)就机修理工艺。

就机修理工艺是指在工程机械的大修过程中,一台机械设备上的零件经过清洗、检验、修理之后仍装回到原来机械设备上的修理工艺。其大修工艺过程如图8-1所示。

这种大修工艺的特点是修理所需的配件储备少,便于组织生产,适合于分散作业及修理量小而机型复杂的修理厂。但由于需等修理时间最长的零件修好之后才能进行组装,易造成停修待料现象,工程机械停修时间长。

(2)总成互换修理工艺。

总成互换修理工艺是指在大修过程中,除机架等基础件采用就机修理之外,其他部件、总成均用事先修好的(或新的)总成来进行替换修理,而换下的部件、总成则另外安排修理。其大修工艺过程如图8-2所示。

总成互换修理工艺的优点是修理速度快,机械设备停修时间短,但要求储备一定数量的备用总成,因而较适合于修理机型相对固定、修理量较大的修理厂。

2. 工程机械修理的劳动组织

工程机械大修过程中的劳动组织是指大修过程中相关人员的组织方法。在工程机械大修过程中,相关人员的组织按作业方式不同分为如下两种。

(1)综合作业法。这是指在对一台工程机械的修理过程中,除了部分零件的修配加工由专业人员完成外,其他全部修理及装配工作都由一个修理小组来负责完成的作业方法。这种方法的特点是组织简单灵活,适用于分散作业,但对修理工要求高,修理质量不稳定,停修时间长。一般适用于修理量不大且修理机型多的修理厂。

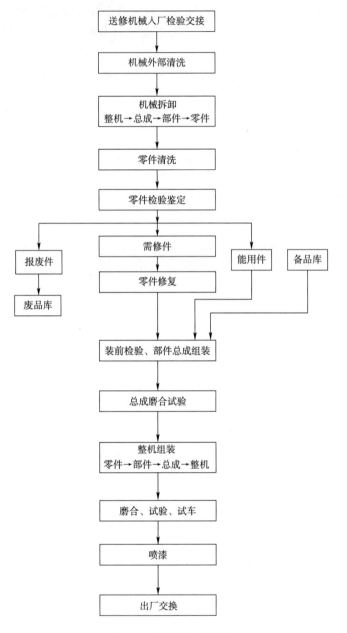

图 8-1 就机修理工艺过程

(2)专业分工法。这是指将工程机械的修理作业按工种、部件、总成或工序分成若干个单元,每个单元由一人或几人专门负责完成的组织方式。其特点是专业化程度高,易于提高单项作业的熟练程度,可采用专用工具,修理质量稳定、工作效率高、速度快、机械停修时间短、成本较低。但要求有较高的组织管理水平,各个单元必须紧密配合完成工作。适合于修理量大且机型相对固定的修理厂。

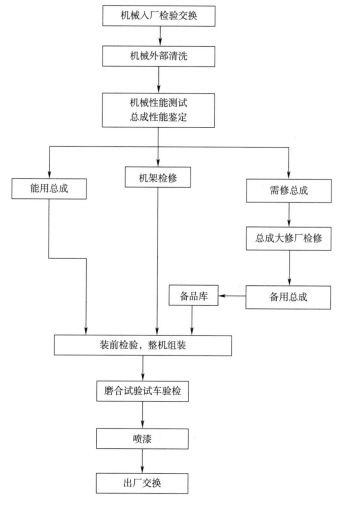

图 8-2 总成互换修理工艺过程

二、工程机械修理的质量检验与验收

1. 工程机械修理检验质量分类

工程机械维修过程中的质量检验工作是保证修理质量的关键,也是防止返工的重要环节,其检验的对象既有零件、部件,也包括总成和整机,贯穿维修的全过程。一般按工程机械在维修过程中的工艺位置不同,检验分为下列几种。

(1) 零件修理过程中及修后检验。

零件修理过程中检验是指修理人员根据修理工艺要求,为检查或控制零件修理质量而进行的检验。由维修人员自行完成。其目的是通过检验来判断零件修理是否达到了技术要求,是否需继续修理。

修后检验则是对修理竣工零件所进行的质量验收检验。一般由专业技术人员负责,通过检验判定零件是否达到了技术要求,确定其是否为合格品、废品或返修品。

(2) 零件装配前检验。

零件装配前检验是指在机械装配前,对准备安装的零件所进行的检验。其目的是通过检验以确认零件是否符合质量标准从而确保修理质量。一般由装配人员自行完成。

(3)装配过程中及装配后检验。

装配过程中检验是指在装配过程中对每一工序所进行的检查,是避免装配误差及损坏、保证装配质量的关键,对于组合件及配合件间的间隙、过盈、偏摆量、高出量、游隙、调整紧度等更应注意检查,重要部位应经过技术人员检查验收后方可进行下一步工作。

装配后检验是指部件、总成及整机装配后的检查验收。对部件主要是检查其装配过程中的累积误差是否超过技术要求,能否进行下一步装配;而对总成及整机,主要通过试运行试验以检查其各项技术指标是否达到大修后技术要求,修理装配质量是否合格,能否出厂等。一般在磨合试验后由技术人员进行。

2. 工程机械修理中的质量检验制度

为了确保修理质量,减少返工率,必须建立健全完善的质量检验制度。质量检验制度的建立可以结合各单位的具体情况有针对性地制定,一般应包括以下几种制度。

(1)工程机械入厂的检验交接制度。工程机械入厂时必须由技术人员会同送修单位人员对入厂修理机械进行详细的检查,做好记录,并以此为确定工程机械维修内容的依据。

(2)零部件的检验鉴定制度。对于拆卸的零件,应由专业人员进行检验鉴定,填好检验鉴定记录表,并以此作为安排修理工艺、进行维修备料的依据。

(3)零件修理与装配过程中的自检制度。修理人员对自己所负责的修理作业应进行仔细的检验,填写好检修记录,作为向下一工序移交的凭证。对于下道工序的修理人员来说也应做好对上道工序修理作业的复检验证工作,如不合格有权拒绝接收。

(4)检查验收与抽检制度。在维修过程中,由专业质检人员对修理竣工零件及装配完成的部件总成进行验收检验,填写好验收记录。对不符合要求的零部件或总成有权责令重新修理;对于修理过程中的自检,有权随时抽查复检以确保检验制度能切实可靠执行。

(5)竣工验收与出厂检验交接制度。对于修理竣工的总成及整机进行认真的检查验收,做好详细记录。对于修竣出厂的机械,应会同送修单位共同做好技术文件的填写交接工作。

(6)检验仪器定期校验制度。为确保检验工作的准确度,对检测工具、仪器进行定期校验,对重要仪器应集中由专人保管。

3. 工程机械整机及总成的检查验收

1)发动机的检查验收

发动机修理经磨合试验之后即应对其进行竣工验收。该项应由专业质检人员负责,并严格按照竣工验收技术条件进行,只有验收合格的发动机才能进行整机组装或出厂。

2)整机竣工验收

机械整机总装完成后,应由质检人员对整机进行检查验收,以确定其能否出厂。一般分4步进行,即外观检查、无负荷试验、负荷试验和性能测试。

(1)外观检查。包括完整性检查、连接可靠性检查和燃润料与冷却液检查等。

(2)无负荷试验。工程机械外观检查符合规定后即可起动发动机,使机械在各挡位无负荷运行 10~30min。在运转过程中及运转后,须对发动机缸盖、传动系、行驶系、转向系、制动系等重要连接部位进行可靠性检查,发现不正常现象应立即排除。

(3)负荷试验。在额定负荷的25%、50%、75%情况下,各挡运行10～30min,以检查工程机械各总成在负荷状况下的运转情况,检查内容及要求与无负荷试验相同。

(4)工程机械性能测试。工程机械的性能测试主要包括底盘行驶性能测试(如速度、转向、制动、爬坡等),工作装置及作业性能测试两方面。工作装置性能主要测试其动作速度、作用力、液压缸沉降量及回转性能等;而作业性能则主要是指循环作业时间及作业质量等。

任务四 学习了解绿色维修及再制造技术

在20世纪后期,全球经济高速发展的同时,世界各国对自然资源的大量开发和对环境的无偿利用造成全球的生态破坏、资源浪费和短缺、环境污染等重大问题,使人类面临环境、资源、人口三大威胁。从20世纪80年代开始,人们开始逐渐认识到必须转变对环境有害的生产和消费模式,形成了可持续发展的概念。对工程机械而言,在其寿命周期全过程中,制造、使用、维修这几个环节所需时间最长、耗能最大,造成的污染也最多,因而进入20世纪90年代,在可持续发展的经济发展战略倡导下,形成了21世纪维修学科发展模式,即绿色维修与再制造技术。

一、绿色维修

1. 传统维修业中存在的问题

维修行业是我国国民经济不可缺少的基础产业,它涉及的范围相当广泛,大到巨型设备的修补,小到零部件的修复,维修行业量大面广。随着科学技术的发展,在维修行业生产过程中有些环节,如设备的拆卸、零部件的清洗、修复以及其他附加过程中,如燃烧过程、加热过程、冷却过程和成品整理过程,所使用的维修设备、维修场所都可能成为人为的污染源。在维修行业中按排放污染的空间分布方式多数为点污染源,主要是设备在维修过程中所使用的工艺方法,如清洗、焊接、喷涂、刷镀以及机加工等。排出含有不同污染物的废物,它通过排放废气、废油(水)、废渣等污染着大气、水体及土壤,同时还产生噪声、振动、电磁辐射、放射性和光辐射等污染,危害周围的环境。

传统的维修过程,由于没有考虑到机械设备在维修过程中所造成的环境污染、人体伤害及资源的合理利用等问题,结果造成大量的资源、能源浪费和环境污染,甚至是人体伤害。如焊接过程中产生的弧光、电焊烟尘、金属气体、氟化氢、氮氢化合物、臭氧、一氧化碳、噪声等污染,由焊接而引起的电焊尘肺病已列为职业病之一,各种保护工作应给予重视。

2. 绿色维修的概念

绿色维修是综合考虑环境影响和资源利用效率的现代维修模式,其目标是除达到保持和恢复产品的规定状态这一物理目标外,还应满足可持续发展的目标要求。即在维修过程及产品维修后直至产品报废处理这一段时期内,最大限度地使产品保持和恢复原来的规定状态,又要使维修废弃物和有害排放物最小。即对环境的负面影响最小,且对人员(维修者和使用者)的劳动保护性好,还要使资源利用率提高。绿色维修是可持续发展战略和清洁生产模式在维修业中的具体体现,是现代维修业的可持续发展模式。

3. 绿色维修系统模型

绿色维修主要途径有3项,首先是改变传统观念、加强立法及对可持续发展战略、清洁生产模式和有关节能、环保的法律、法规的宣传教育,使人们在思想上认识到节能、环保的重要性。其次,进行技术革新,对设备、工艺和技术进行更新和改造,从技术方面控制污染的产生。再次,就是管理途径,通过加强管理,制定严格的规章制度,杜绝耗能大、耗材多、污染环境等事件或现象的发生。

绿色维修目标就是要做到资源能够综合利用,在维修中能够节省能源,节省材料,保护环境和避免人员伤害。这些思想主要体现在维修的两个过程中:维修过程和零部件的生命周期(指零部件从投入使用到报废的全过程)。绿色维修实施内容中贯彻可持续发展思想,每一部分、每一细节,都要考虑到环保和节能问题。例如维修过程中注重回收、使用绿色维修设备、注重物料的节省及工作环境的环保等。在资源利用方面,主要考虑到绿色原料和绿色能源,要求来源丰富,便于利用,便于回收,而且不污染环境,即环保性好。对于维修后的零部件,整机应有环保要求,如要求能够节省能源、环保性好,便于拆卸,便于回收及再利用等。

绿色维修管理主要是生产管理和人员管理,要制定一些具体的绿色维修制度,规范人员及操作。例如,工作人员在上岗前进行绿色维修培训,合格者颁发"绿色维修人员"证书,实行持证上岗;工作中实施清洁生产、规范操作,对工作成绩突出者给予绿色维修奖励等;对维修工艺、修理厂及车间可以进行整体性的绿色维修评估,合格者颁发"绿色维修工艺"、"绿色维修工厂"或"绿色维修车间"证书等。

4. 绿色维修的实施方案

绿色维修方案要兼顾维修工艺的传统评价(适用性、耐久性和技术经济性)和"绿色性"指标。如在维修材料的选择上,要优先考虑无毒或少毒或来源广泛的材料;在工艺方案的选择上,要尽量选择无污染或少污染的工艺方案,如机加工中的磨削、铣削改为干磨削、干铣削,就可以有效地减少油液和乳化液的污染;焊接工艺中把明弧焊改为埋弧焊,就可以有效降低紫外线辐射和光辐射,甚至在条件允许的情况下还可以把焊接改为螺栓连接;在电镀时可以考虑使用无氰电镀液等。这些都是解决污染的一些措施,虽然这些做法有些从经济方面来看成本较高,但是这是符合维修业长远发展要求的。

绿色维修不仅包括类似上面所述的维修中的创新,也包括对现有的维修方案、维修工艺的"绿色改造"。现有的维修形式上的污染一般有大气污染、水污染、噪声污染、振动污染、光辐射、电磁辐射、紫外线污染和固体废弃物污染等,这些污染的来源是维修工艺中的零件清洗、焊接工艺、黏结工艺、电刷镀工艺以及机加工工艺等。一般说来,针对以上污染都可以找出相应的解决方法,如通过改变能源结构改善大气污染,使用减振、阻尼和屏蔽的方案来减少振动、噪声污染等,都是对现有维修模式中积极有效的"绿色改造"方案。

5. 绿色维修与可持续发展的关系

人类对环境与发展关系的认识经过几个阶段后,逐渐认识到必须转变对环境有害的生产和消费模式,渐渐地形成了可持续发展的概念。世界环境与发展委员会向联合国第42届大会提交的研究报告《我们共同的未来》正式提出了可持续发展定义:"既满足当代人的要求,又不对子孙后代满足其需要之能力构成危害的发展。"

可持续发展是绿色维修的指导思想和理论根据,绿色维修是可持续发展的必然。

绿色维修兼顾经济效益和环境效益,最大限度地减少原材料和能源的消耗,降低成本,提高效益,对环境和人类危害最小,对生产全过程进行科学的改革和严格的管理,使维修过程中排放的污染达到最小,鼓励使用对环境无害化的产品,使环境危害大大减轻。绿色维修方式可以实现资源的可持续利用,在维修过程中可以控制大部分污染,减少污染来源,具有很高的环境效益。同时,绿色维修可以在技术改造和结构调整方面大有作为,能够创造显著的经济效益。所以无论从经济角度,还是从环境和社会角度来看,均是符合可持续发展战略的。

二、再制造技术

1. 先进制造技术与再制造技术

先进制造技术是指在制造业中不断采用机械、电子、信息、材料和现代管理等领域的最新成就,应用于产品的设计、制造和运行的全过程,以生产出高质量、高效益、低消耗、清洁环保和高效率产品并获得最佳的技术和经济效益的一系列通用的制造技术。

先进制造技术十分重视和发展节能节材、减少环境污染。根据全寿命周期费用分析研究显示,产品的使用和维修所消耗的费用往往数倍于前期(开发、设计、制造)费用。随着先进制造技术及设备工程的不断发展,制造与维修将越来越趋于统一,维修技术将渗透到产品的制造工艺中。如何通过产品全寿命周期费用分析,正确科学地解决设计、制造前半生费用和使用、维修后半生的费用是先进制造技术所要解决的一项重大课题。而再制造技术符合知识经济和节能、节材、减少环境污染发展的要求,不仅能使产品不断得到技术改造,降低后半生费用,还扩展了产品一生中的内涵,延长了产品寿命,创造更多的利润。

再制造与传统制造技术重要区别之一是毛坯再制造成型技术。再制造是先进制造技术21世纪发展的一个重要组成部分和发展趋势,是一个统筹考虑产品部件全寿命周期的系统工程;是利用原有零件并采用高新表面工程技术(深层与改性)及其他加工技术,使零部件恢复尺寸、形状和性能,形成再制造的产品。主要包括在新产品上重新使用经过再制造的旧部件以及在产品的长期使用过程中对部件的性能、可靠性和寿命等通过再制造加以提高。再制造是以优质、高效、节能、节材、环保为主要目标,统筹考虑部件整个寿命周期内的再制造策略,从而使退役产品在对环境的负面影响最小、资源利用率最高的情况下重新达到最佳的性能要求,业已成为一种极具潜力的新型产业。

从产品寿命周期分析,以往的产品从设计、制造、使用、维修至退役报废;报废后,一部分是将可再生的材料进行回收,一部分将不可以回收的材料进行环保处理。维修在这一过程中主要是针对在使用报废的产品通过最先进技术手段进行再制造形成新的产品,再制造过程不但能提高产品的使用寿命,而且可以影响产品的设计,最终达到产品的全寿命周期费用最小,保证产品创造最高的效益。此外,再制造虽然与传统的回收利用有类似的环保目标,但回收利用(如熔化钢铁和溶解纸张)只是重新利用它的材料,往往消耗大量能源并污染环境,而且产生的是低级材料。再制造技术是一种从部件中获取最高价值的合算方法,通常可以获得更高性能的再制造产品。

传统制造技术在产品的性能、结构、材料、成型和加工工艺方面考虑较多,而从全寿命周期的观点看,还应重点考虑产品的可靠性、维修性、保障性、安全性和可测试性,以及考虑产品损坏后如何迅速"再生",恢复其应有性能。再制造工程的引入,可重点解决上述问题。并能对产品进行技术改造和区分报废的零件是作为回炉材料,还是作为再制造毛坯;并且采用先进的表面工程技术或快速成型技术使其起死回生。这些都是对先进制造技术的补充和发展。

再制造技术集中了材料科学、冶金学、机械学、电子学、物理学、化学等领域的理论、技术和最新成果,是具有重大实用价值的优质、高效、低耗的新兴绿色技术。目前,再制造工程体系的研究主要包括产品的失效分析与寿命评估(包括智能测试与诊断)、再制造设计、结构与材料分析、再制造技术与方法、质量控制与仿真等。

2. 再制造技术应用

磨损、腐蚀、疲劳等对机械设备及国家资产造成的损失巨大。目前我国进口设备资产达到人民币上万亿元,每年由于磨损造成的损失,需花数十亿美元外汇去补充备件。世界钢铁年产量约7亿吨,而因腐蚀消耗掉的就有1.4亿吨。据工业发达国家的统计,每年仅因腐蚀造成的损失占国民生产总值的2%~4%。我国改革开放后,经济发展迅速,近年设备资产高达人民币几万亿元,若其中10%能利用重新制造技术进行修复和强化,则能创造巨大的经济效益。

采用再制造技术,可以大量恢复设备及其零部件的性能,延长使用寿命,降低全寿命周期费用,节约原材料,减少环境污染。而且可形成新的产业,吸纳专业技术人员和工人就业,创造价值,迅速形成新的经济增长点。

再制造工程的最大优势是能够以多种表面工程和先进成型技术方法制备出优于本体材料性能的零件,如采用金属材料的表面硬化处理、热喷涂、激光表面强化等修复和强化零件表面,赋予零件耐高温、防腐蚀、耐磨损、抗疲劳、防辐射等性能,这层表面材料与制作部件的整体材料相比,厚度薄,面积小,但却承担着工作部件的主要功能。不同表面工程技术所获得的覆盖层厚度一般从几十微米到几毫米,仅占工件整体厚度的几百分之一到几十分之一,却使工件具有比本体材料更高的耐磨性、抗腐蚀性和耐高温等能力,采用表面工程措施的平均效益高达5~20倍以上。

表面工程能直接针对许多贵重零部件的失效原因,实行局部表面强化或修复,对零件进行预保护,或是把已失效的零件,重新恢复使用价值,若再考虑在能源、原材料和停机等方面的费用节约,其经济效益和社会效益是显而易见的。我国自第6个"五年计划"以来,运用表面工程技术在机器设备零件的制造和重新制造等方面已取得了近百亿元的经济效益。由此可见,表面工程技术是再制造技术的重要手段之一,已具备了先进制造技术的特征,即:优质、高效、低耗,其研究、推广和应用将为先进制造技术和再制造的发展提供重要的工艺支持。

我国目前以经济建设为核心,投入军事装备研制、生产、购置的费用不可能太多;由于不少装备陈旧落后,处于更新换代的时期,如何科学地改造现有军用装备,使之适应新时期战略方针和未来战争的需要,以及减少库存备件,以最低的经费投入使军事装备发挥最好的作战效能,也都离不开再制造工程。例如海军对051型导弹驱逐舰进行再制造工程延寿的论证后,得出结论,051型导弹驱逐舰延寿10年比更换新舰也使用10年的费效比高0.42倍,说明采用再制造工程使旧舰延寿比购新舰更合算。又如我军战斗机的自然寿命为30~40年,由于平均经济寿命为23.2年,结果平均使用寿命仅为23.8年,造成寿命损失。

装甲兵工程学院应用等离子喷涂和电刷镀技术对坦克零件进行修复,经实车考核证明,修复零件的使用寿命比新品件高 2~3 倍,其修复成本仅为新件购置费的 1/5~1/10。北京首钢从比利时引进的二手连铸设备,以废钢价格廉价购进,其中有 300 多件大轴承座和轧辊,经刷镀修复或改造,已正常投入使用。采用电弧喷涂技术对多艘舰艇钢结构进行了防腐综合治理,预计防腐寿命均在 15 年以上,大大提高了舰艇的在航率和机动性。1995 年该中心在新建造的油污水监测处理船钢结构上采用电弧喷涂技术进行了防腐综合治理,将热喷涂工艺直接运用于舰船的制造工艺中,这在我国的造船史上尚属首次。上述应用实例为再制造提供了重要例证。可见,再制造工程在节能、节材、降耗、减少污染和提高经济效益上的潜力是巨大的。

3. 再制造技术展望

再制造产品的质量控制是再制造工程的核心。再制造成型技术和表面技术是再制造工程的关键技术,而这些技术的应用又离不开产品的失效分析、检测诊断、寿命评估、质量控制等,所以发展制造技术还能牵动其他领域的发展,其他领域的发展又反过来促进再制造技术的完善。而这一切又都充实和发展了先进制造技术的内涵,对我国 21 世纪机械加工工业的发展有着极其重要的作用。

项目九 工程机械资产和经济管理

知识目标

1. 解释工程机械固定资产,工程机械固定资产折旧,工程机械定额,工程机械报废。
2. 描述工程机械固定资产管理的内容,工程机械固定资产管理的方法,工程机械固定资产报废申报审批程序,工程机械经济管理的内容,工程机械经济管理的方法。
3. 识别工程机械设备的分类、编号,工程机械技术档案,工程机械报废的条件,工程机械主要技术经济定额,工程机械经济核算需具备的条件。

能力目标

1. 能进行工程机械固定资产的分类、编号、建账、立卡。
2. 基本能进行工程机械固定资产管理。
3. 基本能进行工程机械经济核算和分析。

任务一 明确工程机械资产和经济管理的相关概念

一、工程机械固定资产的概念

固定资产是指:使用期限较长,单位价值较高,且在使用过程中保持原有实物形态的资产。工程机械固定资产是指:可单独使用一年以上,单位价值在规定标准以上,并在使用过程中保持原来物质形态的筑路机械、养路机械和工具器具等。

工程机械是企事业单位固定资产的主要组成部分,是各单位进行生产的物质技术基础,资产管理是企业维持和发展生产力的重要手段。工程机械占工程施工企业固定资产很大比重,因此做好工程机械固定资产管理非常重要。

固定资产管理是企事业单位经营管理的重要组成部分,是加强经济核算、健全经济责任制、改善经营管理的基础工作。固定资产管理必须依靠技术进步,提高工程机械完好率与工作效率,坚持选型配套与使用相结合,维护与修理相结合,修理、改造与更新相结合,技术管理与经济管理相结合的原则。通过一系列的技术、经济、组织措施,对本单位工程机械的购置、安装、验收、使用、维护、改造、更新直至报废全过程进行综合的科学管理。

固定资产管理的目的在于及时掌握现有工程机械的总量、动态及技术状况,管、用、维、修好现有工程机械,使工程机械处于完好的工作状态,最大限度地提高工程机械的利用率。对一些已淘汰、不适应公路施工或公路养护的机械设备,进行报废、更新、改造,以改善和提高本单位工程机械的生产能力,为扩大生产规模而增加新的工程机械。

工程机械固定资产管理的内容有工程机械的技术管理和工程机械的经济管理两个方面。工程机械的技术管理指对工程机械固定资产的物质运动形态的管理,包括从机械设备的选择、购置、安装、调试、验收到使用维护、修理、改造、报废等。管理的任务主要由机械设备管理部门承担。工程机械的经济管理是指对工程机械固定资产的价值运动形态的管理,包括机械设备的购置投资费用、维修费用、折旧、更新改造、设备租赁和资金的筹措、积累、支出等。管理的主要任务由财务部门承担。

工程机械固定资产一般采用原始价值、重置完全价值、折余价值3个标准来计价。工程机械固定资产计价应分不同情况来确定:

(1)自行建造的工程机械固定资产,应按其建造过程中发生的实际支出计价,包括建造期间的资金成本(利息支出)。

(2)购入的工程机械固定资产,应按其买价,加上运费和安装调试费来确定固定资产的成本。

(3)接受投资转入的工程机械固定资产,应按双方协议或合同约定的评估价作为工程机械固定资产的计价基础。

(4)融资租入的工程机械固定资产,应以租赁费(包括买价、手续费、利息支出等)加上运费和安装调试费来确定其价值。

(5)接受捐赠的工程机械固定资产,应以发票价格或市场价格,加上为接受资产所发生的各项费用来确定其价值。

(6)盘赢的工程机械固定资产,应以重置价值确定其价值。

(7)上级调拨来的工程机械固定资产要按调拨单上的价格加上实际发生的运费、安装调试费来确定其价值。

(8)抵债来的工程机械要通过专业评估单位进行评估,重新确定其价值。

从工程机械管理的角度出发,无论购置机械设备的资金来源是上级投资、自筹资金、融资租赁、抵押贷款还是集资投资等,只要满足上述条件的工程机械就应该建立固定资产档案,按照固定资产进行管理。

在建筑施工企业中,机械设备是固定资产的重要组成部分。从固定资产角度对企业的机械设备进行管理的全过程称为机械设备的资产管理。机械设备资产管理的全过程包括机械设备的购置验收、建账立卡、分类编号、建立技术档案、清点盘查、折旧和大修理基金的提取、封存保管与处理报废等工作。这些工作都属于企业机械管理部门的日常性业务工作。

二、工程机械固定资产折旧的内涵

1. 工程机械固定资产折旧的含义

工程机械作为施工企业的固定资产,具有3个特点:花大额资金进行一次性购置;反复参加生产;产生广义上的磨损。因此,工程机械的购置价值必须反映到施工中去,并从施工收益中予以收回,将这部分价值从施工收益中提取的经济手段,称为折旧。

工程机械固定资产的折旧是指机械设备在使用过程中,逐渐损耗而消失的那部分价值。这部分价值在工程机械的有效使用年限内进行分摊,形成折旧费,计入各时期成本。工程机械固定资产的损耗分为有形损耗和无形损耗。

有形损耗是指工程机械在使用(或闲置)过程中,由于物理化学作用而产生的磨损腐蚀,即工程机械的物质损耗。

无形损耗是指由于技术的进步、新技术的使用、新设备的出现,使原有工程机械贬值,这种损耗是从价值上而言的,即工程机械的经济损耗。工程机械固定资产折旧计提正确与否将会直接影响各单位财务会计信息的反馈质量,还会影响各单位经济盈亏分析和领导决策。

所有构成固定资产的工程机械不论其经费来源如何,均应提取折旧费,提取的折旧费应列入本单位的专用资金中。更新改造专用资金必须经专款专用,其用途主要包括:

(1)工程机械的更新。
(2)为提高产量、扩大作业范围、降低能源和原材料的消耗,对工程机械进行技术改造。
(3)试制新产品。
(4)综合利用和治理"三废"。
(5)劳动安全保护。
(6)零星机械设备购置。

2.工程机械固定资产折旧的范围

企业固定资产折旧的计提应按月计算。本月增加的固定资产当月不计提折旧,从下月开始计提。本月减少的固定资产,当月提折旧,下月不提。计算公式如下:

$$本月应提折旧额 = 上月折旧额 + 上月增加固定资产应提折旧额 - 上月减少固定资产应提折旧额$$

(1)工程机械固定资产折旧的计提范围是:
①在用的机器设备、运输设备、仪器仪表、工具器具等生产经营用具。
②因季节性生产和修理停用的各项机械设备资产。
③以经营方式租出的机械设备资产和以融资租赁方式租入的机械设备资产。

(2)不应计提折旧的工程机械资产是:
①未使用、闲置封存的工程机械。
②以经营方式租入的工程机械。
③正在制造的工程机械。
④已提净折旧继续使用的工程机械。
⑤经国有资产管理局或上级主管单位批准同意报废的工程机械。

3.工程机械固定资产的折旧方法

不同的折旧方法将对不同时期折旧额产生重要影响。根据现行制度的规定,固定资产的折旧方法分为两类:一是直线法;二是加速折旧法。直线法包括平均年限法、工作台班法;加速折旧法包括双倍余额递减法、年数总和法。企业固定资产的折旧方法一旦确定,在其经营期限内一般不得随意改动。

(1) 平均年限法。这是用工程机械设备资产应提折旧总额除以预计使用年限,求出每一时期应提的折旧额。计算公式如下:

年折旧额 = [固定资产原值 - (预计残值 - 预计清理费)] / 预计使用年限

月折旧额 = 年折旧额/12

(2) 工作台班法。这是以固定资产在预计使用期限内所提供的总工作台班为基础,平均计算单位工作台班应提折旧额的一种方法。计算公式如下:

单位工作台班折旧额 = 固定资产原值 × (1 - 残值率) / 预计总工作台班

本月应提折旧额 = 本月实际完成的工作台班 × 单位工作台班折旧额

(3) 双倍余额递减法。这是在不考虑固定资产残值的情况下,将每年年初固定资产账面净值与双倍直线法的折旧率相乘,从而计算出各时期应计折旧额的一种方法。因为固定资产净值是逐步递减的,而折旧率是固定不变的,故每年计提的折旧额也是逐年递减的。计算公式如下:

年折旧额 = 年初固定资产账面净值 × 年折旧率

月折旧额 = 年初固定资产账面净值 × 月折旧率

月折旧率 = 年折旧率/12

现行会计制度规定:实行双倍余额递减法计提折旧的固定资产,应当在其预计折旧年限到期前两年内,将固定资产的折余价值扣除净值后的数额平均摊销,即最后两年按直线法摊销。

(4) 年数总和法。这是将固定资产的应计折旧额与每年递减的折旧率相乘,来计算所提折旧额的一种方法。即以年数总和为基础,以固定资产尚可使用年数占总年数的比率作为各年折旧率,与固定资产原值减净值后的基数相乘,求得每年应提折旧额。计算公式如下:

年折旧率 = 自该年限尚可使用年限/折旧年数总和 × 100%

年折旧额 = (固定资产原值 - 预计净残值) × 年折旧率

月折旧额 = (固定资产原值 - 预计净残值) × 月折旧率

月折旧率 = 年折旧率/12

4. 影响工程机械资产折旧的三个因素

(1) 工程机械资产的原值。工程机械资产的原值是计提折旧的基本依据,故工程机械资产计价科学与否,直接影响其折旧的提取。

(2) 工程机械资产的残值率。工程机械资产的残值是指机械设备报废时可以收回的残值收入扣除清理费用后的数额。残值的多少决定了固定资产在其有效使用期内应计提的折旧多少,而这一数据只有待工程机械清理报废后才能确知,只能预先估计其残值。为避免人为调节残值而影响折旧的计提,根据现行制度规定,残值率应在工程机械原值2%~5%的范围内确定;超过该范围的,需要报主管部门备案。

(3) 使用(折旧)年限。工程机械使用年限的长短,直接影响其折旧额的高低。目前国家有关部门对各类工程机械的使用年限都有详细规定,表9-1是摘录的部分工程机械的使用用(折旧)年限。企业在一定的范围内可以自行确定。

部分工程机械使用(折旧)年限表　　　　　　表9-1

机 械 名 称	工作总台班	大修间隔台班	年工作台班	大 修 周 期	折旧年限
单斗挖掘机	3500	875	220	4	16
推土机	3000	750	200	4	15
铲运机	2500	625	160	4	16
装载机	3750	938	240	4	16
凿岩机	1530	510	150	4	10
柴油打桩机	1532	766	200	2	8
自卸汽车	2475	825	220	3	11
机动翻斗车	2250	750	200	3	9
混凝土搅拌运输车	2250	750	200	3	12
混凝土搅拌机	2625	876	180	3	14
压路机	3000	750	200	4	15
沥青洒布车	1200	300	100	4	12
皮带运输机	2000	500	150	4	13

三、工程机械台班费用定额的概念

1. 工程机械定额的内涵

所谓定额,就是在物质资料生产过程中,对人力、物力、财务消耗所规定的标准。工程机械的运用与维修,本质上就是一种生产活动,对其进行定额管理,是工程机械科学管理、经济核算的重要基础。工程机械的技术经济定额是衡量企业管理水平的主要标准,也是衡量和考核所有工程机械专业人员——操作工、维修工、技术人员及机械设备管理人员完成生产任务的数量和质量的主要依据。

对定额管理的意义,还可以从以下几方面做进一步认识。

(1)定额是提高经济效益的有效手段。定额如同一把尺子,能量出每一生产环节和个人劳动效率的高低。定额可促使施工组织人员合理地组织施工,促进人工和工程机械采取科学作业方法,挖掘潜力,力争高效、低耗,提高经济效益。

(2)定额是科学组织施工的必要手段。工程施工是一种多工种、多机械密切协作的生产活动。在施工现场,需要把人员、工程机械、材料、燃润料等科学合理地组织和利用起来,定额是必要的手段。计划部门根据工程任务,按定额制订施工预算和施工计划,按定额调配工程机械和筹集配件、材料、油料,组织维护、修理。施工部门按定额检查统计完成的工作量,掌握施工进度和质量。物管部门按定额计算各种材料的需求量,保证及时供应。总之,各部门只有按统一的定额计划组织各自的活动,并密切配合,施工任务才得以保质保量按期完成。

(3)定额是确定施工方案经济合理性的依据。工程造价是根据设计规定的工程规模、数量及所需的劳动力、材料、工程机械消耗量及其他必须消耗的费用确定的。一般情况下,仅公路工程土石方机械化施工所需费用就占工程总费用的30%～40%,这部分费用就是根据工程机械台班费用定额预先计算出来的,它是比较和评价施工方案经济合理性的依据。

（4）定额是评价工程机械管理、使用、维护、修理水平的重要标准。工程机械管理、使用、维护、修理的水平如何？衡量它的标准就是定额，没有定额也就无从衡量其水平的高低。各单位都应按照工程机械的维护质量、工程机械经济核算结果和工程机械产量、消耗费用、服务质量、安全生产等综合效果，对机械工人、技术人员给予表彰和奖励，并实行岗位责任制与经济责任制相结合，奖惩要分明。

定额一经上级部门批准颁布，就具有经济法规的性质，系统内各单位就应遵照执行。

2. 工程机械的主要技术经济定额

（1）工程机械产量定额。

①工程机械年工作台班定额，是指各种工程机械在一年内应完成的台班数。

②工程机械台班产量定额，是指工程机械分规格型号、分生产对象，在一个台班中应完成的产量。详细资料可查阅2007年6月交通运输部公路管理司发行的《公路工程施工定额》。

③工程机械年产量定额。是指各种工程机械在一年中应完成的产量。

$$工程机械年产量 = 台班产量 \times 年工作台班$$

上式所列台班产量是综合施工条件下的平均产量。该定额主要用作匡算工程施工的机械设备需用量。

（2）物资消耗定额。

①动力燃料消耗定额。这是指工程机械、工程车辆在单位运转时间或行驶里程中所耗用的动力燃料。一般按机型、道路等级、气候条件、工作对象等因素综合分析制定。凡工程机械可以用完成产量核算燃油消耗的，应尽量用完成产量来核算油料。其计算公式如下：

$$产量油耗 = 定额台班油耗 / 施工定额台班产量$$

②润滑油消耗定额。润滑油消耗定额通常采用燃油消耗定额的百分数来表示。汽机油按2.5%，柴机油按3.0%，润滑脂按0.6~1.0%，齿轮油按0.8%计算。

③大修、维护用油消耗定额。工程机械大修用油是指工程机械、工程车辆在大修过程中清洗、试车等耗用的油料。大修用油消耗定额包括冷磨试车用油、清洗用油、润滑用油、液压油等。

一般情况下，三级维护用油按大修的50%计，二级维护用油按大修的15%计，一级维护用油按大修的5%计。

④工具配备定额。这是指工程机械、工程车辆操作人员为做好经常性的维修工作必须配备的随机工具。有些工程机械在出厂时带有专用工具，不列入定额，但应在工程机械履历书内登记。如新机带有通用工具的，则按定额核减后再补发其不足部分。

⑤轮胎消耗定额，是指新胎到报废和经过一次翻新到报废所达到的使用期（km，台班），是考核驾驶操作人员对轮胎使用情况的定额。一般以二级路面和正常工作条件为准制订，经常在工地便道、施工现场上行驶、作业的工程机械，定额应降低20%。

⑥备件材料消耗定额。备件材料消耗定额是指在一定的维修设备、技术能力等条件下，为完成工程机械大中修和维护所必须消耗的备件材料数量。它是准确确定备件材料需求量、编制备件材料计划、确定储备资金额的基础，也是分析备件利用情况、制定备件材料储备数量和大修费用预算的依据。合理的备件材料消耗定额，在相当程度上反映了工程机械维修单位维修工程机械的优劣、技术能力的高低和管理、工艺方法的好坏。备件材料消耗定额

由工程机械维修内容确定,图9-1是工程机械大修备件材料消耗定额内容。

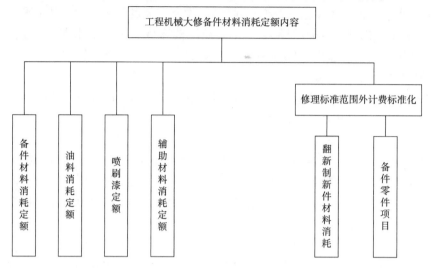

图9-1 工程机械大修备件材料消耗定额内容

(3)工程机械维护修理定额。

①修理、维护工时定额。

修理、维护工时定额是指在一定的修理设备、技术能力及合理的工艺组织条件下修竣(维护)一台工程机械所必须消耗的劳动时间标准。在一个工作班内,修理、维护的劳动时间消耗可分为定额时间与非定额时间两大类,具体如图9-2所示。

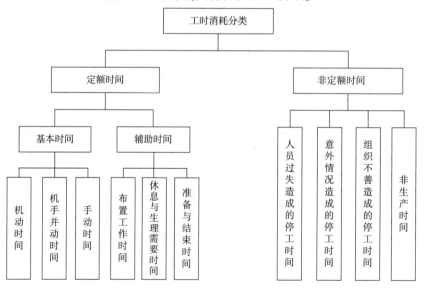

图9-2 工时消耗分类

工程机械大修工时定额由单项修理工时定额如发动机修理工时定额、底盘修理工时定额、电工修理工时定额、钣金工、木工、锻工、喷漆工、机加工等工时定额综合而成,而中修及各级维护工时定额则由大修工时定额乘以换算系数而得。

②修理、维护停修台日定额。修理、维护停修台日定额是工程机械进行修理维护所必须

占用的时间标准。工程机械使用部门依据它计划使用工程机械,承修部门依据它及工时定额合理编制计划,以保证在停修日期内完成修理、维护任务,同时促进承修部门改进工艺组织,开展工具和修理设备的技术革新,不断提高修理维护的技术水平和工效。修理、维护停修台日定额制定的依据包括:修理、维护工时定额;修理企业的编制;修理维护工艺流程;修理设备水平;修理人员素质等。

③修理维护间隔期定额。修理维护间隔期定额,是新机械或经修理、维护后的工程机械使用到下一次大中修或等级维护所必须达到的时间间隔。它是考核工程机械使用、维护、修理质量的综合指标,是计划使用、维护、修理工程机械,安排使用维修费用,采购配件等的重要依据。

④大修费用定额。大修费用一般包括以下两项:

a. 修理工时费:包括修理人员的基本工资、附加工资、动力费、企业管理费等。该项费用约占修理费用的44%。

b. 材料费:指大修过程中实际消耗备件、油料等的费用,包括外购、自制、加工和修复旧备件,修理过程中实际消耗的燃油、润滑油、清洗油及油漆与辅助材料等所消耗的费用。该项费用约占修理费用的56%。

具体的大修费用定额,可查有关手册。

(4)工程机械台班费用定额。

工程机械的台班费用定额是编制公路工程概预算和进行经济核算的依据。根据交通运输部2007年6月公布执行的《公路工程机械台班费用定额》的规定,工程机械台班费用定额由折旧费、大修理费、经常修理费、安装拆卸及辅助设施费(以上4项为不变费用)、人工费、动力燃料费、养路费与车船使用税(以上3项为可变费用)7项费用组成。

①折旧费,指工程机械在规定的使用期内陆续收回其原值的费用。计算公式如下:

$$台班折旧额 = 固定资产原值 \times (1 - 残值率)/预计总工作台班$$

②大修理费,指工程机械按规定的大修间隔台班使用后,必须进行大修以恢复其正常性能所需的费用。计算公式如下:

$$台班大修理费 = 一次台班大修费用 \times (使用周期 - 1)/预计总工作台班$$

③经常修理费,指工程机械除大修以外的各级维护及为排除临时故障所需的费用;为保障工程机械正常运转所需替换机械设备、随机使用工具、附具摊销和维护费用;工程机械运转与日常维护所需的润滑脂、擦拭材料费用和工程机械在规定年工作台班以外的维护费用等。

典型工程机械的经常修理费按照确定的范围和内容来测算取定。一般工程机械采用典型工程机械经常修理费测算值与典型工程机械大修理费测算值的比值 K(经常修理费率)来推算:

$$K = 典型工程机械台班经常修理费测算值/工程机械台班大修理费测算值$$

一般工程机械的经常修理费可按下式推算:

$$台班经常修理费 = 台班大修理费 \times K$$

④安装拆卸及辅助设施费,指工程机械在施工现场进行安装、拆卸所需的人工费、材料费、机械费、试运转费以及安装所需的辅助设施费。辅助设施费包括安装工程机械的基础、底座及固定锚桩等费用。打桩、钻孔机械在施工过程中的过墩、移位等所发生的安装、拆卸

费用以及路面机械、起重机械、拌和机械等的混凝土基础、沉淀池、散热池等辅助设施和机械操作所需的轨道、工作台的设置费用都应在工程项目中另行计算。计算公式如下：

台班安装拆卸及辅助设施费=(工程机械一次安装拆卸费×年平均安装拆卸次数+年辅助设施摊销费)/年工作台班

⑤人工费,指随机操作人员的工作日工资(包括基本工资、工资性津贴、地区生活补贴、辅助工资、流动施工津贴和劳动保护费用)。

⑥动力燃料费,指工程机械在施工中运转所耗用的电力、固体燃料、液体燃料和水等所需的费用。一般以施工或养护作业特点和燃料动力消耗量的统计资料经分析平衡后确定。

⑦养路费及车船使用税,指工程机械、工程车辆按国家规定应缴纳的税费。

四、工程机械报废的含义

工程机械由于严重的有形或无形损耗而退役称为报废。工程机械因长期使用或因事故原因而造成的严重损坏,其主要性能严重劣化,不能满足生产工艺要求,且无修复价值；或经大修虽能恢复精度与性能,但主要结构陈旧,经济上不如更新设备合算时,就应进行报废处理,以便另行更换与添置新型设备,满足生产需要。

工程机械的报废是工程机械固定资产管理的最后一个环节。工程机械一经报废,就终止其作为固定资产的全部历程,在工程机械设备账卡上需予以注销。

根据不同的原因,报废可以分为：

(1)事故报废。即工程机械由于重大事故或自然灾害等原因,损坏至无法修复或不值得修理而造成的报废。

(2)损蚀报废。即工程机械由于长期使用以及自然力的作用使其主体部位遭受磨损、腐蚀、变形,性能劣化至不能保证安全生产或基本丧失使用价值,采用修理方法也不能解决问题,由此而造成的报废。

(3)技术报废。即工程机械由于技术寿命终了而形成的报废。

(4)经济报废。即工程机械由于经济寿命终了而退役。

(5)特种报废。凡不属于前述几种原因而造成的工程机械报废统称为特种报废。例如国家从整个国民经济发展、环境保护角度出发,采取行政干预手段对某些工程机械进行强制性淘汰。

任务二　了解工程机械资产管理方法

在建筑施工企业中,机械设备是固定资产的重要组成部分,从固定资产角度对企业的机械设备进行管理的全过程称为机械设备的资产管理。机械设备资产管理的全过程包括机械设备的购置验收、建账立卡、分类编号、建立技术档案、清点盘查、折旧和大修理基金的提取、封存保管与处理报废等工作,这些工作都属于企业机械管理部门的日常性业务工作。

一、机械设备的购置

1.工程机械的购置原则

在工程机械购置过程中,应考虑如下原则：

(1)适用性:能适合于施工现场的地形、土质、气候等作业条件。
(2)实用性:能满足施工质量要求,达到质量标准。
(3)经济性:价格合适,易于转移场地,便于安装,作业效率高。
(4)可靠性:经久耐用,安全可靠,质量好。
(5)维修性:结构合理,便于拆检、安装、维修。
(6)符合环保要求(噪声、振动、排污等)。
(7)厂家可提供优良的售后服务。

2.工程机械购置途径

工程机械购置途径如表9-2所示。

工程机械购置途径 表9-2

序号	途径	说明
1	市场采购	应注意市场调查与论证
2	招标	一般要经过招标、投标、开标和定标4个阶段,招标属于要约邀请,投标属于要约,定标具有承诺的性质;招标文件一般包括:投标邀请,投标须知,合同一般条款,机械设备清单,工程机械技术规范,投标格式,报价清单,投标证书等
3	年度订货会或展览会	在年度订货会或展览会上直接向参展商订货

3.工程机械设备的购置

机械设备的购置按照程序分为购置计划编制和订货选购两个阶段。年度机械设备购置计划应根据机械设备装备规划,并结合当年施工生产的需要,在企业总工程师或总机械师的主持下,以机械管理部门为主并组织有关部门参加,经过必要的技术经济论证后进行编制。计划编制后报经上级主管部门批准并经备案后执行。

机械设备购置计划的编制一般分为准备阶段、平衡阶段、选型论证阶段和确定阶段。在准备阶段的主要任务是充分收集有关购置计划编制的依据,如年内机械设备更新和报废情况,机械设备年台班、产量定额和完好率、利用率等指标,企业近期承担施工项目的实物工程量、进度要求及施工技术特点等。在平衡阶段的主要任务是编制机械设备购置计划的草案,并会同有关部门进行核算,使生产任务和生产能力平衡,机械费用和其他经济指标平衡。

在选型论证阶段对已列入购置计划草案的机械设备的机种、型号、厂牌等进行认真评选,通过技术经济论证,择优购置。在选择机械设备型号和厂牌时应考虑机械设备的经济性、可靠性、维修性、安全性、环保性、适应性和宜人性诸方面的性能。

对于同类型机械设备可通过单位工程量成本的比较来进行经济性的论证。单位工程量成本计算公式如下:

$$C_\mathrm{d} = \frac{F + VX}{XQ}$$

式中:C_d——单位工程量成本;
F——一定时期机械的固定费用;
V——单位时间的变动费用;
X——机械在一定时期内的实际作业时间;
Q——机械设备单位作业时间的产量。

例：现有 A、B 两个型号的机械均可满足施工需要,预计每月使用时间为 200h,有关资料见表 9-3,在两个型号之间进行决策。

A、B 两个型号机械设备有关资料　　　　表 9-3

机　　械	月固定费用(元)	每小时操作费(元)	每小时产量(m^3)
A	7000	30	40
B	8000	25	50

A 设备单位工程量成本 $= (7000 + 30 \times 200) \div (40 \times 200) = 1.63(元/m^3)$

B 设备单位工程量成本 $= (8000 + 25 \times 200) \div (50 \times 200) = 1.3(元/m^3)$

通过比较,选择 B 设备。

可靠性指机械的技术性能在时间上的稳定程度。维修性主要取决于零部件的标准化程度、拆装的难易、配件来源是否充足、稳定,维修技术难度和维修费用高低等。安全性包括制动系统的可靠程度、电气设备的绝缘等级、事故预防装置及故障报警装置的水平等。环保性指机械在运行中所产生和排出的废气、污物、噪声、异味及有毒物质对环境的影响程度,以及为了达到有关法规规定所需的附加费用的高低等。适应性指对不同使用要求的适应能力。宜人性指机械设备各种操纵驾驶装置的布设位置、采光、照明、视野、保温性能以及操作中消耗体力的程度。

总之,对不同品种、型号、规格的同一种类机械设备,应进行综合比较评选,以确定最佳方案。在选择机械设备时还应尽量使选定的规格、型号、厂牌与原有的机械设备统一起来,以方便使用、维修和配件储备。同时,还应尽量多地了解生产厂家的情况,密切注意所选厂家近期产品质量,以及有无对所选定机型改型或淘汰的打算,配件的供应是否充足,渠道是否畅通、及时。

在确定阶段,将初定的年度机械设备购置计划交生产、技术、计划、财务等部门共同会审,并经企业领导批准后,填写年度机械设备购置计划表,报上级主管部门审批和备案。机械设备购置计划经上级批准,在资金落实后,可由企业通过市场自行订货或由企业主管部门代为订货。订货时应与生产厂家或销售部门签订周密的订货合同。在订货合同中应明确规定购置机械设备的名称、品种、规格、型号、数量、包装要求、交货时间、交货地点、运输方式、设备价格、货款支付方式,以及供需双方需要在合同中明确规定的事项和违约的处理方法。

二、机械设备验收

凡属于企业购置的机械设备和自行研制的符合固定资产条件的非标准设备,都必须经过试验和验收,确认合格后,才能列入固定资产。对于进口机械设备,在验收时发现问题,应及时向外商提出索赔要求。

验收工作的主要内容包括:机械设备技术状况的检验,随机附件、备品配件、专用工具和随机技术资料的清点等工作。验收工作的依据是各种原始凭证,包括订货合同、设备的发票、货运单、装箱单、发货明细表、设备说明书、质量保证书以及有关文件和技术资料等。验收工作由机械管理部门主持,必要时,要请上级主管部门和制造厂方派人参加。

经验收合格后,首先由机械管理部门填写机械设备验收及试验记录单,之后请单位总工程师或总机械师签字,并随同原始单据交财务部门作为固定资产的入账依据。对于自制设备,经验收后还需要经过6个月的试用期,待试用期满后,再由机械管理部门组织技术鉴定,经技术鉴定确认质量、性能合格后,方可列入固定资产。

对工程机械的固定资产验收,主要由机械设备管理部门来完成,使用部门进行必要的协作。机械设备管理部门负责对工程机械的实物形态进行验收,而财务部门则是根据机械设备管理部门的实物验收意见,办理固定资产的增、减变动等财务手续。实际上工程机械固定资产的验收工作,绝大部分由机械设备管理部门负责完成。

1. 整机装运或自行式机械的固定资产验收

1) 验收成员

对于更新机械的整机装运或自行式机械(包括技术更新、役龄更新),由于曾经使用过,对其有一定的应用经验,所以仅由机械设备管理部门技术熟练、经验丰富的固定资产管理人员负责,操作人员协助,结合产品合格证和其他技术文件即可验收。

对于新增或技术革新、改造机械设备的整机装运或自行式机械,由于过去没有接触过,或接触较少,对其性能较陌生,验收组织一般除了要有机械设备管理部门的固定资产管理人员外,还需有本单位及上级单位的有关机械设备技术人员共同参加。如果是进口工程机械,必要时还需邀请商检部门参加验收。

2) 验收

对整机装运或自行式机械进行固定资产验收时,首先注意以下的基本技术文件是否齐全。

(1) 工程车辆或工程机械。

①产品合格证。

②产品使用说明书。

③主要配套装置使用说明书。

④原基本车型(或底盘)使用说明书。

⑤易损零件明细表。

⑥随车工具、附件清单。

除此之外,还应注意有无购置附加费手续等。

(2) 其他设备。

①产品合格证。

②设备使用维护说明书。

③易损零件图册。

④产品配件目录。

⑤随机专用工具、附件清单。

如果上述技术文件齐全,并且与实物相符,那么就可以结合对机械设备外观质量和内在性能技术验收的结果,填写"工程机械固定资产验收单"(表9-4),以便完成资金验收工作。

2. 解体装运机械设备的固定资产验收

1) 验收组织

一般来说,解体装运的机械设备,多为配属机组和附属设备多、体积庞大的工程机械,其安装和调试技术均有较高要求,尤其是进口、大型、精密的解体装运的工程机械,更是如此。

所以，需成立必要的验收组织，以便组织相应的技术人员把好质量关。

工程机械固定资产验收单　　　　　　　　　　　　　　　表9-4

资产类别：　　　　　　　　　　验收单号：　字　　　第　　　号
统一编号：　　　　　　　　　　验收日期：　　年　　月　　日

机械设备名称	型号	制造厂名	出厂日期	出厂编号	新旧程度	来源
主要技术参数：						
机械设备组成、随机附件、工具及技术文件：						
出厂价格		购置附加费	供销部门手续费	运杂费	国产机械设备合计原值	净值
到岸完税价格	关税	增值税	购置附加费	外贸部门手续费	银行财务费	运杂费	进口机械设备合计原值	净值
验收意见：				验收成员签章：		
				管理部门签章：		

2）验收

对于解体装运机械设备的固定资产验收，须先进行组装、调试，然后根据调试成功的技术报告，结合其他技术文件来办理验收手续。

在购买的机械设备未到目的港前，订购单位要仔细查询国家关于机电设备进口的具体政策规定，从速办理有关减免税批文，及时报送到机械设备到达港口的海关。

机械设备到达港口后，订购单位应会同港口的商检部门按订货合同规定对卸下船后的工程机械进行岸检，并会签岸检记录。

机械设备自港口到使用工地，可采用陆路运输（即公路或铁路运输），也可采用水路运输。运输方式的选定，视订购单位的运输条件而定。

将购买的机械设备运至工地后，订购单位先不予拆箱，而应提交合同、货运发票、船单、机械设备质量保证书等单证副本给所在地商检部门，对到货机械设备的品种、数量、质量等提出检验申请。

订购单位在工地对购买的机械设备进行开箱检查时，需请商检部门人员参与，发现问题时应通过商检部门索赔。

开箱检查的主要内容如下：

（1）检查外观包装情况，看机械设备在运输装卸过程中有无受损的现象。若发现包装箱已受损开裂或严重变形，则应打开包装进行工程机械的外观检查，以便了解受撞击、挤压或损坏情况。

（2）按照装箱清单清点主机、附机、附件、易损件、专用工具、使用说明书及其他技术文件等是否齐全，是否符合订货合同规定的内容，有无缺损。

（3）检查机械设备各部有无锈蚀，如有锈蚀，应及时进行防锈处理。

（4）凡属未清洗过的滑动面严禁移动，以防磨损。清除防锈油时最好使用非金属刮具，以防损伤设备。

(5)不需要安装的易损件、附件、工具等，应注意妥善保管。

(6)核对安装图、电气线路图、液压系统图与机械设备实际情况是否相符，接口位置及有关参数是否与说明书相符。

(7)检查后作出详细检查记录，对严重锈蚀、破损等，最好拍照或图示说明，作为向运输部门或供应厂商进行交涉、索赔的依据。

开箱及检查中获取的货运发票、船单、质量保证书、商检证明、有关图纸、说明书、引进机械设备的批文、订货卡片、合同等。应由订购单位机械管理部门的专人进行清理，归入工程机械技术档案。其中有关常用图纸、说明书还须及时组织专业技术人员进行翻译整理，装印分发，以便机上人员随时使用和基层使用部门技术人员备查。

三、工程机械的安装与调试

整机装运机械不需要安装。一些大型、专用的机械设备，如混凝土搅拌站(楼)、沥青混合料拌和设备、稳定土拌和设备、联合破碎机以及桥梁工程中所用的打桩机、架桥设备等，则需在施工现场进行安装。调试工作，不仅用于大型、专用的解体装运的机械设备，对那些整机装运的工程机械，使用前也需进行一些调试工作。

以下主要以进口的解体装运的大型机械设备为对象来阐明安装、调试等技术验收工作。

解体装运的进口机械设备，在对各总成、部件、附件等配套机件进行外观检查后，应尽快组装并进行必要的调试。因为这样的工程机械在出厂时所做的抽样检查的比例很小，一般不超过3%，其余97%只做部件及总成的分项检验，而不进行总装试验，所以，对整机进行安装调试就显得非常重要，必须认真对待。

由于解体装运机械设备体积庞大，配套机组和附属设备比较多，同时又要一定面积的安装场地。有些工程机械还需要为安装准备基础，因此，了解安装的要求以及调试的方法、程序就很必要。在进行安装调试工作之前，应让供应厂商方面的安装调试工程师对操作人员等进行现场技术培训。培训的目的是让操作人员了解该机械设备的基本结构、技术性能、安装调试的具体方法、操作安全注意事项等，从而做到心中有数，避免盲目上机，以防患于未然。

1. 组织与管理

解体装运的大型机械设备安装调试工作一般由订购单位同供应厂商配合进行。对大型的进口工程机械，购置单位应在供应厂商安装调试工程师到来之前，进行尽可能周密的安排。如选配操作人员、成立安装调试组(由有关业务领导、机械设备操作人员和工程测试人员等组成)，准备安装调试的吊装及配套作业机具等。

在选配操作人员时，应注意选择业务熟练、懂工程机械常识、反应灵活、责任心强的操作者。对于大型进口机械，须选配具有中专以上学历的人员担任机长，作为主操作者。这样方能用好管好造价昂贵、性能先进的引进设备。

2. 安装调试费用的预算

要保证安装调试工作的顺利实施和完成，必须先做好安装调试费用的预算工作。也就是根据安装调试计划和程序，进行运输费、安装费、调试费、拆卸费及其他费用的预算。

(1)运输费用的预算。在安装计划中机械设备管理部门应根据解体装运的工程机械各部分的体积和质量,安排不同运输能力的车辆,并根据解体装运对象的数量,确定各种运输车辆的运输车次。据此,负责安装调试费用预算的人员,可按相应运输物的吨公里运费、搬运里程计算运输费用,也可据台班费用定额和台日数计费。

在进行运输费用的预算时,要注意估算装卸、捆绑及空车行驶费等费用,因为这些也是运输过程必然发生的。

(2)安装费用的预算。要根据安装计划,做出安装所需吊装设备、技术工人以及安装材料的费用预算。

(3)调试费的预算。调试过程中,需要燃油或电力等。对于一些大型工程机械,尤其是进口机械设备,必须经过一定小时的空载、重载、连续、间断的生产考核,因此常需要大量的工程材料,如碎石、沥青或水泥、砂砾、白灰或粉煤灰等,为了保证大型机械设备按测试计划运行,必须配备足够数量的各类配套机械与消耗材料。从以上分析,我们可以看出,调试费一般由燃油或电力费、工程材料费、配套机械费、人工费、管理费等组成。各组成费的预算应按各自相应的规定计取。

(4)拆卸费预算。拆卸过程和安装相反,所需的机械设备与安装相同,但是所需人员除技工外还有普工。一般拆卸费少于安装费。

(5)其他费的预算,如看管费等。此项费用应根据实际情况进行测算。

3. 安装

解体装运机械设备的安装一般包括安装基础施工(自行式机械无此项)、安装前的准备、安装等几个过程。

(1)安装基础施工。解体装运的大型工程机械往往需要安装在规定的基础上,并需进行找平、稳固,才能保证其工作质量、精度和稳定性要求。安装基础的施工,首先要求按安装平面布局图确定安装位置,放好机械设备的安装中心线,然后根据安装基础施工图的规定预制安装基础。

另外,配套机械设备的运输通道、堆料场必须合理布局,同时予以修整。根据需要,可搭盖库房、机棚等。

(2)安装之前的准备。在安装之前,应再一次进行外观质量检查:如各种螺栓、螺母有无松动;焊接件焊接处有无裂纹、严重的气孔、烧牢等缺陷;燃润油及水、气的储量及管道接头是否牢固,有无泄漏;电路布线是否整齐,绝缘性能如何;所有旋转、往复运动部位的安全保障机件的有效齐全程度怎样。此外,要进一步察看安装过程所需其他物资准备情况等。

(3)安装。安装过程须严格按制造厂安装指南或规定的安装程序进行。

4. 调试

不仅是解体装运的大型机械设备在安装后需要进行调试,实际上所有新增、更新、自制、改造、大中修机械设备,在投入使用前,都必须进行调试。

(1)调试前的检查。主要检查机械装配的完整性、合理性、安全性和渗漏痕迹等。

(2)空负荷和负荷试验。主要试验机械设备的工作性能,包括启动性能、动力性能、经济性能、操纵性能、制动性能、负荷性能和工作装置的工作质量等,考核其是否达到正常使用、安全生产等技术条件。

调试过程中,现场工程机械技术人员和随机操作人员须时时到位,主动了解工程机械的性能、机况、调试程序、有关的操作控制等。

在现场必须有工程机械技术人员笔录调试过程。调试过程的笔录属原始性记录,是日后操作机器、撰写技术报告、解决遗留问题的重要依据。

四、机械设备的分类、编号、建账、立卡和清点

1.机械设备的分类与编号

工程机械类型、品种繁多,且流动性大,为了便于管理,必须根据固定资产的性能和用途按照国家和企业的规定进行统一分类和编号。在对固定资产编号工作时应注意:

(1)凡属本企业固定资产的机械设备,均应予以编号,不得遗漏。对自制的设备,经验收、试用、鉴定后,也应予以编号。

(2)编号一经确定,无特殊情况不能变动,直到处理或报废销号为止。

(3)机械设备的主机、副机、附件均应采用同一编号。

(4)固定资产的统一编号应标志在机械设备的明显部位。

2.机械设备的建账、立卡和清点

为随时掌握所有机械设备的基本情况,企业所属各级机械管理部门要建立机械设备台账和机械设备登记卡。

机械设备台账(表9-5)是机械管理部门掌握机械设备基本情况的重要依据之一。它是按机械设备的分类列账,以机械设备的编号为顺序,在机械设备增减时填写的。机械设备台账反映出各类机械设备的数量、增减变化和分布情况以及每台机械设备的主要技术数据、来源及其原值等情况。

机械设备台账 表9-5

机械种类: 第 页

序号	统一编号	机械名称	型号规格	生产厂	出厂日期	机械来源	调入日期	原值(万元)	动力部分			使用单位	调出		备注
									生产厂	型号	功率(kW)		日期	接收单位	

填表说明:

1.本台账是反映企业机械设备总貌和单台机械设备基础状况的基本账,由机械管理部门建立,在机械设备增减时填写。

2.本台账应分别按机械种类,根据统一编号顺序排列。

3.本台账应与年终清产报表核对,保持账、物相符。

机械设备登记卡片为一机一卡,在设备登记卡片上,除登记本机的技术性能、价值、来源及附属装置外,还应记录机械调动、机长变更、运转、维修、改造、事故等主要情况。卡片应随机转移,报废时,卡片应附在报废申请表后送审。

机械设备账卡必须指定专人填写、保管,不得随便更改、毁坏或增减内容,做到账、卡、物

相符。

按照国家对国有固定资产清查盘点的规定,施工企业每年年终前都要对机械设备进行一次全面的清查盘点,作为年终清产工作的重要内容之一。清点工作由企业主要负责人主持,机械管理部门负责组织,会同财务人员按照及时、深入、全面、彻底的原则进行。在清查盘点中,如果发生盘盈、盘亏现象,应查明原因,提出处理意见,报经上级批准后,会同财物部门办理盘盈、盘亏的调整手续。

五、机械设备的技术档案

机械设备的技术档案是自机械设备购入或接收开始直到报废为止整个过程中系统的技术性历史资料。建好机械设备的技术档案是机械设备管理的一项重要基础工作。

(1)机械设备技术档案的作用:
①提供设备使用性能的变化情况,便于合理使用和充分发挥其效能。
②提供设备运行累计时间和技术状况变化规律,为设备的维护、修理和配件供应计划提供可靠的依据。
③为机械事故分析和对设备的技术鉴定提供科学依据。
④为机械设备调拨、转让提供技术财务依据。
⑤为机械设备的改造、配件生产、科学研究提供技术依据。

(2)机械设备技术档案的内容:
①随机技术文件,包括使用、维护、修理说明书,零件目录、图纸、出厂合格证。
②附属装置、随机工具及备件明细表和变更记录。
③自制、改造设备的批准文件,图纸、技术鉴定记录。
④设备验收交接清单和运转记录。
⑤设备年运转和年消耗汇总记录。
⑥维护和大、中修记录和在维护修理中的各项技术资料。
⑦机械事故分析、处理的记录及其有关资料。
⑧调拨、机长更换记录。
⑨报废鉴定表。

一般机械建制单位的机管部门建立技术档案,机械使用单位的机管部门建立机械履历书。所谓机械履历书是机械设备技术档案的简化形式。机械履历书由机管部门统一填写,不应交给操作人员填写,否则准确性、科学性较差,容易失去参考价值。机械履历书的主要内容有:随机工具、附属装置记录;交接记录;运转时间记录;小修、维护、大中修记录;主要机件、轮胎等更换记录;事故记录;检验记录等。

六、机械设备的折旧和大修理基金

1. 机械设备的折旧和折旧基金

作为施工企业固定资产的机械设备,在产品或工程的生产过程中逐渐磨损。因此,机械设备的原始价值应该不断地陆续转移到产品或工程的生产成本中去,其原始价值也随磨损程度的增加而不断降低。机械设备的折旧就是根据机械设备的磨损程度,按月或按年一部分、一部分转移到生产成本中去的机械设备的价值。折旧的不断积累,形成用于机械设备更新、改造的资金,称为折旧基金。

机械设备的原始价值向生产成本中转移,只能根据机械设备预测使用年限即折旧年限来确定每年应提取的折旧额。使用年限取决于机械设备的有形磨损和无形磨损,有形磨损即设备物质的磨损,无形磨损主要指由于科学技术进步、新型同类设备的使用而引起原始价值的贬值。施工机械的折旧年限由国家作出规定并根据经济形势和生产力的发展进行相应调整。

在折旧年限确定后,折旧的方法可按每年提取的折旧额是否均等以及提取速度的快慢分为定额法和快速法。定额法是在使用年限内每年所提取的折旧额均等的方法;快速法是每年所提取的折旧额不均等的方法。快速法的理论基础是:机械设备在折旧年限的最初几年,因技术状况好,生产率高,经济效益显著,所以应该多提折旧额,而在折旧年限的后几年,则情况相反,所以应该少提折旧额。这种方法比较科学,但其计算比较烦琐。

采取定额法提取均等的年、月折旧额的计算公式为:

$$年折旧额 = (原值 - 净残值)/折旧年限$$

$$月折旧额 = 年折旧额/12$$

式中:原值——机械设备的原始价值,指购置或自制时所支出的全部费用,包括买价或制造价格以及运输、安装、调试和税金等;

净残值——机械设备报废后的残体价值减去处理报废过程中所需要的拆卸、解体、清理等费用,一般应为原值的2%~5%。

如果必须考虑存、贷款利息时,年折旧额应按下式计算:

$$年折旧额 = (原值 - 残值) \times 资金回收系数 + 残值年利息$$

式中: 残值——机械设备残体价值;

资金回收系数——资金回收系数 $= [i \times (1+i)^n]/[(1+i)^n - 1]$,$i$ 为年利率,n 为机械设备折旧年限;

残值年利息——残值年利息 $=$ 残值 $\times i$(年利率)。

由于各种机械设备的折旧年限不同,如果按照以上公式计算年折旧额,比较烦琐。现行的折旧采用分类综合折旧率来提取折旧额,即制定出固定资产大类的综合折旧率,而这一综合折旧率对于折旧年限的平均数而言,当单项固定资产的使用年限较短时,可相应提高单项固定资产的折旧率。表9-6为中国建筑总公司制定的固定资产折旧基金和大修基金计提标准,可在实际工作中参照执行。

年折旧率和年折旧额、月折旧率和月折旧额的关系为:

$$年折旧率 = (年折旧额/原值) \times 100\%$$

$$月折旧率 = (月折旧额/原值) \times 100\%$$

国家规定国有企业的固定资产必须按月计提折旧基金和大修理基金,企业必须如数提存机械设备折旧基金。报废的机械设备未提足折旧的应补提足折旧,企业不得用不提折旧或少提折旧的办法挪用设备资金。折旧基金和转让机械设备的收入,必须全部用于机械设备的更新改造,而不得用于其他开支。

2. 机械设备的大修理基金

为保证机械设备的大修理顺利进行,国家规定:必须按照固定资产提取折旧基金的方法，按月从成本中提存机械设备的大修理基金，作为实际发生机械设备大修理费用的开支来源。机械设备大修理基金的提取额和提取率的计算公式为：

$$年大修理基金提取额 = 每次大修理费用 \times 使用年限内大修次数/使用年限$$

$$月大修理基金提取数 = 年大修理基金提取额/12$$

$$年大修基金提取率 = 年大修理基金提取额/原值 \times 100\%$$

$$月大修基金提取率 = 年大修基金提取率/12$$

式中，使用年限内大修次数按下式计算：

$$使用年限内大修次数 = 耐用总台班数/大修间隔台班数 - 1$$

为了简化计算，对机械设备的大修理基金也可以采取分类综合提取率的方法计提，详见表9-6。

固定资产折旧基金和大修基金计提标准　　　　表9-6

类　别	折旧年限(年)	月折旧率(%)	年折旧率(%)	月大修基金提取率为月折旧率的百分比(%)
施工机械	14	0.6	7.2	50
运输设备	11	0.8	9.6	80
生产设备	17	0.5	6	50

大修理基金必须专款专用，大修理基金在保证机械设备大修需要的前提下，其剩余部分也可用于机械设备的更新改造。当改造与大修结合进行时，大修理基金可与折旧基金的部分结合使用。

3. 折旧基金与大修理基金的管理

机械设备的折旧基金和大修理基金都由企业财务部门核算、提存和管理。财务部门必须建立机械设备的资产台账，按时核算、登记，并认真监督折旧和大修基金的使用，坚决制止违反国家和企业规定的行为。

机械设备管理部门要为财务部门提供核算折旧和大修基金的有关资料，认真执行审批手续，协助财务部门做好两项基金的管理工作。

七、机械设备的封存、调拨、处理和报废

1. 机械设备的封存

机械设备的封存是一种暂时的、不合理的现象。从科学管理的角度来看，企业机械设备的封存是一种极大的浪费，不应该出现封存现象。目前已废止了对于封存的机械设备不考核各项指标，也不提存折旧基金和大修理基金的规定。

由于企业施工生产的稳定性差等原因，常会出现一些闲置不用的机械设备。将闲置6个月以上的机械设备封存保管对加强机械设备的管理是有益的，但企业还应抓紧安排闲置机械的出路，尽量减少由于封存给企业带来的经济损失。

机械设备的封存保管应由公司一级机械管理部门负责。应建立封存设备库、建立封存设备台账并制定进、出库制度，设专人负责。

封存设备库应建在安全、干燥、通风、易于排水的地方，库内有足够的消防设备，不准同时存放易燃、易爆物品；封存的设备入库前应进行全面清洗，放净存水，涂油防锈防腐，并将通往机体内部的管口封闭以防水或杂物落入机体内;随机附件、附属装置和工具要和主机统一编号,防止丢失和损坏;有轮胎的设备应将轮胎架空,蓄电池应从机上拆下另行保管,精密机件、电气仪表等怕受潮的设备应在室内加罩、盖保护;内燃机应定期发动运转,说明书中有特殊保管要求的设备,应按说明书规定办理。对于封存保管的设备,上级主管部门可根据施工生产的需要,随时调拨给其他单位。

2. 机械设备的调拨和处理

有些施工企业由于施工生产的变化或由于更新和购置失误等原因,可能造成一些机械设备的闲置或积压。同时,也有施工企业由于生产任务急需某些机械设备,但因一时采购不到或因购置新设备资金不足,也希望能找到一些所需的闲置积压设备,于是便产生了机械设备的调拨和处理。这样既能充分发挥机械设备的作用,又能减轻企业的负担。

调拨一般是指同建制企业之间和本企业内部机械设备的调动,而处理则一般指不同建制企业之间所进行的机械设备的变价销售。

同建制企业之间的机械设备调拨属于产权变更,应办理固定资产转移手续,即调出单位按固定资产的实际原值和净值将机械设备转入调入单位的账上,但不得向调入单位收取机械设备的价款。调入单位应继续对调拨机械提存折旧和大修理基金。企业内部生产单位之间机械设备的调拨不属于产权变更,而只是使用权的转移,因而不需要办理固定资产转移手续。

机械设备的处理也称为有偿调拨,属于产权变更,要办理固定资产转移手续,应根据其新旧程度和技术状况按质论价,由调入单位向调出单位交付价款,调出单位应将机械设备的变价销售收入纳入设备更新改造基金,不得挪作他用。如果变价销售收入低于机械设备的实际净值,调出单位还应补足折旧。

在进行机械设备的调拨和处理时,施工企业应注意:

(1) 凡属国家或有关部门规定淘汰机型的设备,一律不得调拨或处理给其他单位。

(2) 汽车类机械设备在调拨和处理时,要同时办理行车执照、养路费和保险费等转移手续。

机械设备调拨要经过上级主管部门批准,凭上级主管部门签发的机械设备调拨通知单执行。调出与调入的双方应严格按照调拨通知单确定的统一编号、名称、型号等对调拨设备确认,并经过必要的检查、测试验收后,办理交接手续。调出单位应保持机械设备的完好状况,如有损坏,应由调出单位负责修好或承担修理费。原机附属装置、随机工具、专用配件、技术文件和技术档案等,一并随机转移。不许拆换或借故扣压。

机械设备变价销售成交时,双方应签订严密的销售合同,对变价销售机械设备的状况、附件、价格、交货时间地点、运输方法、结算方式等作出明确规定。合同一经签订,双方都应按合同规定严格执行,一旦交接与结算工作完毕,售出单位一般不再对机械设备负任何责任。

3. 机械设备的报废

工程机械设备出现下列情况之一的应予以报废:

(1) 磨损严重、基础件已损坏,再进行大修已经不能使其达到使用和安全要求者。

(2) 技术性能落后、耗能高,无改造意义者。

（3）修理费用高，在经济上大修不如更新合算者。
（4）属于淘汰机型、无配件来源者。

正常报废的机械设备必须提足折旧费，对未提足折旧费的，要在报废时一次补齐提足，才能批准报废。但由于意外事故、自然灾害等原因造成提前报废的机械设备，可不补提折旧费。

（1）工程机械报废的条件。

工程机械具有下列情况之一者，方可申请报废：

①超过规定使用年限，技术性能已达不到国家标准和安全操作规程的。
②因意外灾害或事故使设备受到严重损坏，无法修复使用的。
③技术性能差、能耗高、效率低、经济效益差的。
④经预测，若大修后技术性能仍不能满足工艺要求和保证产品质量的。
⑤严重污染环境，危害人身健康，进行改造又不经济的。
⑥大修后虽能恢复技术性能，但不如更新经济的。
⑦自制的非标准专用工程机械，经生产验证不能使用又无法改造的。
⑧国家或有关部门规定淘汰的。

（2）工程机械报废的基本程序。

由于工程机械的报废涉及巨额资金的核销及国家、集体财产的存废问题，因此须认真对待。

报废工程机械，必须经过技术鉴定和经济分析评价，按有关规定办理审批手续。报废机械设备的审批权限与机械设备购置和处理的审批权限相同。对已批准报废的机械设备，不得继续使用和转让，并应做好残值的回收工作。残值收入应由投资单位转入工程机械更新改造资金，不能挪作他用。汽车类设备报废后，要按国家规定统一交给指定的回收部门集中处理。一律不得自行解体处理。

报废申报、审批程序及有关规定如下：

①符合报废条件的工程机械，由使用部门提出申请，详细说明报废的理由，送交机械设备管理部门初步审查后，报上级主管部门。
②上级主管部门应组织相关部门（生产、技术、安全、财务等）组成鉴定小组，对要求报废的工程机械逐台审核、确认。
③企业凭批准报废的文件，由工程机械设备管理部门和财务部门办理注销固定资产手续后，相关的工程机械才算正式报废。

任务三　了解工程机械经济管理方法

施工企业机械设备经济管理是对机械设备价值形态运动过程的管理，其目的是遵循价值规律，通过经济核算和分析，追求机械的寿命周期费用最低，综合效率最高，以取得最佳的经济效益。

工程机械的经济管理贯穿于机械设备管理的全过程，机械的使用、维修等各方面都包含了经济管理的内容，它不仅是机械管理的重要组成部分，而且从经济效益上反映了机械管理的成果。

施工企业机械设备经济管理主要包括机械设备技术经济定额管理和机械设备投入与产出效果的经济核算等内容。机械设备的技术经济定额是机械设备经济管理的依据,而经济核算则是经济管理的基本手段。

一、技术经济定额

技术经济定额是企业在一定生产技术条件下,对人力、物力、财力的消耗规定的数量标准。机械设备技术经济定额由行业主管部门制定,企业在执行上级定额的基础上,可以制定一些分项定额。国家发布的《全国统一施工机械技术经济定额》是根据国家计委要求编制的,作为编制全国统一施工机械台班费用定额的基础定额,并作为施工企业内部实行经济核算和进行考核的依据,在定额中以费用考核的项目应随市场物价的变化而调整。

有关机械设备技术经济定额的种类和内容主要有:

1. 产量定额

产量定额按计算时间区分为台班产量定额、年台班定额和年产量定额。

台班产量定额指机械设备按规格型号,根据生产对象和生产条件的不同,在一个台班中所应完成的产量数额。

年台班定额是机械设备在一年中应该完成的工作台班数,根据机械使用条件和生产班次的不同而分别制定。

年产量定额是各种机械在一年中应完成的产量数额,其数量为台班产量定额与年台班定额之积。

2. 油料消耗定额

油料消耗定额是指内燃机械在单位运行时间(或km)中消耗的燃料和润滑油的限额,按一般机型、道路条件、气候条件和工作对象等确定。润滑油消耗定额按燃油消耗定额的比例制定,一般按燃油消耗定额的2%~3%计算。油料消耗定额还应包括维护修理用油定额,应根据机型和维护级别而定。

3. 轮胎消耗定额

轮胎消耗定额是指新轮胎使用到翻新或翻新轮胎使用到报废所应达到的使用期限数额(以km计)。按轮胎的厂牌、规格、型号分别制定。

4. 随机工具、附具消耗定额

随机工具、附具消耗定额是指为做好主要机械设备的经常性维修、维护所必须配备的随机工具、附具的限额。

5. 替换设备消耗定额

替换设备消耗定额是指机械的替换设备,如蓄电池、钢丝绳、胶管等的使用消耗限额。一般换算成耐用班台数额或每台班的摊销金额。

6. 大修理间隔期定额

大修理间隔期定额是新机到大修,或本次大修到下一次大修应达到的使用间隔期限额(以台班数计)。它是评价机械使用和维护、修理质量的综合指标,应分机型制定,对于新机械和老机械采取相应的增减系数。新机械第一次大修间隔期应按一般定额时间增加10%~20%。

7. 维护修理工时定额

维护修理工时定额指完成各类维护和修理作业的工时限额，是衡量维修单位（班组）和维修工的实际工效，作为超产计奖的依据，并可供确定定员时参考。分别按机械、维护和修理类别制定。为计算方便，常以大修理工时定额为基础，乘以各类维护、修理的换算系数，即为各类维护、修理的工时定额。

8. 维护、修理费用定额

维护、修理费用定额包括维护和修理过程中所消耗的全部费用的限额，是综合考核机械维护、修理费用的指标。维护、修理费用定额应按机械类型、新旧程度、工作条件等因素分别制定，并可相应制定大修配件、辅助材料等包干费用和大修喷漆费用等单项定额。

9. 维护、修理停修期定额

维护、修理停修期定额指机械进行维护、修理时允许占用的时间，是保证机械完好率的定额。

10. 机械操作、维修人员配备定额

机械操作、维修人员配备定额指每台机械设备的操作、维修人员限定的名额。

11. 机械设备台班费用定额

机械设备台班费用定额是指使用一个台班的某台机械设备所耗用费用的限额。它是将机械设备的价值和使用、维修过程中所发生的各项费用科学地转移到生产成本中的一种表现形式，是机械使用的计费依据，也是施工企业实行经济核算、单机或班组核算的依据。

二、经济核算和经济分析

工程机械的经济核算是企业经济核算的重要组成部分，也是企业管好、用好工程机械的有效措施。

工程机械经济核算常与经济活动分析相结合，采取收支对比、前期和后期对比的方法，找出节约或超支、增产或减产的原因，及时采取相应的措施，改进企业的经营管理，并以此评定企业、班组、单机的工作情况，研究各种因素对工作的影响程度。

经济分析是利用经济核算资料和统计数据，对机械施工生产经营活动的各种因素进行分析，找出影响因素和影响程度，采取改进措施，提高机械管理水平和经济效益。

通过经济核算和分析，以实施有效的监督和控制，不仅可以反映出企业机械设备工作的经营管理水平和经济效益，而且可以从中发现薄弱环节，采取相应的改进措施，加强管理，追求最佳的经济效益。

1. 机械经济核算的条件

做好机械经济核算工作，必须具备以下基础条件：

（1）要有一套比较先进的技术经济定额作为核算的依据。

（2）要有完整、可靠的一套机械设备使用、维修和各项消耗的原始记录，并应统一格式、内容、传递方式，做到及时准确地填报。

（3）建立各级经济承包责任制，签订承包合同，采取租赁的经营方式，把责、权、利结合起来，根据经济核算成果进行分配，使经济核算成为企业和职工经济利益相结合的有效形式。

（4）建立严格的物资领用制度，材料和油料的供应、发放做到供应及时，计量准确，记录齐全。

（5）建立机械经济核算体制，明确各级各部门核算分工，配备必要的专职和兼职核算员，并能相互配合做好核算工作。

（6）要有经济核算的群众基础，各项定额的内容和计算方法都要让群众知道，定额完成情况和经济核算的结果要定期向群众公布，激发广大机械人员参加管理的积极性。

2. 机械经济核算

工程机械的经济核算工作一般由各单位的机械设备管理部门统一进行，核算时一定要按规定提取专项费用，如大修理费、折旧费等，不得以少提或不提来制造"利润"。

工程机械的经济核算主要有机械使用费核算和机械维修费核算。

（1）机械使用费核算。

机械使用费指机械在施工生产中所发生的费用，即使用成本。按其核算单位可分为单机、班组和单位工程核算。

①单机核算。单机核算是机械核算中最基本的核算形式，是按工程机械设备台班费用定额标准经货币度量形式进行的，是工程机械成本核算的开端。单机核算是对一台机械在一定时间内维持其施工生产的各项消耗和费用进行核算。

通过单机核算不仅能反映单位产量上的消耗（生产费用），而且可以了解工程机械合理使用的程度、企业各项管理工作的水平，更重要的是可以进一步了解工程机械使用成本升降的主、客观因素，从而找出降低消耗的途径。

单机核算对象主要是实行"三定制度"及执行相应经济责任制的单台大型机械和运输设备。凡由专人操作的大、中型机械、车辆，或由多人集体管理的大型机械设备均宜采用单机核算。

②班组核算。班组核算的对象是机械班组或机械队的机组，是单机核算的一种汇总形式。班组核算是以作业班组为核算单位，计算班组机械费用的总收入和总支出，并将收支加以比较，确定盈亏的核算方式。班组核算主要适用于不实行定人定机而由作业班组集中管理的中小型机械。

单机核算和班组核算一般按月（或按季）结算的办法来进行，核算内容包括机械设备的实际收入与设备使用（或出租）期内的实际支出，计算结余或超支。

在单机核算和班组核算中应充分发动群众，贯彻专职核算和群众核算相结合的原则，因为只有劳动者的广泛参与，核算工作才能取得或产生实际效果。

③单位工程核算。单位工程核算是以单位工程预算定额中的机械费作为收入，以实际发生的各项机械费用作为支出所进行的核算。核算中应计入向外出租机械设备所得的收入，并应扣除以人工代替机械的费用收入部分。

由于单机核算与班组核算并不能直接反映单位工程项目施工中机械设备的使用效果，所以单位工程项目中机械费用的盈亏还要靠单位工程的机械设备经济核算来解决。

（2）机械维修费用核算。机械维修费用核算内容主要是维修成本，主要有单机大修成本核算、机械维护、小修成本核算。根据工时、材料定额和实际发生的工时、材料成本核算其盈亏数，同时必须考虑其质量指标。

单机大修理成本核算是由修理单位对大修竣工的机械设备按照修理定额中划定的项目,分项计算其实际成本,然后与计划成本(修理技术经济定额)对比,计算出一台机械大修理费用的盈亏数。

对于工程机械维护、小修项目,应包括在单机或班组核算中,可采用维修承包的方式,以促进维修人员与操作人员的密切配合,共同提高工程机械使用的经济效益。

3. 机械经济核算的形式

机械经济核算有选项核算和全项核算两种形式。

(1) 选项核算。选项核算是指只对工程机械使用费用(台班费)组成项目的一个或几个重点或薄弱项目进行有选择的核算。例如,只对燃料费、经常修理费进行核算。该方法比较简单,但不能全面地反映工程机械使用的盈亏情况,多用于单项经济定额管理考核活动。

(2) 全项核算。全项核算是对工程机械费用(台班费)的全部组成项目进行核算。这种方法可全面反映工程机械使用的盈亏情况,在实际工作中应用较多,机械全项核算的内容要通过表格的形式反映出来,如表9-7所示。

工程机械全项核算明细表　　　　　　　　　表9-7

核算部门：　　　　　　　　　　　年　　月

工程机械(工程车辆)名称	工程机械(工程车辆)编号	本月收入(元)	本月各项支出费用(元)								本月盈亏(元)	盈亏累计(元)
			折旧基金	大修基金	维修费		燃料	工资				
					工时	材料						

审查：　　　　　　　　核算：　　　　　　　　共　页　第　页

全项核算内容如下:

①收入项目。收入项目为工程机械的台班费或承担施工任务的收入。

②支出项目。支出项目包括工程机械按规定必须提取的大修理费和折旧费,还包括工程机械在生产中发生的动力燃料、工资、补助、劳保、各级维护及临时故障排除、工具、附具、替换设备、润滑油脂、擦拭材料等一切费用开支。

一般来说,全项核算难度较大,其原因是机械台班费用定额与企业机械实际消耗情况之间存在一定的差距。特别是不变费用项中的折旧费、大修理费和经常修理费,由于存在机型、机种和使用状况的复杂性因素,实际消耗的量值差异性和不平衡性较大。同时,核算需要时间较长、内容较为系统的机械运行记录做支持,计算起来存在一定的难度。

4. 机械经济分析

机械经济分析的内容包括机械产量分析、机械使用情况分析、机械使用成本和利润分析及机械经营管理工作的分析。其中机械产量或完成台班数是经济分析的中心,通过分析来说明生产计划完成与否的原因和各项技术经济指标变动对生产计划完成的影响。机械使用情况分析的目的是找出机械在使用、维修方面存在的问题。机械使用成本和利润分析的目的是为使机械的经营目标获得最大的经济效益，找出影响机械设备使用成本的主要因素，并提出相应改进措施。机械经营管理工作的分析是机械经营单位根据经济核算资料和各项技术经济指标定额的完成情况，对机械经营管理工作进行全面、深入的分析，从中找出存在的问题和薄弱环节，提出措施，提高经营管理水平。

经济分析的方法有比较法、因素分析法、因素比较法和综合分析法等，本书不做具体介绍，请查阅相关资料。

项目十 工程机械安全管理

知识目标

1. 学习安全生产的基本概念与内涵，安全、危险、危害、事故、安全评价、"三定"制度、工程机械事故。
2. 掌握工程机械安全生产的意义、工程机械安全管理的内容、工程机械安全操作规程（总则）、工程机械交接班制度的内容、工程机械"三定"制度的优点、预防工程机械事故的措施。
3. 掌握工程机械事故的性质、事故的分类与预防事故的措施。

能力目标

1. 合理选用工程机械安全转移和运输的方法。
2. 正确选择和使用工程机械停机场。
3. 配合相关部门处理工程机械事故。

任务一 掌握工程机械安全生产的重要性与管理内容

一、安全生产管理的基本内涵

1. 安全

安全的定义是："不发生导致死伤、职业病、设备或财产损失的状况（包括幸福、舒适）"。安全泛指没有危险、不出事故的状态。

2. 安全生产

安全生产是为了使生产过程在符合物质条件和工作次序下进行的，防止发生人身伤亡和财产损失等生产事故，消除和控制危险、有害因素，保障人身安全与健康、设备和设施免受损坏、环境免遭破坏的总称。

3. 安全生产管理

安全生产管理是针对人们在生产过程中的安全问题，运用有效的资源，发挥人们的智慧，通过人们的努力，进行有关决策、计划、组织和控制等活动，实现生产过程中人与机器设备、物料、环境的和谐，达到安全生产的目标。安全生产管理是管理的重要组成部分，是安全科学的一个分支。

4. 危险

危险也称风险。危险是造成人的伤害及物的损失的机会，它是由危险严重及危险概率来表示可能的损失。传统习惯上认为安全与危险是两个不相容的、绝对的概念，而现代安全工程则认为不存在绝对的安全，安全是一种模糊数学的概念。因此，危险性就是对安全性的隶属度。当危险性低到某一程度，人们就认为安全了。

5. 危害

危害是超出人的直接控制之外的某种潜在环境条件。它可能造成重大损失，也可能不产生危险。

工程机械在使用过程中，造成危害的因素是多方面的，如操作人员、作业场地、工程机械本身等。

6. 事故

事故是人们在生产过程中，造成人员死亡、伤害、职业病、财产损失或其他损失的意外事件。事故是意外事件，是人们不希望发生的；同时该事件产生了违背人们意愿的后果。如果事件的后果是人员死亡、受伤或身体的损害，就称为人员伤亡事故，如果没有造成人员伤亡就是非人员伤亡事故。

7. 事故隐患

事故隐患泛指生产系统中可导致事故发生的人的不安全行为、物的不安全状态和管理上的缺陷。在生产过程中，依据人们对事故发生与预防规律的认识，为了预防事故的发生，制定了生产过程中物的状态、人的行为和环境条件的标准、规章、规定、规程等；如果生产过程中物的状态、人的行为和环境条件不能满足这些标准、规章、规定、规程等，就可能发生事故。

综合事故性质分类和行业分类，考虑事故起因，可将事故隐患归纳为21类，即火灾、爆炸、中毒和窒息、水害、坍塌、滑坡、泄漏、腐蚀、触电、坠落、机械伤害、煤与瓦斯突出、公路设施伤害、公路车辆伤害、铁路设施伤害、铁路车辆伤害、水上运输伤害、港口码头伤害、空中运输伤害、航空港伤害和其他类隐患等。

8. 安全评价

安全评价是对系统存在的危险性进行定量或定性分析，得出系统发生危险的可能性及其程度的评价，以寻求最低事故率，最小的损失和最优的安全投资效益。由于危险性是损失与发生概率的乘积，故对危险程度的评价通常称之为双因素评价。其中损失又可分为直接经济损失和间接经济损失。

二、安全生产管理原理

安全生产管理原理是从生产管理的共性出发，对生产管理中安全工作的实质内容进行科学分析、综合、抽象与概括所得出的安全生产管理规律。

1. 系统原理

安全生产管理系统是生产管理的一个子系统，包括各级安全管理人员、安全防护设备与设施、安全管理规章制度、安全生产操作规范和规程以及安全生产管理信息等。安全贯穿于生产活动的方方面面,安全生产管理是全方位、全过程、全天候且涉及全体人员的管理。

2. 人本原理

人本原理是指在管理中必须把人的因素放在首位,体现以人为本的指导思想。以人为本有两层含义:一是一切管理活动都是以人为本展开的,人既是管理的主体,又是管理的客体,每个人都处在一定的管理层面上,离开人就无所谓管理;二是管理活动中,作为管理对象的要素和管理系统各环节,都是需要人掌管、运作、推动和实施的。

3. 预防原理

预防原理是指安全生产管理工作应该做到预防为主,通过有效的管理和技术手段,减少和防止人的不安全行为和物的不安全状态。在可能发生人身伤害、设备和设施损坏和环境破坏的现场,事先采取措施,防止事故发生。

4. 强制原理

强制原理是指采取强制管理的手段控制人的意愿和行为,使个人的活动、行为等受到安全生产管理要求的约束,从而实现有效的安全生产管理。所谓强制就是绝对服从,不必经被管理者同意便可采取控制行动。

三、工程机械安全生产的意义

随着我国经济高速发展,基础设施建设任务急剧增加,需要投入大量的机械设备进行机械化施工,因此,众多的不安全因素也随之进入生产过程。在机械化施工过程中,高压、高速、高温、有毒排放物、电击电灼、动力驱动、噪声、粉尘、振动、辐射等,因素的存在,使事故发生的可能性大大增加。

在工程建设过程中,由于大量采用机械化施工,存在许多不安全因素,如果稍有疏忽,后果不堪设想,轻则使工程机械损坏,重则使工程机械报废,还可能发生人员伤亡的重大事故。因此,工程建设单位的领导和工程机械管理人员在抓好施工生产的同时,必须高度重视工程机械的安全生产管理工作,不仅要树立安全生产管理的宏观思想,还需制定机械设备安全管理的制度、规章、条例,确定科学合理的具体实施程序并采取有效的防范措施,以保证工程机械和人员的安全。

四、工程机械安全管理的内容

安全管理的主要内容是查明生产过程中发生事故的原因和经过,并采取必要措施防止事故的发生。

从工程机械管理角度出发,工程机械安全管理的内容应包括:

(1)工程机械本身受到不正常损坏的单纯机械事故。

(2)由于工程机械事故而引发的人身伤亡事故。

(3)由于工程机械发生事故而引起的其他性质的灾害,如火灾、停电、停产等。

(4)由于工程机械的原因而引起的有关人员职业病以及对环境的污染等。

根据施工企业内部各部门的分工,上述第 1 类事故由工程机械管理部门单独负责管理。第 2、3 类事故则由工程机械管理部门与安全技术管理部门共同管理,以安全技术管理部门为主。第 4 类事故一般由企业劳动保护部门管理,这是因为在这类事故中,工程机械未受到任何损坏,也不需要任何用于修复的直接费用支出,所以在业务上往往不作为工程机械事故上报处理。但从安全管理角度出发,企业应及时组织有关部门分析事故发生原因,研究防止这类事故发生的方法。

任务二 掌握工程机械技术责任制

技术责任制是使工程机械正常进行工作和安全生产的有力保证。在工程机械管、用、养、修的各个环节中,关系比较复杂,头绪比较繁多,如果在技术指挥系统中没有明确的技术责任制,必然影响正常工作的进行,甚至发生混乱和事故,所以施工单位必须有一整套完整的技术责任制,以确保生产秩序正常和安全施工。

一、工程机械技术责任制的具体内容

从工作内容来说,下列各项工作,是各级工程机械技术人员、管理人员的主要职责。
(1)审定工程机械施工方案的技术措施,组织机械化施工。
(2)负责工程机械技术革新、技术改造方案和自制设备的审定,组织革新成果和自制设备的技术鉴定。
(3)负责工程机械的安全技术工作,主持工程机械事故的分析和处理。
(4)组织新型工程机械的技术试验和技术交底。
(5)负责检查工程机械各项技术规定的执行情况,对不合理使用工程机械的行为,有权制止并加以纠正。
(6)组织工程机械专业人员的技术培训和考核。

二、工程机械安全操作规程(总则)

为了加强工程机械的安全使用管理工作,保证施工作业安全及施工质量,提高工程机械的完好率,各级机械设备管理部门和工程机械驾驶操作人员应认真贯彻执行以下安全操作规程:
(1)工程机械操作人员必须严格遵守《公路筑养路机械操作规程》、《公路施工安全规程》相关的公路工程施工规范,确保工程质量和安全生产。
(2)工程机械操作人员必须经指定医院体检合格后,经过专业培训考试合格,获得有关部门颁发的操作证、驾驶执照或特殊工种操作证后,方可独立操作工程机械,不准操作与操作证不相符的机械设备。
(3)新机和大修后的工程机械要注意做好机械设备走合期的使用维护;工程机械冬季使用,应按机械设备冬季使用维护的有关规定执行。
(4)工程机械作业时,应按其技术性能要求正确使用,缺少安全装置或安全装置已失效的工程机械不得使用。
(5)保证工程机械上的自动控制机构、力矩限制器等安全装置、监测装置、指示装置、仪表装置、报警装置及警示装置的齐全有效。
(6)工程机械的安全防护装置必须可靠,在危险环境下施工,一定要有可靠的安全措施,要注意防火、防冻、防滑、防风、防雷击等。工程机械作业时,操作人员不得擅自离开工作岗

位、不准将工程机械交给非本机人员操作，严禁无关人员进入工程机械作业区和操作室内。工作时，思想要集中，严禁酒后操作。

（7）工程机械驾驶操作人员及配合作业人员在工作中必须按规定穿戴劳动保护用品，长发不得外露。高空作业时，必须系安全带。

（8）对于违反安全操作规程、进行危险作业的强行调度和无理要求，驾驶操作人员必须立即要求纠正，并有权拒绝执行，任何组织或个人不得强迫驾驶操作人员违章作业。

（9）工程机械进入施工现场前，应查明行驶路线上桥梁的承载能力及隧道、跨线桥及电气化铁路的通行净空，确保工程机械安全通行。

（10）工程机械在施工作业前，施工技术人员应向操作人员作施工任务及安全技术措施交底；操作人员应熟悉作业环境与施工条件，服从现场施工管理人员的调度指挥，遵守现场施工安全规则。

（11）配合作业人员，应在工程机械回转半径之外工作，如需进入工程机械回转半径之内时，必须停止工程机械回转，并可靠制动；机上机下人员密切联系。

（12）工程机械不得靠近架空输电线路作业，如限于现场条件，必须在线路近旁作业时采取安全保护措施；工程机械运行轨道范围与架空导线的安全距离应符合有关规定。

（13）下挖工程，施工作业区域内有地下电缆、光缆及其他管线时，应查明位置与走向，用明显记号标示，严禁在离上述管线2m距离以内作业。施工前，应征得有关主管部门的同意并取得配合，方可施工。施工中，如发现有危险品或其他可疑物品时，应立即停止下挖，报请有关部门处理。

（14）工程机械在夜间作业时，作业区内应有充足的照明设施。

（15）在有碍工程机械安全及人身健康的场所作业时，应采取相应的安全措施；操作人员必须配备适用的安全防护用具。

（16）工程机械必须按要求配备经公安消防部门鉴定合格的消防用品。

（17）工程机械应按《公路筑养路机械保修规程》的规定，按时进行维护，严禁工程机械带病运转或超负荷作业。

（18）驾驶操作人员必须严格执行工作前的检查制度、工作中的观察制度和工作后的检查维护制度。

（19）驾驶操作人员应认真准确地填写运转记录、交接班记录或工作日志，多班作业要严格执行交接班制度。交接班时要交代清楚工程机械运转情况、润滑维护情况及施工技术要求和安全情况。

（20）工程机械在施工现场停放时，必须注意选择好停放地点，关闭好驾驶室（操作室），要拉上驻车制动装置，坡道上停机时，要打好掩木或石块，夜间应有专人看管。

（21）工程机械在维护或修理时，要特别注意安全。禁止在工程机械运转中冒险进行维护、修理、调整作业。禁止在工作机构没有保险装置的情况下，在工作机构下面工作。各种电气设备的检查维修，一般应停电作业，电源开关处应挂设"禁止合闸，有人工作"的警告牌并设专人负责监护。

（22）要妥善保管长期停放或封存的工程机械，并定期发动检查，确保工程机械经常处于完好状态。

(23)工程机械及工程车辆在公路和城市道路上行驶时,必须严格遵守交通法规及国家有关规定。

(24)使用工程机械时,应严格执行国家行政部门颁发的有关环境保护方面的规定。

三、定人、定机、定岗位的"三定"制度

定人、定机、定岗位的"三定"制度是工程机械使用负责制的表现形式,长期以来,被认为是管好、用好工程机械的好办法,并把它作为工程机械管理中应该遵循的重要原则。"三定"就是把人和机的关系固定下来,把工程机械使用、维护等各个环节都落实到每个人身上。做到台台机械设备有人管,人人有专责。

1."三定"制度的优点

(1)操作人员熟悉情况,有利于使用、维护和维修。

(2)有利于操作人员的正确操作和安全使用,加强其责任感,减少工程机械的损坏和工程机械事故的发生,有利于提高工程机械完好率和延长其使用寿命。

(3)可以大大提高操作人员操作工程机械的熟练程度及生产效率。

(4)有利于单机、单车核算。

2.正确理解和完善"三定"制度

(1)"三定"制度具有阶段性。如在某项工程中或某段工程中,操作什么工程机械应该固定,工程结束后,其他工程需要时,则改做其他工作,不是一成不变"三定"下去,但在该定的时期,就负有所定工程机械的责任。

(2)在阶段性的"三定"期内,所有责任制度,如操作、维护、记录、交接班制度等,都要严格执行。

(3)大力培养驾驶操作人员"一专多能",除熟悉本机操作技术外,还应掌握几种主要工程机械的操作技术,这样可增强适应性,减少机多人少忙闲不均的矛盾。

(4)对于没有明文规定操作规程的工程机械,机械技术人员按照工程机械的性能和使用要求,参照其他近似机型合理地制定工程机械的操作规程,并交由上级管理机构批准后执行。

3."三定"的具体做法

(1)一人管理一台工程机械,或一人管多台工程机械,该人即为该机机长或保管人。

(2)多班作业或多人驾驶操作的工程机械,任命一人为机长,其余为机组成员。

(3)中小型工程机械班组,在工程机械和驾驶操作人员不能固定的情况下,应由班长指定专人负责。

(4)驾驶操作人员的配备应根据交通运输部颁发的《公路工程机械台班费用定额》中规定的人员配备标准执行。

四、工程机械交接班制度

为了使工程机械在多班作业或多人轮班作业时,能相互了解情况,进行工程机械技术状况交底,分清责任,防止工程机械损坏和附件丢失,保证施工的连续、高效、安全进行,必须建立交接班制度,它是贯彻责任制的组成部分。

工程机械交接班时,双方都要全面检查,做到项目不漏,交接清楚,由交接双方填写"交接班记录",如表10-1所示,接方核对相符验收后,交方才能下班。交接班的内容如下:

(1)交清本班生产任务情况、技术要求及注意事项。

(2)交清工程机械运转和使用情况,燃润料消耗和准备情况。

(3)交清工程机械技术状况和存在的问题。

(4)交清随机工具、附件情况。

(5)填好原始记录。

(6)交接班操作人员负责搞好工程机械的例行维护及清洁工作。

交 接 班 记 录　　　　　　　表10-1

工程机械编号:	
工程机械名称:	时间:　年　月　日
任务情况	
工程机械情况	
维护情况	
附件工具情况	
存在问题	
需要注意问题	

接班人:　　　　　　　　　　　　　　　　交班人:

交接班记录由机械设备管理部门于月末更换,收回的记录由该部门存查。班组长经常检查交接班制度执行情况,并作为驾驶、操作人员日常考核的依据。

任务三　安全转移、运输工程机械并正确选择停放设备场地

在公路工程与养护施工中,工程机械在一个工地的工作时间通常比较短,施工工地之间的调动比较频繁。同时送厂修理或回保管基地时,也产生了调动转移的运输问题。工程机械的运输方式有自行、拖带、装运、铁路运输和水运等几种。选择何种运输方式,要根据运输距离、工程机械行走装置的构造、工程机械的重量、交通路线和季节、气候等因素来综合考虑,在保证工程机械安全运输和经济性好的前提下最后确定某种运输方案。

一、安全转移和运输

1. 自行转移

工程机械的自行运输方法最为简单,同时运费也较低,但这种运输方式适用于短距离运输。当运距大于20km时,仅在特殊情况下,才能采用。特别是履带式工程机械不宜长距离行驶,因为工程机械自行运输作长距离转移时,将引起传动装置的损坏及行走机构过早磨损。

2. 拖带运输

拖带运输指用牵引机车拖带被运的工程机械,而这些被牵引的工程机械必须具有轮胎

行走装置和牵引杆，否则无法拖运。尽管被牵引的轮式工程机械的行走装置优于履带式，但大部分工程机械设计时仅考虑做短距离场地转移，没有制动装置，因此必须限速。做长距离拖运的工程机械，一定要有可靠的制动装置，否则没有安全保证。拖带运输中应注意的事项有：

（1）牵引速度不宜快，一般限制在 20~25km/h，以确保安全。

（2）工程机械在被拖运之前，须对轮胎气压、制动系统、转向装置、拖杆、拖钩等做详细检查，如发现问题，经排除后才能拖运。

（3）在拖带运输超限时必须事先取得交通管理部门的允许和核发"通行证"后方可进行。

3. 汽车装运

运距在 50~200km 时，最好将工程机械放置在平板拖车上或汽车上运输。因为这样工程机械不必拆卸可直接运输到工地上。运输时应注意事项：

（1）工程机械装车后必须固定牢靠，完全满足安全要求后，方可上路。

（2）为了防止碰上架空输电线，工程机械装车后，上面要放一根竹竿，万一与电线接触时，可安全通过。

（3）对超高、超宽或重型的工程机械运输，应先勘察道路，详细检查沿线的桥梁负荷、路面宽度、坡度、弯道、立交桥和电气化铁路以及隧道、架空电线的限高等。如果在哪些方面存在问题，必须采取相应的措施并获得解决后方可装运。

（4）装运前，如被装运工程机械超宽超高时，要事先取得交通管理部门允许通行的"通行证"后，才可装运。

（5）工程机械在转移途中，须严格遵守道路交通法，服从交警的指挥。

4. 铁路运输

铁路运输除按铁路运输规定办理外，托运单位应做好下列工作：

（1）铁路运输工程机械时，由于较长时间在露天存放，受到空气的侵蚀，金属表面容易锈蚀。因此，在关键部位，应涂上防锈油脂，在机身上覆盖防水布，并将其绑扎牢固。

（2）在装有发动机的工程机械上，将水和燃油从冷却系和油箱中放净，工作部分（如水泵等）有水时也要放净，以防结冰而损坏工程机械。

（3）冬季应将蓄电池从机器上取下，搬放在温暖的车厢中，以防结冰而损坏蓄电池。

（4）重要附件和工具都应另行装箱或捆扎好，以防丢失。

（5）轮式工程机械要检查气压，必要时将气压充至规定的标准。

（6）工程机械装上火车后，必须用铁丝将工程机械捆绑牢固，前后垫上三角楔木，以防在运输途中产生滑移。

5. 水路运输

（1）应根据船舶运输的特点和要求进行运输。

（2）工程机械和工程车辆自行上下船舶时，应将船舶紧靠码头或趸船，并将缆绳拉紧系牢。

（3）工程机械装在船舱内或甲板上，前后左右重量要平衡，以防船舶倾斜。

（4）工程机械装船后，要用绳索固定，以防遇风浪颠簸时产生滑移。

（5）其他可参考铁路运输的要求。

二、对停机场的选择和要求

为了加强管理,便于维护,不受各种灾害的侵害,凡工程机械较多的单位应建立停机场。停机场有临时性和永久性两种。设置停机场要从实际出发,因地制宜,其基本要求是:便于管理,不受水灾、火灾侵害,便于保修或加油,便于出进,方便回转和紧急疏散。

1. 永久性停机场

在各施工单位、养护部门的基地内设置停机场,一般要求环境稳定,适宜建设永久性的建筑和设施。根据工程机械数量的多少,确定规模、建筑、设施和场地等,按设计要求进行。

2. 临时性停机场

公路建设的特点是点多线长,流动分散,因此,临时性的停机场地必须根据这一特点建立。其设施应是临时性和简易性的,设备是可移动的,便于展开、撤收和转移。

临时性停机场以专业施工队为单位建立,即在本队施工地段内,选择适当地点。附近施工能自行的工程机械、工程车辆均可集中在这里,以便统一维护和管理。

不能自行的工程机械,单台或多台在一起使用时,可以建立临时停机棚,能够防风、防雨和防其他灾害。在山区停放时,应选择地基基础稳固的高地,注意防止被洪水淹没冲走,并在轮下加楔固定,以防滑坡。

3. 停机场地的选择

在选择停机场地时,应根据停机场的技术要求,贯彻执行勤俭节约的方针。其基本条件是:

(1) 场地宽阔,土质坚硬和便于排水。
(2) 有良好的场内外道路,便于工程机械、工程车辆出进。
(3) 便于开展维护工作。
(4) 自然条件好,便于防风、防晒、防潮等。
(5) 便于警卫和管理。

4. 停机场的安全管理

(1) 场内必须采取严格的防火措施,并配备必要的消防设备。
(2) 场内除值班室和指定地点外,禁止吸烟。
(3) 加油站与停机场应采取电气照明,严禁明火照明。
(4) 场内常用油料应存放于油库内,工程机械维护工间的清洗油、润滑油等油液则必须专门存放,妥善保管。
(5) 场内外道路必须畅通,各建筑物的出入口附近,禁止堆放物品和停放工程机械。
(6) 场内应保持清洁,作业用过的油污棉纱等,应投入专门容器内并及时处理。
(7) 停机场如使用期较长,四周应设置围栏,防止工程机械零部件和小型机具丢失及损坏。

任务四 预防工程机械事故

一、事故发生与发展的基本规律

任何事故的发生与发展都具有一定的规律性,认识、掌握这个规律,对于分析事故原因、有效地预防事故和控制事故蔓延扩大具有很大意义。在劳动生产过程中,由于生产管理的缺陷(如错误指令、错误操作、外界影响等)作用于危险因素,导致事故发生、蔓延和扩大。

从事故发生的时间历程上看,任何事故的发生与发展一般可分为3个阶段:

1. 前兆阶段

导致事故的各种危险因素积累阶段称为事故发生与发展的前兆阶段。在这个阶段往往出现某种事故迹象(苗头、前兆或隐患),假如能及时发现、消除、控制这些隐患,就可避免事故或减少事故造成的损失。这正是开始安全检查工作的意义所在。

2. 爆发阶段

爆发阶段是事故高速度、大强度发生的阶段,时间上一般只是短暂的一瞬间,而事故造成的损失基本上都集中在这一阶段。这一阶段具有突发性和紧急性的特点,人为控制往往无法进行。

3. 持续阶段

持续阶段指事故造成的后果(损失)仍然存在的阶段,这一阶段持续时间越长,造成的损失越大。如工伤事故的抢救,善后处理,现场清理,恢复生产等都属于持续阶段。

二、工程机械事故的预防

凡由于管理、操作、维修、经营、指挥、施工措施或者其他原因引起的工程机械非正常损坏或损失,造成工程机械及附件的精度或技术性能降低、使用寿命缩短,不论对生产有无影响均称为工程机械事故。

预防工程机械事故,把事故消灭在萌芽之中,是保证工程机械安全运转的重要措施。各级工程机械管理部门必须把它当作一件大事来抓,把预防工程机械事故工作做好。

预防工程机械事故发生要抓好以下工作:

1. 安全生产制度建设

(1)首先要贯彻好"安全为了生产,生产必须确保安全"和"合理使用,安全第一"的原则;建立专职安全机构,由专职人员负责工程机械安全管理工作,制定安全操作规程、安全责任制、安全考核标准和安全奖惩办法。

(2)各级机械设备管理部门应坚持对操作人员定期和不定期地进行安全教育,开展安全月活动,定期对操作人员进行安全技术考核。

(3)开展技术培训,提高业务素质和操作技能。

(4)坚持"三定"制度,严禁无证操作工程机械或非本机操作人员未经批准乱开工程机械的情况发生。

(5)结合机械设备检查,定期对工程机械的安全操作、安全保护和安全指示装置以及施工现场、使用工程机械情况和操作工安全操作情况进行检查,发现问题及时处理,把事故苗头消灭在萌芽之中,杜绝事故的发生。

2. 工程机械的防冻

每年在冬季来临之前,要布置和组织一次设备越冬维护工作,妥善安置越冬设备,落实越冬措施。特别对于停置不用的工程机械,要逐台进行检查,放净发动机内的积水,放净工程机械工作部分(如水泵等)的积水,同时加盖,防止雨、雪溶水渗入;并在工程机械外部挂上"水已放"的牌子,同时标明检查日期。

3．工程机械的防洪

（1）雨季到来之前一个月，在河里、水上或低洼地带施工或停放的工程机械，都要在汛期到来之前进行一次全面检查，采取有效措施，防止工程机械被洪水冲毁。

（2）雨季开始前，对露天存放的停用工程机械要上盖下垫，防止雨水渗入锈蚀工程机械。

4．工程机械的防火

（1）工程机械驾驶操作人员必须严格按防火规定进行检查，做到提高警惕，消灭明火，发现问题，及时解决。禁止用明火烘烤发动机。

（2）集中存放工程机械的场地内，要配备砂箱、灭火器等消防器材。禁止与工作无关人员入内。

（3）工程机械、工程车辆的停放，必须排列整齐，场内留有足够的安全通道，禁止乱停乱放，以免发生火灾时堵塞出路。

（4）工程机械在施工现场加注燃油时要有适当的防火措施，严禁加油时吸烟及附近有明火。

任务五 处理工程机械事故

一、工程机械事故的性质

1．责任事故

（1）驾驶操作不当，包括工作前检查准备不周、操作不当、工作粗心大意、违反操作规程、超速、超载等原因所造成的事故。如起重机摔坏起吊物或碰坏其他物品，工程机械作业装置挖坏地面或地下已知的构造物和设施。

（2）因维护不到位，不按规定进行检查维护，或者检查不细致、调整不当、紧固不严等，造成安全装置失效，脏物进入油道或工作面所造成的事故。如因缺油、缺水而损坏机件，打坏变速器、减速器、散热器或扭、断、裂工作装置等。

（3）施工条件恶劣，妨碍工程机械正常作业，事前未采取有效措施，盲目作业造成的事故。

（4）管理不严，如机械设备带病作业，使用中又检查不力，以及不按冬季防寒防冻规定等使用机械设备所造成的事故。

（5）修理质量差，不符合修理质量要求以及事先可检查排除的故障未能查出等所造成的事故。如未经严格检验而出厂，或因配合不当而烧瓦、轴承装配不正确及螺丝或销子松动而使发动机、变速器、后桥等内部组件分离，损坏总成等。

（6）指挥人员或现场主管强迫驾驶操作人员违章作业、危险作业所造成的工程机械损坏和其他事故。

（7）非驾驶操作人员或学员擅自独立操作，驾驶操作人员擅离工作岗位造成的事故。

（8）工程机械、工程车辆违反道路交通法而发生的交通事故。

（9）因丢失主要随机附件和工具而影响工作的事故。

2．非责任事故

（1）确系预想不到和无法防范的自然灾害或不可抗拒的外界原因引起的事故。如台风、地震、山洪、雪崩和坍方，以及抢险救灾等造成的工程机械损坏。

(2)属于原厂设计缺陷、制造质量低劣,而又无法预防和补救所引起的事故。

3. 破坏性事故

凡是人为有意破坏所造成的事故。

二、工程机械事故的分类

事故按其造成危害的性质分为工伤事故、交通事故和工程机械事故 3 大类,而工程机械事故又分为一般事故、大事故和重大事故。工伤事故和交通事故由机械设备管理部门配合有关部门按规定处理;工程机械事故由机械设备管理部门负责处理。

1. 一般事故

造成总成、零部件损坏,经过相当于小修或一、二级维护即可恢复,或直接经济损失在 2000 元以内者为一般事故。

2. 大事故

造成主要总成、零部件损坏,经相当于总成大修或三级维护即可恢复,或直接经济损失在 2000～10000 元以内者为大事故。

3. 重大事故

造成重要基础零、部件损坏,必须经大修理或更换主机才能恢复,或整机报废,或直接经济损失在 10000 元以上者为重大事故。

$$机械事故经济损失 = 修理材料费 + 修理工时费$$

三、工程机械事故的处理

事故处理的目的是为了分析原因,划清责任,找出规律,吸取教训。其处理方法如下:

(1)工程机械事故发生后,如有人员受伤,要迅速抢救受伤人员,在不妨碍抢救人员的条件下,注意保留现场,并迅速报告领导和上级主管部门,进行妥善处理。如发生工程机械事故隐瞒不报,经发现后隐瞒者要严加处理。

(2)事故无论大小,肇事者和肇事单位均应如实上报,并填写"工程机械事故报告单",如表 10-2 所示。一般事故报告单由肇事单位存查,大事故和重大事故报告单应在三日内报上级主管部门。

工程机械事故报告单 表 10-2

填报单位: 填报日期:

工程机械编号		工程机械名称		规格型号	
使用单位		事故时间		事故地点	
事故责任者		职务		事故等级	
事故经过及原因					
损失情况					
单位处理意见					
上级审批意见					
备注					

单位主管: 经办人:

(3)工程机械事故发生后,肇事单位必须严肃认真对待,按照"三不放过"的原则(即事故原因分析不清不放过、事故责任者未经处理和群众未受到教育不放过、没有防范措施不放过)对责任者进行批评教育和处理。

(4)在处理过程中,对责任者要根据情节轻重、态度好坏和造成损失的大小分别予以批评教育、纪律处分、经济制裁,直至追究刑事责任和法律责任。对非责任事故也要总结教训。

(5)单位领导忽视安全生产,对人民生命财产不负责任者,追究领导责任,并应严肃处理。

(6)对长期坚持安全生产和采取措施,消除隐患,避免重大工程机械事故发生的人员,要给予表彰和奖励。

(7)在工程机械事故处理完毕后,将事故详细情况记入工程机械履历书的"事故记录栏内",以备查考。

四、工程机械事故处理的分工

凡属于工程机械事故性质中所列举的各条,并不涉及交通安全问题者,均为工程机械事故,由机械设备管理部门处理,必要时请安全、人事部门配合。至于撞车、撞人等交通安全事故,由交通管理部门处理。工程车辆损坏也必须填"工程机械事故报告单",按规定上报。至于烧毁工程机械、工程车辆,或被破坏、盗窃等事故,应由保卫部门处理。机械设备管理部门检查损坏情况,填写"工程机械事故报告单"上报,并凭此单据请修理部门安排修理。

附件1 工程机械(装载机、挖掘机)租赁合同

工程机械(装载机、挖掘机)租赁合同

承租方:(以下简称乙方)_____
出租方:(以下简称甲方)_____

根据《合同法》的有关规定,按照平等互利的原则,为明确甲、乙双方的权利义务,经双方协商一致,特签订本合同。

一、设备的使用地点及工程情况

二、租赁设备概况

设备名称:_____
规格型号:_____
数量(台):_____
随机人员(人数):_____
机手补助:_____
租赁金额:_____

三、设备的所有权

本合同所列的所有租赁设备的所有权属于出租方,承租方对租赁设备机械只享受租赁期间的使用权,没有对设备的转租权。承租方不得以任何理由对设备进行抵押,否则造成的全部后果由承租方承担。

四、甲方的基本责任

1. 提供技术型良好的设备。
2. 设备进入乙方施工现场后,甲方机手服从乙方施工管理人员的高度与指挥,并遵守乙方施工现场的规章制度。
3. 甲方机手应该按设备操作规程施工。

五、乙方的基本职责

1. 为甲方机手提供食宿。
2. 乙方负责设备在施工现场的看护并保证设备、人员的安全。由乙方原因造成的设备损坏或丢失,由乙方负责赔偿。
3. 乙方不得强迫甲方机手违章作业或超负荷工作。
4. 乙方应在交货地点检查验收租赁机械设备,同时将签收盖章后的机械租赁收据交给甲方。

5. 乙方对甲方进入施工现场的机手要进行安全培训。

六、结算方式及相关事宜

1. 租赁期间:自＿＿＿＿年＿＿月＿＿日至＿＿＿＿年＿＿月＿＿日,开始计算租金。如乙方提交使用,则从使用日期开始计算租金。租赁期满,乙方将设备完好交给甲方后,办理退场手续。如乙方继续租用需签订续租合同,续租不足一个月时,租赁费按实际天数计算。

2. 结算方式:设备租赁费按包月计算,首月＿＿＿＿万元/月,次月＿＿＿＿万元/月,第三月＿＿＿＿万元/月,第四月＿＿＿＿万元/月,第五月＿＿＿＿万元/月,第六月＿＿＿＿万元/月,第七月＿＿＿＿万元/月,第八月＿＿＿＿万元/月,乙方在甲方确认设备后向甲方支付首月租金＿＿＿＿万元,并且完全支付进场和返程运费押金＿＿＿＿万元,到期未付租金,甲方有权停机或将设备撤场,所造成的损失由乙方承担。本设备按月结算。如使用不足一个月,按整月结算。超过一个月,超出部分按天计算(＿＿＿＿元/天)。

3. 运费的承担:设备的进场费用由乙方承担,退场费用由甲方承担。如租期不足三月,则退场费由乙方承担,乙方应在设备退场前五日内通知甲方。

4. 工作时间:每月工作时间不得超过＿＿＿＿小时,超出部分按＿＿＿＿小时折合一天计算机械租金和机手加班费。

5. 油料提供:乙方负责提供在租赁期间内设备运行所需的符合运行标准的油料,否则造成的停机损失由乙方承担。

6. 设备维修:乙方应协助甲方机手作好设备的维修工作,所付的维修费用以甲方机手签字为准,每月每台维修费超过＿＿＿＿元以上的部分由甲方承担,＿＿＿＿元以下的部分由乙方承担。另乙方承担斗齿、滤心等低值易耗品的费用。

7. 设备因故障造成的停工每月累计不超过＿＿＿＿天(维修时累计＿＿＿＿小时折合一天),若超出三天,则超出的天数不计租赁费。

8. 设备租赁期间,乙方如需转移工地施工,必须征得甲方的书面同意,并保证甲方设备在该协议结束后返回。

七、本合同的附件为本合同不可分割的组成部分,与本合同具有同等法律效力。本合同附件包括:租赁合同附表,租赁机械收据,及甲、乙双方通过协商做出的补充规定。

八、争议的解决:＿＿＿＿＿＿＿＿＿＿＿＿＿＿＿＿＿＿＿＿＿＿＿＿＿＿＿＿

有关本合同的一切争议,甲、乙双方应根据《中华人民共和国合同法》及其他相关法律的有关条款友好协商解决。如协商不成,提交甲方所在地的仲裁委员会,根据仲裁的有关程序进行仲裁裁决。仲裁费和胜诉方的律师费由败诉方承担。

九、本合同一式二份,由甲、乙双方各执一份。甲乙双方签字盖章(合同章)之日起生效。

十、如本合同未加盖甲方合同章,则视为无效合同。

甲方:　　　　　　　　　　　　乙方:
电话:　　　　　　　　　　　　电话:
开户行:　　　　　　　　　　　开户行:
账号:　　　　　　　　　　　　账号:
日期:　　　　　　　　　　　　日期:

附件2 承揽合同书

承揽合同书

合同编号：

定制方：_____(简称:甲方) 签订地点：
承揽方：_____(简称:乙方) 签订日期：　年　月　日

甲方委托乙方加工生产_____产品,经双方充分协商,特制订立本合同,以便双方共同遵守。

第一条:加工产品

加工产品

产品名称	工号	规格(mm)	单位	数量	单价(元/件)	金额(元)	交付日期
			件				
			件				
			件				
			件				
合计人民币(大写):						¥：　　　元	

第二条:加工产品质量及技术要求:按甲方施工图技术要求施工,保质期六个月。

第三条:原材料的提供办法及规格、质量、标准(按本条第_____条执行)

1. 乙方自备原材料及备件:乙方必须依照甲方对所加工产品的质量、技术要求,选用原材料及备件,以确保产品质量。运输原材料及备件所发生费用由乙方承担。

2. 甲方提供原材料及备件:甲方应在_____年___月___日前按合同要求,将原材料及备件全部运达乙方,以备乙方安排生产加工。运输原材料及备件所发生费用由甲方承担。

第四条:技术资料、图纸提供办法(按本条第___条执行)

1. 甲方提供技术资料、图纸

(1)甲方应在本合同签订时将技术资料、图纸全部提供给乙方。

(2)甲方如果对所提供技术资料及图纸要求保密时,乙方应严格遵守。

(3)乙方在生产加工期间,发现甲方提供技术资料及图纸不合理时,应当及时通知甲方。甲方应在规定时间内提出修改意见,并及时以书面形式通知乙方,更改通知书作为本合同的补充条款具有法律效力。

(4)乙方在规定时间内未得到甲方答复,有权停止产品生产加工,因此造成损失由甲方承担。
2.乙方提供技术资料、图纸
乙方根据甲方提出的产品技术、性能要求,负责对产品的研发、设计,经甲方确认同意后方可生产加工。

第五条:产品验收标准和方法
1.按照本合同规定的技术资料、质量要求、施工图纸作为验收标准。
2.成品在乙方厂内按施工图验收,验收完毕后甲方将成品三日内全部提完(特殊情况可另行协商)。

第六条:付款及结算方式
1.合同签订后甲方于_____年___月___日先支付乙方合同总价款的50%定金,即人民币(大写)_____,定金支付到乙方指定账号后,乙方开始安排生产。若由于甲方定金推迟支付一天,产品交付期则顺延一天。
2.所剩余的款项于_____后全部付清。

第七条:交货的时间和地点
1.交货时间为_____年___月___日。任何一方要求提前或延期交货,必须事先与对方达成协议,并按协议执行。
2.交货地点:甲方指定地点,即_____。

第八条:运输办法及费用负担
甲方(乙方)负责运输车辆的配备,所发生的费用由_____方负担。

第九条:其他约定
1._____。
2._____。

第十条:不可抗力
在合同期内,由于不可抗力因素致使本合同无法履行时,可免于承担违约责任。

第十一条:纠纷处理
本合同发生纠纷时,甲乙双方应协商解决,协商达不成一致时按本条第( )项处理。
1.向乙方所在地仲裁机关申请仲裁。
2.向乙方所在地人民法院起诉。

本合同自甲、乙双方签字、盖章后生效,合同履行完毕后即自动失效。本合同一式二份,甲、乙双方各执行一份。

定制方	承揽方
甲 方(章):	乙 方(章):
地 址:	地 址:
邮 编:	邮 编:
法定代表人:	法定代表人:
委托代理人:	委托代理人:
电 话:	电 话:
开户银行:	开户银行:
账 号:	账 号:

参 考 文 献

[1] 路盈. 工程机械管理[M]. 北京:人民交通出版社,2003.
[2] 郑忠敏. 公路施工机械化与管理[M]. 北京:人民交通出版社,2002.
[3] 吴国进. 公路养护机械设备与管理[M]. 北京:人民交通出版社,2003.
[4] 朱森林. 建筑机械管理知识与技术[M]. 北京:机械工业出版社,2005.
[5] 杨士敏. 工程机械设备现代管理[M]. 西安:陕西科学技术出版社,1999.
[6] 张铁. 工程建设机械管理[M]. 东营:中国石油大学出版社,2000.
[7] 邵明建. 实施公路施工机械监理的可行性研究及管理办法[J]. 运达公路,1999(6).
[8] 李文耀. 建立公路工程机械设备监理制度,提高施工质量[J]. 筑路机械与施工机械化,2000(3).
[9] 蔡智敏. 筑养路机械化与设备选型[J]. 工程建设机械,2002(6).
[10] 延昌凯. 健全奖惩制度加强设备管理[J]. 工程建设机械,2002(11).
[11] 杨修志. 加强筑路设备管理——发挥机械最大效益[J]. 建设机械技术与管理,2005(1):76.
[12] 廖正环. 公路施工项目管理知识百问[M]. 北京:人民交通出版,2003.
[13] 中国公路学会筑机学会. 公路筑养路机械机务管理手册[M]. 北京:人民交通出版社,2002.
[14] 张汝义. 公路养护机械化探析[J]. 管理与财富,2009(5):19,21.
[15] 张业余. 筑养路机械对公路养护机械配置、运营管理的探讨[J]. 中国工程机械工业协会机械分会会刊,2006(3):201-203.
[16] 付学迅. 高等级公路养护机械设备管理对策[J]. 交通世界,2010(S1):85-86.
[17] 刘月娥. 现代管理理论与方法在高速公路机械化养护管理中的应用研究[J]. 中国科技信息,2007(23):88-89.
[18] 李芳民. 工程机械液压与液力传动[M]. 北京:人民交通出版社,2001.